华章经管 | HZBOOKS | Economics Finance Business & Management

品|牌|经|典|系|列

BRAND RELEVANCE
Making Competitors Irrelevant

开创新品类
赢得品牌相关性之战

[美]戴维·阿克（David A. Aaker）◎著
杨岱若◎译

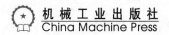

机械工业出版社
China Machine Press

图书在版编目（CIP）数据

开创新品类：赢得品牌相关性之战 /（美）戴维・阿克（David A. Aaker）著；杨岱若译. —北京：机械工业出版社，2020.1

（品牌经典系列）

书名原文：Brand Relevance: Making Competitors Irrelevant

ISBN 978-7-111-63379-2

I. 开… II. ① 戴… ② 杨… III. 品牌 – 企业管理 IV. F273.2

中国版本图书馆 CIP 数据核字（2020）第 063547 号

本书版权登记号：图字 01-2019-3267

David A. Aaker. Brand Relevance: Making Competitors Irrelevant.

ISBN 978-0-470-61358-0

Copyright © 2011 by John Wiley & Sons, Inc.

This translation published under license. Authorized translation from the English language edition, Published by John Wiley & Sons. Simplified Chinese translation copyright © 2020 by China Machine Press.

No part of this book may be reproduced or transmitted in any form or by any means, electronic or mechanical, including photocopying, recording or any information storage and retrieval system, without permission, in writing, from the publisher. Copies of this book sold without a Wiley sticker on the cover are unauthorized and illegal.

All rights reserved.

本书中文简体字版由 John Wiley & Sons 公司授权机械工业出版社在全球独家出版发行。

未经出版者书面许可，不得以任何方式抄袭、复制或节录本书中的任何部分。

本书封底贴有 John Wiley & Sons 公司防伪标签，无标签者不得销售。

开创新品类：赢得品牌相关性之战

出版发行：机械工业出版社（北京市西城区百万庄大街 22 号 邮政编码：100037）

责任编辑：邵淑君 责任校对：殷 虹

印　　刷：三河市宏图印务有限公司 版　　次：2020 年 5 月第 1 版第 1 次印刷

开　　本：170mm×242mm 1/16 印　　张：22.25

书　　号：ISBN 978-7-111-63379-2 定　　价：79.00 元

客服电话：(010) 88361066　88379833　68326294 投稿热线：(010) 88379007

华章网站：www.hzbook.com 读者信箱：hzjg@hzbook.com

版权所有・侵权必究

封底无防伪标均为盗版

本书法律顾问：北京大成律师事务所　韩光 / 邹晓东

献给我的妻子凯和我的女儿詹妮弗、简和乔琳，
是她们的支持、活力、和善、爱与友谊激励着我

Brand Relevance 赞誉

品牌问题已经从企业的营销层面上升到发展战略层面。品牌原本就不是营销手段，它本质上是企业的发展战略，更准确地说，它就是企业对消费者、对社会的态度。品牌建设不可能走同一条路，因为各个品牌除了其核心以外，还有各自的特色。《开创新品类：赢得品牌相关性之战》告诉我们，品牌建设还可以在品牌相关性上下功夫，避免雷同，也更容易展现品牌的特点及其与同类品牌的区别。本书列举了大量的案例，充分证明了这一点。

这是一本好书，对品牌工作者来说，这不仅是一本理论指导书，更是一本工具书，很值得大家一读。

李西沙

中国商务广告协会会长

戴维·阿克清楚地讲述了"品牌相关性"竞争战略思维的重要性与实践方法，并且引用了丰富的行业案例，给习惯采取"品牌偏好性"竞争战略以及用高额预算开展品牌营销活动的CEO、CMO与CBO，提供了另外一种驱动市场活力、打败竞争对手赢得市场、使品牌走向辉煌的全新的思维模式。本书非常值得推荐给对市场信号具有高度敏感性、前瞻性并且重视创新的行业人士阅读。

丁玉青

虎啸传媒高级副总裁、虎啸数字商学院联合创始人/执行院长追赶和超越竞争对手的经营思想常常使企业陷入同质化的结局。戴维·阿克的《开创新品类：赢得品牌相关性之战》为深陷竞争红海的企业打开了另一扇窗：发展子品类，在顾客心中建立品牌相关性。

于春玲
清华大学经济管理学院市场营销系副教授、博士生导师

戴维·阿克为品牌策略提供了一个新视角，他提出，大多数营销人员都忙于打造或维护品牌偏好度，然而，事实上，他们更应该通过开创满足消费者需求的新品类或子品类来打赢品牌相关性战役。

菲利普·科特勒
营销大师，美国西北大学凯洛格管理学院名誉教授

这些年来，戴维·阿克教会我很多东西，这次也不例外！他总是在重新定义一些东西。本书从第1页起就开门见山——最重要的不是品牌偏好度之战，而是品牌相关性之战。我们在商学院总是让学生锻炼清晰表达问题的能力。阿克能够清楚地揭示问题，从而创造出巨大的良机。我尤其欣赏他详细讲述的用有条理的过程来建立品牌相关性，我也非常欣赏他讲明了相关性与创新和回报之间的关联。

理查德·莱昂斯
加利福尼亚大学伯克利分校哈斯商学院院长

戴维·阿克是品牌营销界最前沿的权威人士，他总是能够给营销人员提供深入且实际的建议。这本书是戴维·阿克最好的著作之一：它用全新的观点和生动的例子来应对一个极具挑战性的问题。他以很有说服力的方式向我们讲述了品牌对于消费者而言是最重要的。

凯文·莱恩·凯勒
美国达特茅斯大学塔克商学院营销学教授，《战略品牌管理》作者

戴维·阿克再次一语中的！企业长期保持活力的秘密，就是通过发展品类或子品类进行独特的市场定位，最终赢得品牌相关性之战。

乔伊·特里波蒂

可口可乐首席营销与商务总监

戴维·阿克告诉我们，像那些伟大的企业一样寻找更高层次的目标，正是品牌在消费者心目中极具相关性的事。

谢家华

美捷步（Zappos）CEO

绝大部分品牌塑造者总是去追踪对手的想法，这样做仅仅是追赶竞争对手的市场地位。戴维·阿克为我们提供了全新的原则和切实的理念去改变这些做法，教我们在品牌经营中如何实现真正的创新，提升竞争水准。

吉姆·斯登格

宝洁前CMO

戴维·阿克的《开创新品类：赢得品牌相关性之战》直击要害，也许21世纪品牌面临的最大挑战就是革新，更重要的任务就是彻底变革自身。你必须冒险一试，否则就有可能被远远甩在后面。

安·鲁恩斯

奥多比（Adobe）公司CMO

对于安联这样的知名企业，戴维·阿克的洞见无异于一记"警钟"，因为如果新的品牌可以通过充分利用创新和科技来重新定义保险业，那么我们目前的领先地位很可能难以维持。如果输掉品牌相关性之战，我们会损失惨重。

约瑟夫·格罗斯

德国安联保险集团执行副总裁

戴维·阿克的这本书用丰富的案例给我们带来了创新过程中对于品牌的理解。他对于"子品类"的定义为产品的细微改进和难以琢磨的变革性创新之间的空白提供了一个完美的着陆点。戴维·阿克的策略性模式给商界领袖提出了一个有力又实际的问题:"这个创新可以打造出使竞争对手不再具有相关性的子品类吗?"书中许多案例让这一切真实而生动。

伊恩·弗兰德利
通用磨坊执行副总裁

戴维·阿克的这本新书给市场营销人员和策略制定者带来了直接的挑战——如果继续走打造品牌偏好度的老路,就有可能被采用阿克理论的竞争对手挤到战场之外。尽管品牌相关性也会带来很大的挑战,但它无疑是一条通往潜在的实质性增长的道路。

梅雷迪斯·卡拉南
美国普信集团营销与传播副总裁

Brand Relevance
目录

赞誉
中文版序
推荐序一
推荐序二
前言

| 第 1 章 | 赢得品牌相关性之战 | 001 |

- 日本啤酒行业 002
- 美国计算机产业的发展 007
- 赢得品牌偏好 010
- 品牌相关性模型 013
- 创建新的品类或子品类 017
- 相关性程度 023
- 新的品牌挑战 024
- 先行者优势 028
- 回报 031
- 创建新品类或子品类：四大挑战 035
- 品牌相关性模型与其他模型 037
- 接下来的内容 039

| 第 2 章 | 理解品牌相关性：品类划分、框架效应、考虑与衡量 | 041 |

  品类划分   042

  框架效应关乎一切   047

  考虑集作为一个筛选步骤   054

  衡量相关性   057

| 第 3 章 | 改变零售业格局   060

  无印良品   062

  宜家   064

  Zara   065

  H&M   067

  百思买   068

  全食超市   072

  赛百味的故事   075

  美捷步   078

| 第 4 章 | 汽车行业的市场动态   086

  丰田普锐斯混合动力汽车   088

  土星汽车的故事   095

  克莱斯勒小型商旅车   098

  塔塔 Nano   103

  Yugo 牌汽车   106

  企业号租车公司   107

  Zipcar 租车公司   109

| 第 5 章 | 食品行业的改变   114

  抗脂大战   116

  从脂肪到健康   128

| 第6章 | 寻找新概念 | 141 |

苹果公司 142
概念产生 148
概念溯源 152
分析优先级 172

| 第7章 | 评估 | 176 |

赛格威思维车 177
评估：挑选最佳创意 180
有市场吗：机会真的存在吗 182
我们能够竞争并胜出吗 193
市场领先地位可以持久吗 198
不仅仅是做或不做：概念组合 201

| 第8章 | 定义和管理品类或子品类 | 203 |

Salesforce.com 204
定义新的品类或子品类 210
新品传递的功能性益处 214
顾客-品牌关系：超越产品本身 227
品类与子品类：复杂性和动态性 233
管理品类或子品类 233

| 第9章 | 打造竞争壁垒：维持差异性 | 240 |

雅马哈 Disklavier 自动演奏钢琴 241
打造竞争壁垒 246
投资壁垒 247
拥有强大的优势 254

| | 顾客关系 | 260 |
| | 品牌与品类或子品类建立关联 | 263 |

第 10 章 在市场变化中获得并保持相关性 266

沃尔玛 267
避免失去相关性 270
产品品类或子品类的相关性 271
品类或子品类相关性策略 273
活力相关性 279
赢得相关性：现代汽车的案例 287

第 11 章 创新型组织 293

通用电气的故事 294
创新型组织 298
选择性机会主义 299
动态化战略投入 304
全组织范围内的资源配置 309

后记 品牌相关性战役的两面性 317

注释 321

Brand Relevance 中文版序

我对《开创新品类：赢得品牌相关性之战》这本书的写作立意更加深信不疑了。品牌增长的唯一途径（几乎无甚例外），就是要打造出顾客脑海中新的"必需品"，以此来定义新的细分品类，并构建具有竞争壁垒的标杆品牌。记住，这是唯一的途径！！！事实上，数字时代更是如此，因为数字化使更多新的细分品类以更快的速度形成。原因有很多。数字科技以及数字信息存储、呈现及其传输对实质性创新产生了意义深远的影响。结果，在数字时代，品牌和企业将会有更多的机会发现能够改变市场格局的、带来新商机的细分市场机会。这意味着我们需要及时辨识并深入理解那些改变业界格局的新细分市场所带来的机会、挑战及其演化过程，这对于企业的健康发展和企业策略的制定都至关重要。

为什么数字化会导致改变竞争格局的新细分市场加速产生？有以下四个原因。

其一，科技进步。改变创新平台的数字化相关技术进步呈井喷式迸发趋势，包括全球定位系统（GPS）的不断完善，手机数量的激增以及手机接收能力的大大增强，微计算能力不断提升的同时成本也在不断下降，语音识别技术的进步，各种摄像头和传感器的产生实现了许多原本无法实现的面向顾客的创新。

另外，融合与存储不同信息集合的能力显著提高。这些信息集合不仅涵盖了顾客与品牌之间的直接与间接的互动,还涉及顾客信息搜索、店铺挑选和最终购买等行为。除此之外,我们还可以掌握许多关于外部因素的信息,例如天气、零售商地段等。同样重要的是,数据分析能力的提升,使我们可以探索市场发展模式并提出新的想法来打造新的"必需品"或提升现有的产品。深度机器学习软件能够在没有"人类操控者"指导的条件下自我学习。

其二,市场易得。在数字化趋势下,创新型企业,无论其规模大小,都更容易打入市场。它们可以不受地域的影响来寻找顾客,也无须说服大型零售商并支付费用就可以销售新产品,或者扩张连锁店铺。传统的行业壁垒,如分销实力、经典品牌的魅力、硬资产等都可以被规避。市场地位的获得未必需要巨额的资金投入,所以小型企业和创业企业都能够加入竞争,甚至取得领先地位。现在,销售商可以通过直接建立网站来获取目标市场,买卖双方也可以通过类似于爱彼迎(Airbnb)和天猫这样的平台进行高效的沟通。

新的市场细分品牌可以通过网站和社交媒体与顾客进行巧妙又有趣的交流,再也不用像过去一样借助于限制诸多且价格高昂的传统媒体。视频网站优酷,以及诸如领英(LinkedIn)和微信这样的社交平台都可以被充分利用。无论是搜索引擎百度,还是商务平台亚马逊(Amazon),其服务内容都不仅限于已有的大品牌或已有的产品与服务。因此,大型组织内外都涌现出了更多的企业家,更多的企业家意味着更多的成功。

其三,增长迅速。新细分品类的增长速度可能是数字时代之前的数倍之高。飞速发展也就意味着更多的参与者和更多的成功。早期成长对于开创、打造并拥有改变市场格局的新领域尤为关键,因为这种成长有助于品牌在市场中占据领先地位,增加其成为新市场中的范例品牌的可能性,并且吸引顾客群,从而针对竞争对手构筑起竞争壁垒。

其四,回报丰厚。部分回报得益于产品周期的缩短,数字时代能够改变格局，新细分市场带来的回报也更加可见和容易衡量。衡量的方式有多种，我们可以通过量化销售增长或关注人数的增加来判断，当然有时可以用市值作为终极标准。成功会吸引更多的跟随者。

数字时代意味着创造改变格局的细分市场并以此为基础进行竞争具有重要的战略意义。具有洞察力和创新力的品牌会比从前拥有更多的增长机会。创新型企业以及精通数字化的敏捷组织所拥有的创造力将大有可为，而停滞不前的既有市场领先者将面临保持相关性的巨大挑战。

戴维·阿克

2020年4月27日

推荐序一 *Brand Relevance*

不相关，无品牌

戴维·阿克先生的《开创新品类：赢得品牌相关性之战》阐述了关于品牌最根本，但最容易被忽视的一个事实：没有相关性，便没有品牌。

品牌本质上是留在目标受众（即消费者或客户等购买者）脑海中的一种正向的"烙印"，这也是英文 Brand 一词最初的含义。这种"烙印"的好处不言自明。一方面，目标受众可以在众多的选择中更快地做出购买决策，降低时间成本；另一方面，品牌拥有者可以更加有效地获取目标受众，进而产生溢价。

相关性对于形成这种"烙印"至关重要。对于品牌而言，无论产品的功能多么复杂新奇，营销渠道怎样布局完善，品牌传播如何创意不断，如果缺乏对目标受众的关注，不能与其建立相关性，便很难真正有效地影响目标受众。很多企业一直以来倡导的"以市场为导向""以用户为导向"也正是出于这个原因，但无论在思想意识上还是具体执行上，要真正落到实处都很难。毕竟，与和善变的消费者或客户打交道相比，沿着既有的成功路径或者参考竞争对手的做法是更舒适的捷径。只不过，舒适的捷径走得越多，距离危险的边缘就越近。在过去的十余年中，我们看到了太多这样的例子，众多曾经创造了无数辉煌，甚至引领时代的品牌，最后因为未能与目标受众持续建立相关性而不断被边缘化甚至销声匿迹。

今天的中国品牌更需要将构建品牌相关性提升到企业战略的高度。一方面，快速发展的市场环境、庞大的消费潜力、日趋成熟的消费心理以及更加自信的新生代消费群体的涌现等一系列因素为品牌的发展提供了绝佳的外部环境，不断演化的数字化生态系统更是为很多品牌带来了前所未有的发展机遇，但挑战也随之而来。在新的市场环境中，品牌既有的成功经验很难再具有现实借鉴意义；快速演化的数字时代在持续带来不确定性的同时，也在不断打破行业的边界。新的技术手段、新的商业模式、新的竞争对手，无时无刻不对品牌的发展提出新的挑战。对于品牌尤其是行业领先品牌来说，很难仅从分析既有行业最佳实践中获得未来发展的真谛。当自身的经验可能过时并且行业最佳实践未必有用时，企业只有专注于目标受众，围绕其需求不断建立相关性，才能确保品牌始终处于领先地位。

另一方面，今天的中国品牌正处于全球扩张阶段，其所服务的受众早已超出中国本土范围，开始将触角深入"外国"市场。只不过，所谓的"外国"并非是一个国家，而是由为数众多的区域市场构成的复杂的市场集合，其中每一个区域市场都有其独特之处。中国企业在过去数十年扩张的经验告诉我们：在海外采购原料或者建立一个生产基地并不难，但品牌要想真正打入当地市场需要加倍的付出；通过兼并收购可以迅速创造一个全球500强企业，但绝不可能轻易地建立一个具有全球影响力的品牌。在任何一个海外市场，品牌拓展都需要从战略高度重视本地市场的消费需求与消费习惯，从进入市场的第一天起便着力建立品牌相关性。正如很多外资品牌在中国的经验与教训一样，在任何一个市场，不懂本地目标受众的品牌都无法获得成功。

不相关，无品牌。缺乏相关性的品牌，不过是一个很快就会被遗忘的名字。《开创新品类：赢得品牌相关性之战》一书能够再次出版恰逢其时。无论是在数字时代的中国赢得先机，还是在高度复杂的全球市场中成功立足，都需要以相关性为基础构建品牌战略。在本书中，戴维·阿克先生首先高屋建瓴地通过多个行业及品牌的发展历程阐释了什么是品牌相关性及其重要的战略意义，为品牌建设与发展提供了方向性指引；同时，本书深入浅出地通过具体的案例与方法进一步介绍了如何通过品类及业务创新有效地建立品牌相关性，并非常明确地提出了内部组织、资源与能力对于持续构建品牌相关性的关键作用，为具体的品牌工作提供了直接的借鉴。本书非常有效地融合了关于品牌相关性的战略思考以及如何构建品牌相关性的战术指引，无论对于掌握企业未来发展方向的最高管理层，还是日常与消费者或客户打交道的品牌营销从业人员，均具有非常好的借鉴意义。

戴维·阿克先生是我非常敬重的品牌战略专家与业界权威，也是我的同事以及铂慧（Prophet）的思想领袖。他不仅在思想上深刻影响了众多的品牌与营销从业人员，也在新的数字化时代持续引领我们创新前行。很荣幸能够有机会为本书作推荐序，作为品牌及营销咨询从业者，我们也非常高兴能够持续为品牌在中国的发展以及中国品牌的发展贡献力量。

张承良

铂慧亚洲及中国区合伙人

2019 年 7 月 10 日

Brand Relevance 推荐序二

是在竞争饱和的存量市场中终日鏖战,还是创新品类独享增量市场的沙漠绿洲?

是勉力支撑迭代,不断升级"更好"的既有承诺,还是跳出三界投身"敢不同"的蓝海?

是囚禁于过往成功的路径依赖裹足不前,还是秉持勇敢而稀缺的企业家精神自我革命?

是做流量战场上为注意力竞争下注的赌徒,还是成为颠覆式创新的领先者?

这是所有企业和品牌都无法回避的命题,这本书,有可能给你一条新的路径。

产品稀缺时代,不需要品牌。产品就是品牌,买得到就好,进入充分竞争市场后,开始进入比较级的品牌偏好竞赛。

买的人更多,催生了销量竞赛,性能更好推进了技术的迭代测评对比,品牌开始以秒甚至毫秒的速度来追赶,广告时段正一倒一的位置争夺日趋白热化,所有企业都被卷入这场"没有最好,只有更好"的竞赛中。但是,悄然而至的变化却让原来的套路打法逐渐失效。

品牌差异化渐低,品牌转换成本微弱,品牌壁垒在消费决策的瞬间轰然崩塌,品牌承诺不断被推高又被拉低成为行业基准线,品牌忠诚度越来越低，品牌沟通效果难以衡量，更别提转化成交率，消费行为难以预测，消费者日趋理性、成熟。

从品牌偏好之战中冲出一条逃生之路，迎面而来的却是一条死胡同。可选择范围及物质极大丰富的消费时代，丰富让位于多样。"更"的战场鏖战正酣不分轩轾，"敢不同"开始变得勇敢而稀缺。

怎么办？

戴维·阿克的这本书给出了答案，就是开辟品牌相关性的新大陆，用差异化的品类创新创造出新的顾客，让新的品牌成为品类的代名词，品牌竞争的战场从此发生了转移。竞争对手失去了靶心，因为战争已与它们无关。

用三个词来归纳其本质，就是品类创造、颠覆式创新和企业家精神。

品类创造就是放弃存量思维，创造增量新世界。实现手段有两种。第一种是在存量中找到一个只占1%的份额的品类，大胆地预判它代表着消费的新趋势和新选择，从中衍生出新的增量市场。第二种就是从无到有创造出一个崭新的品类，这种做法难度和风险并存，机会也最大。

在餐饮行业中，西贝莜面村创造性地开创了西北菜这一品类。来自草原的牛羊肉，乡野的五谷杂粮，不添加鸡精、味精和香精，推行明厨的亮灶，对民间美食进行创造性研发，实施美食战略，进入购物中心快速开店……

这一系列战略动作都暗合了大众关注食品安全、青睐健康食材的消费趋势，也符合都市消费向购物中心集聚的商业潮流，牢固地把"闭着眼睛点，道道都好吃"的品牌资产建立起来。

颠覆式创新是规则的改写者，也是新的市场领域以及秩序的建立者。当下市场的变化迭代如此剧烈，媒体动态更新报道如此密集，大部分企业拼尽全力进行的实质性创新往往被看作渐进式创新，浓度不够，根本无法被辨识。出路只有颠覆式创新，并且始终保持差异化。

出行服务市场，滴滴横空出世，借道共享经济，用数据驱动供需匹配，实现了全业务链条的在线协同，把年度100亿人次的出行需求与数千万的车主和司机连接起来，完全治愈了传统出行服务业的供需撮合不对称和效率低下的顽症。大规模协同和数据算法驱动成为其底层的竞争壁垒，实现了"让出行更美好"的价值主张。

颠覆式创新如此之难，只有企业家精神可以使之成为现实。

发现需求，推动创新，技术升级，发生消费，获得利润。这一切的原点都是拜企业家所赐。企业家是市场经济的灵魂，是创新、生产要素新组合和经济发展的主要组织者与推动者。品牌相关性的创新市场是企业家创造出来的。

品牌相关性转型最大的挑战还是人和组织。

每个品牌的背后都站着一群人，这群人的人格决定了这个品牌的品格和调性，决定了品牌与消费者的相关性。消费者不会在乎你的品牌有多优秀，他们只在乎你的品牌是否和他们相关，以及是否在乎他们。

组织的挑战在于快速捕捉、筛选机会，压倒性地投入资源快速试错，基于长期愿景推进短期方向性选择，勇于放弃昨天成功的路径依赖，踏上一片水草丰饶却氤氲笼罩的无人之地。

颠覆者颠覆的，是曾经的颠覆者。后来者蜂拥而至，却不晓得末路将近。先行者无暇回望，一往无前，踏上一片新大陆。

楚学友

内蒙古西贝餐饮集团有限公司副总裁

2019 年 7 月 22 日

Brand Relevance
前 言

在过去的 10 年间,我一直对品牌相关性在解释战略成功、市场活力甚至品牌衰败种种现象的原因方面的能力感到惊讶。高额的预算也许能让品牌开展出色的营销活动,但品牌的市场表现没有半点起色,除非能够为产品或服务引入新品类或子品类,开创一片新的竞争天地,让对手失去相关性,这样品牌才可能成功。这种成功可能在销售额、利润和市场地位方面相当显著。很清楚的一点似乎是成功并不关乎品牌偏好度,而是关乎通过创造品类或子品类来保持可持续的差异性,从而打赢品牌相关性之战。

如果你开始研究,你会惊讶地发现,几乎各个行业都有如此多的品类尤其是子品类的产生。然而很清楚的一点是,实现这个结果绝非易事,也并非没有风险,在这个过程中有许多不为人知的失败与沮丧。成功需要时机——市场、技术和企业都要做好准备。另外,要生成并评估关于新品类或子品类的创新概念,积极地管理新品类和子品类,并树立起针对竞争者的壁垒。所有这些任务都需要得到组织的支持,而组织也许有不同的优先考虑和资源局限,所以任务很艰巨。

我还观察到在很多时候品牌的衰败不是因为它们没有能力实现目标或者用户忠诚度下降,而是由于它们失去了相关性。顾客不再购买这些衰败的品牌销售的产品,因为他们被市场上其他的品类或子品类吸引了,或者是这个衰败的品牌因为失去了活力和可见度而被顾客所遗忘。在这种情况下，如果企业无法意识到品牌管理的真正问题，就意味着所有的市场营销行为都是无效的，那么企业资源将被浪费或错置。

与此同时，我一直在进行关于商业策略的研究和写作，相关内容可参考我的另一本书《战略市场管理》(*Strategy Market Management*，目前已经出到第 9 版)。这些研究和写作让我意识到，几乎所有的市场都会受到变化的冲击，无论是高科技行业还是 B2B、服务业、包装业，都是如此。"即时媒介"加快了科技驱动变革、市场趋势以及各种类型的创新出现的速度。支持商业策略发展的流程与体系需要不断变化和改善。在我看来，其中的关键就是品牌相关性。在变革时代，企业的上策就是理解品牌相关性：了解如何打造新的品类或子品类，用这样的创新来驱动变革，让其他企业意识到这些新的品类或子品类的诞生，并跟随自己的步伐。

本书的目的是揭示如何通过创造品类或子品类来减弱竞争者的相关性，或让它们彻底失去相关性；如何管理品类或子品类的用户认知；如何创造竞争壁垒，从而打赢品牌相关性之战。本书还会探究在市场变化中品牌如何保持相关性。本书至少提供了 25 个案例来让读者更好地理解品牌相关性战役所带来的挑战。

讲述如何基于创新发展的书有很多，它们都为战略性思维与实践做出了很大的贡献。然而本书有几个特点是之前那些书所没有的。首先，本书强调品牌和打造品牌的方法，尤其强调了定义、定位和积极管理新的品类或子品类相关认知的重要性。其次，本书强调有必要树立竞争壁垒，以此来延长竞争者进入的时间。再次，本书明确提出可以凭借实质性创新和变革性创新来开创品类或子品类。最后，本书明确阐明子品类与品类一样可以被打造出来。每一个创造品类和应用全面创新的机会，都对应着更多的创造子品类和采用实质性创新的机会。

本书的第一个目标是为企业提供通过创造新的品类或子品类让竞争对手失去相关性的途径。这一途径包含 4 项任务：概念生成、概念评估、定义和管理新的品类或子品类、创建竞争壁垒。

第二个目标是定义品牌相关性的概念，解释其在驱动和理解市场动态方面起到的作用。为了达到这一目标，我们用了很多学术研究成果来帮助读者深层理解，并用了20多个实例来诠释在创造品类或子品类的过程中面临的挑战、风险、不确定性以及回报。

第三个目标是考虑并了解失去品牌相关性的风险，这种风险是如何形成的，以及如何避免它们。尽管相关性的变化提供了创造新市场的机遇，但这种变化会给那些只关注从前的市场战略、意识不到市场变化而无视市场动态性的品牌带来风险。

最后一个目标是描述组织应该具备何种特征来促成这种大规模或者全面的革新，从而引领新品类或子品类的产生。

关于本书的写作，我要感谢许多人。首先，我要感谢那些在我之前的品牌和策略思想家，他们的作品给了我很多启发，让我得以完善我的许多观点。其次，我要感谢科电公司（Techtel）的迈克尔·凯里（Michael Kelly），我们一边骑车一边展开讨论，激发了我对品牌相关性的兴趣；感谢我在电通公司（Dentsu）的同事，他们帮助我优化和拓展了自己的观点。铂慧异常出色的成绩也给予我很多的灵感；我要特别感谢迈克尔·邓恩（Michael Dunn）这位天赋非凡的CEO，是他给予我写这本书的空间，并在写书期间给我很多支持；感谢卡伦·伍恩（Karen Woon），一直以来他都给我提供中肯的建议；感谢安迪·弗林（Andy Flynn）、奥古斯蒂娜·萨切尔多特（Augustina Sacerdote）、埃里克·朗（Erik Long）和斯科特·戴维斯（Scott Davis），他们都给了我许多非常重要的建议。我还要感谢我的朋友凯蒂·崔（Katy Choi）和杰瑞·李（Jerry Lee），是他们使得本书在韩国也得以隆重发行。我要感谢铂慧的设计团队成员：斯蒂芬妮·金·西蒙斯（Stephanie Kim Simons）、玛丽萨·哈罗（Marrisa Haro）、凯利·亚当斯（Kelli Adams）。我还要感谢乔西·巴斯出版社（Jossey-Bass）的凯西·斯威尼（Kathe Sweeney）和她的同事对本书的信任；感谢制作编辑贾斯汀·弗拉姆（Justin Frahm）和文字编辑弗朗西·琼斯（Francie Jones）帮助推进这本书的进度，并且在大方向和小细节上鞭策我不断改进。最后我要感谢我的女儿、朋友兼同事詹妮弗·阿克（Jnnifer Aaker）和她的丈夫兼本书的共同执笔者安迪·史密斯（Andy Smith），他们在许多方面给予我巨大的帮助。

你不仅应该成为最佳中的最佳，
你更应该让人意识到你所做的事只有你才能完成。

——杰瑞·加西亚（Jerry Garcia），感恩而死（The Grateful Dead）乐队成员

BRAND RELEVANCE

第1章
赢得品牌相关性之战

> 起先他们无视你,接着他们取笑你,进而他们对抗你,最后,你战胜了他们。
>
> ——圣雄甘地
>
> 不要管理,要引领。
>
> ——杰克·韦尔奇,通用电气前CEO、管理学大师

品牌相关性兼具两种潜在的能力，它既可以驱动又可以解释市场活力、商品类别和子类别的出现与衰退，以及与此相关的品牌命运。如果品牌能够创造并经营新的商品类别或子类别，并能够使竞争对手无法参与其中，那么该品牌可以走向辉煌，而其他品牌将会在虚弱无力的市场竞争中深陷泥淖，或丧失市场相关性和市场地位。日本啤酒行业和美国计算机产业的发展诠释了这一点。

日本啤酒行业

过去35年来，日本啤酒市场竞争异常激烈，其间新品持续涌现（从每年4种逐渐增加到每年10种），广告势头强劲，包装革新迅捷，促销手段多样。然而，行业两大主要竞争对手的市场份额的发展轨迹在过去35年来只经历了4次改变——其中有3次改变的原因是引进了新的子类产品，第4次改变的原因是一个子类产品的重新定位。子品类的推陈出新以及重新定位使品牌赢得了相关性和市场地位，而那些与该子品类产品不相关的品牌则失去了市场地位——这就是有关驱动市场活力的因素的著名评论。

麒麟公司和朝日公司是这个时期日本最主要的两家啤酒生产商。麒麟公司在1970~1986年是啤酒市场的主导品牌，堪称"啤酒爱好者的啤酒"，占据了60%的市场份额，地位不可动摇。与麒麟公司的成功最密不可分的是其口味醇厚、略带苦涩的巴氏消毒拉格淡啤酒。市场上一时没有出现任何新子类产品与之抗衡。

朝日超爽干啤的诞生

朝日公司 1986 年的市场份额已经跌至不足 10%。在这一背景下，它于 1987 年年初推出了朝日超爽干啤（Asahi Super Dry），这种啤酒口感更刺激、更提神，余味更少。这款新啤酒较淡啤酒酒精含量更高、糖分更少，并且含有一种特殊的酵母，因此颇受新一代年轻啤酒爱好者的青睐。它的吸引力很大一部分源于厂商凭借其品牌标志（见图 1-1）、代言人和广告等为其精心打造的西方化形象。这款啤酒无论是产品本身还是外在形象都与麒麟啤酒形成了鲜明的对比。

图 1-1　朝日超爽干啤

短短几年间，朝日超爽干啤就获取了 25% 的市场份额。与此相比，淡啤酒在美国市场花了整整 18 年才获得了同等份额。这堪称一个商业奇迹：朝日超爽也因此成了人们心目中最正宗的干啤的代名词，从而成为这个奇迹中的赢家。1988 年，朝日公司的市场份额翻番，达到 20%，而麒麟公司的份额下跌至 50%。在接下来的 12 年间，朝日公司继续巩固其在干啤市场的地位。2001 年，朝日公司终于超越麒麟公司成为日本啤酒的第一品牌，市场份额高达 37%，令人瞩目。这让人想起了美国康胜啤酒公司超越安海斯－布希啤酒公司的案例，后者与麒麟公司一样，也曾长期占据市场主导地位。

朝日公司可以撼动市场绝非偶然。1985 年，朝日公司迎来了一位极具进取心的新CEO，他首先想做的就是改变公司内部和外部环境的现状。为了达到这一目的，他改组公司结构并改变公司文化，鼓励革新。当然，当时的经济危机和市场危机恰好成了他的"福音"。然而，此时的麒麟公司却一心只想保持既有的发展势头，做着一成不变的事情。

1988年，麒麟公司试图反击，推出了麒麟清澈干啤（Kirin Draft Dry）。但是由于之前数十年麒麟公司一直大张旗鼓地宣传麒麟拉格淡啤酒（Kirin lager beer），因此新产品在干啤这个新的发展空间缺乏可信度。此外，在随之而来的"干啤大战"中，朝日公司成功迫使麒麟公司改变了麒麟清澈干啤的包装，使其减少与朝日公司同类产品的相似度，这无形中也强化了这样一个事实：朝日超爽才是最正宗的干啤。历史悠久、忠实顾客众多的麒麟啤酒之前从未潜心研制一款能跟自己的"下蛋金鹅"媲美的啤酒，因此在这场竞争中被大家视为"欺行霸市"——打压有活力的新企业。在随后的这些年里，麒麟公司和其他啤酒商尝试过无数次想要削弱朝日公司前进的势头，最终都以失败告终。

麒麟一番榨的到来

麒麟公司在推出新啤酒种类来创造新子类产品（为了与朝日超爽抗衡）的一次次尝试中，有一个成功的例外，那就是麒麟一番榨的问世。这款啤酒诞生于1990年，在生产工艺上采取了更新、成本更高的方法：使用更多麦芽，低温过滤；最重要的是它只使用"第一道压榨"的产品。与麒麟拉格相比，它口感更柔和、更滑爽，没有苦涩的余味。高昂的生产成本、麒麟一番榨的品牌力度，连同强大的分销渠道，使其竞争者无力匹敌。麒麟一番榨的问世，中止了麒麟公司从1990年持续到1995年的市场份额下降趋势，它在麒麟公司产品组合中的地位逐渐攀升，直至2005年其销售量超越麒麟拉格——尽管当时这两种啤酒的销售额加起来还是远远不敌朝日超爽干啤。

干啤子品类重焕生机

1994年,作为市场唯一干啤品牌生产商的朝日公司,基于其干啤口味清新、日本排名第一以及全球知名的特点,制定了一项非常有力的子类产品定位战略。朝日公司在努力提升其干啤子类产品,与此同时麒麟公司却在破坏其拉格淡啤酒子类产品。也许是被朝日公司"第一生啤"的口号激怒了,麒麟公司也开始转向生啤生产,并且把麒麟拉格更换为"麒麟拉格生啤"(Kirin Lager Draft,原来的拉格淡啤酒更名为"麒麟经典拉格"(Kirin Lager Classic),仍旧在市场上销售,但降级为小众产品)。麒麟公司的本意是利用麒麟拉格生啤加大其对年轻受众的吸引力,但适得其反——它的产品形象变得令人迷惑,导致其核心客户群心生不满。这场1995~1998年发生在拉格啤酒和干啤酒之间的子类产品大战,最终结果是朝日超爽干啤的市场份额增加了8个百分点,攀升至35%,而麒麟啤酒却缩水9个百分点,降至39%。

发泡酒进入市场

1998年,一种名为"发泡酒"的新子类产品随着"麒麟淡丽"(Kirin Tanrei,三得利(Suntory)最早在1996年引入了第一款发泡酒,但后来败给了淡丽)品牌被引入市场且受到推崇。这款啤酒的特色是麦芽含量低,因此有资格享受低很多的税率。到了2001年年初,在这个新子类产品已经抢夺了18%的市场份额之后,朝日公司的发泡酒才终于出现,想要参与竞争,但已经无法撼动麒麟公司的优势地位了。朝日公司的发泡酒新品在口味上有明显的劣势,主要是因为麒麟淡丽的口感更刺激,很接近朝日超爽的感觉。但朝日公司绝不希望自己的发泡酒新品与朝日超爽干啤的口感如此相似,因为那样无疑会给朝日超爽带来潜在的伤害。

2005年，麒麟公司已经在发泡酒子类产品和另一个子类产品——无麦芽的"第三类啤酒"（税收优势更明显）市场中占据领先地位。从2005年起，这两个新子类产品占据了日本啤酒市场超过40%的份额。2009年，这两种麒麟啤酒表现优异，销售额是朝日同类啤酒的3倍多，甚至比麒麟拉格和麒麟一番榨的销售总和还高出50%。结果，尽管在传统啤酒类别中，朝日公司领先麒麟公司，双方比例约2∶1，但麒麟公司以微弱的优势在所有啤酒类别（包括发泡酒和第三类啤酒）市场中又重新占据领头羊位置。

市场前进的驱动力通常在于人们购买行为的改变以及品类和子品类的格局变化。图1-2清晰地描绘出日本啤酒市场市场份额发生四次变动的轨迹——每一次都是由子品类的格局变化而引发的。那些能够与新的或重新定义的品类和子品类相关的品牌都可以成为赢家，比如1986年的朝日超爽、1990年的麒麟一番榨或是1998年的麒麟淡丽。而有些品牌，因为缺乏价值主张或将重心放在了错误的子品类上，最终失去了相关性，从而走向失败。这种情况有可能会悄然降临到主导市场的成功品牌身上，比如20世纪80年代中期的麒麟拉格啤酒以及90年代末的朝日啤酒。

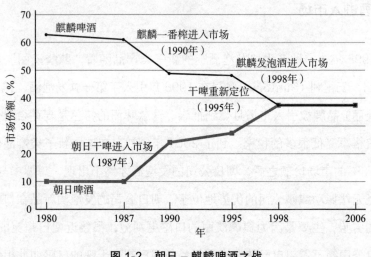

图1-2　朝日–麒麟啤酒之战

非常值得关注的一点是品牌在企业改变品类和子品类能力方面的重要

性。麒麟拉格啤酒蕴含了淡啤酒的精华和麒麟啤酒的传统；朝日超爽定义了一种新的干啤子品类，并成为典型代表——即使后来麒麟干啤的推出也无法改变其地位；麒麟淡丽则是发泡酒品类的最主要的代表。朝日超爽的定位调整也重新定位了干啤这一子品类，因为当时朝日公司的这款啤酒是这一领域的唯一竞争者。

美国计算机产业的发展

我们再来看一下20世纪后半叶美国计算机产业格局的改变，以及这些改变是如何影响市场中的胜负双方的。故事开始于20世纪60年代，当时有7家电脑生产商逐鹿电脑主机市场，它们背后都有大企业的支持。然而，这些一直秉承"电脑就是硬件"理念的供应商在IBM出现后全部失去了品牌相关性。IBM把自己定义为提供系统解决方案的供应商，因此创造了一个子品类。接下来在70年代早期，在美国数字设备公司（DEC）、通用数据公司（Data General）和惠普公司（HP）的引领之下，微型计算机作为一个新的子品类诞生了。根据其定义，一台微型计算机可以服务一整套终端组，而那些电脑主机品牌随之失去了相关性。

随后作为硬件问世的服务器和个人电脑又把微型计算机逐出竞争领域。通用数据公司和美国数字设备公司都淡出了舞台，而惠普公司则通过进入其他子品类领域适应了新局面。美国数字设备公司的创始人兼CEO肯·奥尔森在1977年说过一番很出名的话："实在没有什么原因会让人觉得有必要在家中配备一台电脑。"虽然这句话有些断章取义，但它是一个很好的例证，让我们看到新兴的子品类非常容易被人低估，比如当时的个人电脑。[1]

在几家迥然不同的公司的推动下，个人电脑子品类又分化成若干新的子品类。IBM是个人电脑子品类市场早期的主导品牌，给人们带来信任感与可靠感。戴尔公司定义并引领了一个新的子品类，它的制胜法宝是用最新科技为客户量身定制产品，外加新颖的直销模式和直接提供服务。便携式或手提式电脑最早是从个人电脑类别中细分出来的，其初创者是1981年的奥斯本公司（Osborne）。刚诞生的时候它是个重达24磅⊖的"怪物"，最终康柏公司（Compaq）在1983年接过接力棒，成为这个市场的早期领跑者。再后来，膝上轻便型电脑诞生，这才是真正的便携式电脑。起初东芝（Toshiba）在这个子品类领域领先，后来IBM ThinkPad⊜凭借极具吸引力的设计感和灵巧的特征取而代之，占据领先位置。

太阳微系统公司（Sun Microsystems）和美国硅图公司（Silicon Graphics）分别是网络工作站市场与图形工作站市场中的领先者，两者皆涉足高负荷单用户使用的计算机。工作站市场逐渐演化为服务器子品类。20世纪90年代后期，太阳微系统公司是互联网应用市场上占据主导地位的服务器品牌，但后来随着互联网泡沫破裂而走向衰退。

1984年，苹果公司推出了Macintosh（Mac），创造了一个电脑市场的全新子品类。Mac通过引入新工具、新语汇和图形用户界面改变了人机交互模式，因此它的出现极具革命性意义。电脑开始拥有了"桌面"，桌面上有直观、灵敏的图标，电脑鼠标的出现也改变了人与电脑的沟通方式。此外，它还有一个工具箱和一个能够追踪应用状态的"窗口"、一款绘图软件、一个字体管理器，等等。整个机器造型独特，像一个"小橱柜"，上面印有苹果品牌独有的标志。用"Mac之父"史蒂夫·乔布斯的话来说，这电脑"伟大到疯狂"。² 广告《1984》中有一个身穿鲜红色短裤的年轻女性挥舞着一把大锤砸入"老大哥"（很明显意指IBM）的屏幕，而这块屏幕不断喷发出的正是"循规蹈矩"的意识形态。很快，这成为当代最经典的广告之一。在接下来的10年里，Mac的核心用户越来越多，这些用户在创意性群体中最为

⊖ 1磅≈0.45千克。
⊜ 在联想收购了IBM的事业部之后，ThinkPad商标为联想所有。——译者注

多见，他们对 Mac 充满激情、无比忠诚，单单是购买和使用这个品牌本身就赋予了他们彰显自身的优势。微软公司花了足足 6 年时间才设计出可以与之匹敌的产品。

1997 年，史蒂夫·乔布斯结束了长达 12 年的被迫"流放"，回到苹果公司。他全力推动了 iMac 的诞生（i 最早代表的是"互联网赋能"，后来成为单纯代表"苹果"品牌的符号）。iMac 成就了 Mac 电脑神话的新篇章，并且成为一个全新的（至少是改进了的）子品类。它是有史以来最畅销的电脑，其设计和色彩搭配非常吸引人的眼球。苹果公司还做出了一个非凡的决策：放弃软盘，引入当时全新的 USB 接口技术。这一举动不仅没有像很多人预料的那样将苹果电脑引向末路，反而让产品看起来相当先进——它开创了人类通过互联网而非磁盘来分享信息的新时代。

另一场计算机革命逐渐开启：智能手机和平板电脑（比如 iPad）在许多应用领域都正在取代便携式电脑甚至是台式机。新的赢家将会是苹果公司、拥有安卓软件系统的谷歌公司、电信企业美国电话电报公司（AT&T）和威瑞森（Verizon）、服务器农场及应用软件开发商这样的企业，而输家将会是那些传统的计算机软件和硬件行业。

与日本啤酒产业一样，新的子品类的诞生给市场注入了活力，并改变了参与者的运势，这些子品类包括聚焦于解决方案的主机、微型计算机、工作站、服务器、个人电脑、Mac、便携式电脑、膝上轻便型电脑、笔记本电脑以及平板电脑等。在一次又一次的市场征战中，有的竞争者走向衰败或完全消亡，有的竞争者随着全新子品类的形成横空出世。从不间断的市场营销活动，例如广告、贸易展和促销活动等对市场格局的影响微乎其微。类似的分析也可以适用于其他绝大多数行业。

品牌相关性是一个很强大的概念。能否理解并管理相关性关系到企业最终是会远远地甩开竞争者独占鳌头，还是会深陷市场困境，很难找出自身的特色，而且即使有自身特色也很难持久。然而，理解并管理相关性并非易事，它需要一种全新的思维模式，这种思维模式必须对市场信号高度敏感、具有前瞻性，并且重视创新。

本章首先定义和比较市场中的两个思维视角：品牌偏好度模型（the brand preference model）和品牌相关性模型（the brand relevance model）。然后论述关于创造新的品类或子品类的核心概念，以及在这个过程中大规模、转型性创新所扮演的重要角色。接下来将阐述新的管理层任务，即如何影响和管理对新的品类和子品类的认知与定位。接着，本章将论述"第一行动者"的优势以及充当"趋势驱动者"的价值，并详细阐述创造新的品类和子品类所带来的回报。继而本章会具体介绍要开发一个新的品类或子品类所必须完成的四大任务。最后，我们将把品牌相关性和其他作者提出的实现相似目标的各种方法加以比较，然后对本书其余章节的内容做简要的概述。

赢得品牌偏好

在当前的市场中有两种竞争方式：赢得品牌偏好；让竞争者失去（品牌）相关性。

对品牌来说，为了吸引消费者并赢得销量，首要也是最常见的方法是想方设法让顾客在选择品牌时产生品牌偏好，以及尽力击败竞争对手。大多数市场营销策略家都认同自己正在打一场品牌偏好度之战。消费者决定购买一个业已成熟的品类或子品类产品，比如一辆运动型轿车（SUV）。他会考虑一些广为人知且信誉良好的品牌，有可能是雷克萨斯、宝马或凯迪拉克。后来，消费者选定了一个品牌（假定是凯迪拉克），那么要赢得该客户就要确保相比雷克萨斯和宝马他会更加偏爱凯迪拉克。这也意味着在运动型轿车领域，凯迪拉克在知名度、可靠性和吸引力等方面都必须超越雷克萨斯和宝马。

品牌偏好度模型决定了企业的目标和战略。企业应开发出一些新品或开展营销活动，以获得那些正在购买品类或子品类产品（比如SUV）的顾客的赞许，使其更加忠诚。在同类产品中比竞争对手的品牌更受顾客青睐，这说明企业的产品至少在一个定义该品类或子品类的特征方面比竞争对手优秀，在其他方面也毫不逊色。相关市场包含那些有意愿购买既有品类和子品类的顾客，目标市场的市场占有率是衡量品牌成功与否最主要的指标。

品牌偏好度模型主要采用渐进性创新来使品牌更具吸引力和可靠感，降低新品成本，使市场营销活动更加有成效和更有效率。这一切都需要持续的改进——更快、更便宜、更好。这种概念根源于弗雷德里克·泰勒（Fredrick Taylor）在一个世纪以前根据自己的时间和运动研究提出的科学管理理论，之后逐渐发展成持续改进（Kaisen）、六西格玛、企业再造和缩减规模等管理方法。

在今天的动态市场中，传统的品牌偏好越来越难以带来成功，因为顾客不再倾向于或者没有动力来改变品牌忠诚。至少在功能性利益的实现方面，在人们看来各种品牌相差无几，而这些看法往往也是准确的。如果换一种品牌差异度不大的话，那为什么要费神考虑更换产品或者品牌呢？甚至干吗还要费心去找替代品呢？寻找替代品无论是精神上还是行为上都鲜有回报。再者，人们都有惯性，无论是选择上班路线、听音乐、交朋友，还是选择品牌，都是如此。

能够做出给市场格局带来重大变化的创新绝非易事。每当改进后的新品能够刺激消费者的行为转换时，竞争者都会迅速、积极地回应，以至于这种新品带来的优势往往只能昙花一现。并且，市场营销活动也极少可以撼动市场，因为真正精彩的活动很难设计出来，况且在实施环节资源也往往有限。

由于很难改变顾客的行为习惯，成本降低计划带来的回报也在逐渐减少，如何在有能力、有资金的竞争者面前保持盈利，这个问题极具挑战性。在一个市场中如果竞争者都采用品牌偏好策略，往往会导致利润率不尽如人意。

日本啤酒企业，诸如朝日、三得利、札幌在1960～1986年都致力于寻找好的品牌偏好策略，结果仍很难撼动麒麟公司的市场地位。麒麟拉格啤酒以其悠久的历史、独特的吸引力、忠诚的顾客群以及强大的分销组织成功阻挡了来自竞争对手的各种强势和巧妙的进攻。

大多数企业所采用的品牌偏好策略在变化的市场中尤为冒险，因为渐进性创新会被市场变化所抵消。宝洁公司的CEO鲍勃·麦克唐纳（Bob McDonald）把这概述为VUCA——V（volatile）代表动荡，U（uncertain）代表不确定，C（complex）代表复杂，A（ambiguous）代表模棱两可。[3] 产品种类和子品类不再一成不变，而是不断涌现、消亡、更新。产品升级的速度越来越快。

许多有力的趋势都能够推动新的品类或子品类的产生。这些趋势通过如下内容可见一斑。

- 建立知识中心网站，使品牌成为最佳行业权威。例如帮宝适，它将自己的业务重新定位，从销售尿不湿转向提供婴儿护理方面的创新服务，以及成为育儿的社交互动中心。
- 环保运动和可持续目标影响了消费者的品牌选择。从汽车到商店再到包装产品，许多企业都调整了自身操作和新品来使自己更吻合这一目标。
- 亚洲食品受欢迎程度的提高促进了餐厅子品类以及包装产品子品类的诞生。
- 65岁以上人口的数量从2010年的4 000万将上升到2030年的7 000万，这一预期为礼品店、游轮、汽车等子品类带来了发展机会。
- 人们关注自身健康的行为意味着医疗保健品类拥有了新机会，包括体重控制、物理疗法、精神刺激等。

改变无处不在，改变影响了人们购买的内容，以及什么样的品牌是相关的。市场营销策略也需要紧跟步伐，一个在今天可以帮助企业取胜的竞争策略也许明天就不适用了，甚至明天都已经不相关了。成功变成了一个不断改变的目标，过去成功的管理风格也许现在就无法帮助企业取得成功了。盲目地遵循"坚持企业的构架""保持企业的重心""避免分散企业的精力"等策略也许是最优的,但是也比以往更加有风险了。

品牌相关性模型

另一种在竞争中通往成功的途径是让竞争者失去(品牌)相关性——改变人们购买的内容,通过创造新的品类或子品类来改变人们的购买决定和用户体验,企业的目标不再仅仅是击败竞争对手,而是让竞争对手在吸引顾客购买品类或子品类方面失去相关性。所有替代性的品牌都被认为是不相关的,因为它们缺乏内容可见度和可靠性,这样的结果就是在这个领域中,在相当长的时间内没有任何竞争者,或者竞争被削弱了。这是通往持续收入成功的一张入场券。

定义相关性

为了更好地理解相关性,考虑一个品牌与顾客互动的简单模式,在这个模式当中,品牌选择包含四个步骤,这四个步骤被分成两个很明确的阶段:品牌相关性和品牌偏好度,如图1-3所示。

第1步:某人(顾客或潜在的顾客)决定购买和使用哪一个品类或子品类,他不选择某个品牌甚至不考虑某个品牌的原因,往往是这个人没有选择该品类或子品类,并非他更偏好另一个品牌而不喜欢这个品牌。如果一个人决定购买一辆小型商旅车而不是一辆轿车或者城市越野车,那么他会排除许多在小型商旅车这个领域可信度不够高的品牌。

企业的第一个挑战是构想并且创造一个创新的产品,以此来创造一个新的品类或子品类。第二个挑战是如何管理这个新创的品类和子品类,使它的可见度、顾客认知以及顾客忠诚度得到提升。这样做是为了鼓励人们能够考虑并且选择这个品类或子品类。

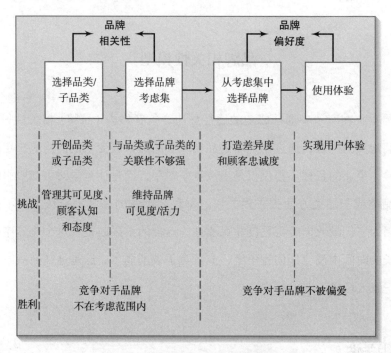

图 1-3　品牌相关性 VS 品牌偏好度

一个人选择品类或子品类，比如一辆紧凑型混合动力汽车，这一事实使得品牌相关性模型与品牌偏好度模型在起点就迥然不同，因为后者的品类或子品类已被固定。品牌相关性模式下的目标市场不再仅仅包含那些正在购买已有品类或子品类的人，而是变得更加宽泛——包括任何可能从新的品类或子品类中受益或的人。对品类或子品类的选择是非常关键的步骤，它关系到哪些品牌会被考虑从而获得相关性。

第 2 步：这个人需要确定哪些品牌在其考虑范围内。这个步骤会筛除那些出于某种原因而无法被顾客接受的品牌。某品牌如果无法出现在此人的考虑范围内，那它就是不相关的。这包含两个基本的相关性挑战：品类或子品类相关性；可见度与活力相关性（详见第 10 章）。

品类或子品类相关性：品牌企业需要让顾客意识到其产品是他们所需要的，也是可信赖的。在品类或子品类中，如果一个品牌缺乏参与竞争的能力或者兴趣，或者缺乏该品类或子品类的主要特征，则它无法在该品类或子品类中获得顾客认知。

可见度与活力相关性：一个品牌，尤其是当它想要进入一个品类或子品类并在其中树立地位时，必须要有可见度——当人们在挑选这类产品时，就会想到这个品牌。另外，这个品牌需要激发出自身的活力并保持这种活力，不至于淡出消费者视野。处于疲态、缺乏个性、无力创新或者平淡无奇都会让一个品牌（尽管它也许是知名的或可靠的）被排除顾客的考虑范围。

第3步：在经过一定的评估后，顾客选择了某一品牌。选择这个品牌而非其他品牌，也许是顾客基于某种情感或自我表达的益处做出的合乎理性的分析，也许仅仅是因为便利或习惯。这一步的挑战是如何创造出差异性，如何打造品牌忠诚的基石，以使这个品牌受到顾客的青睐。

第4步：顾客使用这个产品或服务，用户体验由此产生。顾客对用户体验的评估，不仅基于其对品牌的期望，而且基于这个顾客在第一阶段对这个品类或者子品类的概念的认知。这一用户体验会影响到下一个周期中品牌与人的互动。

品牌相关性与前两个步骤相关。如果人们在考虑一个品类或子品类的时候能够想到这一品牌，并且这一品类或子品类能够促成这个决定，那么这一品牌就具有相关性。上述两个条件都要得到满足，任何一个条件缺失，这个品牌就不具有相关性。那样的话，无论品牌差异性多大、态度多么积极、品牌-客户关系多么好，都将无济于事。

从更正式的角度，我们定义当如下两个条件被满足时，品牌相关性产生。

- 目标品类或子品类被选定。针对目标品类或子品类，顾客有明显的需求和欲望。这些品类和子品类有自己的特征、应用、用户群或其他带有区分性的特征。

- 品牌在顾客的考虑范围内。当顾客在目标品类或子品类中选择商品时，这个品牌会被予以考虑。换句话说，这个品牌通过了筛选。

第3步和第4步定义了品牌偏好，即品牌在顾客的品牌考虑集中得到偏爱。在静态市场中，品牌偏好是竞争和市场营销的主要目标，但是正如前文已经指出的，这类竞争很艰难，市场动态性越来越强，这使得品牌偏好策略越来越无效。

在品牌相关性模型下的胜利在本质上有别于品牌偏好度的竞争。在品牌偏好度模型中，获胜的品牌击败了已有的其他品类或子品类。与之不同，在品牌相关性模型中，当顾客选择一个品类或子品类时，如果其他品牌不被考虑，那么赢家就诞生了。当关系到这个新的品类或子品类时，其他部分或所有的竞争品牌都失去了可见度和可靠性，尽管在其他已有的品类或子品类中，它们也许不仅拥有可见度和可靠性，还享有最高的名望和最佳的顾客忠诚度。当竞争对手的品牌都不被消费者考虑时，那么该品牌就成了唯一具有相关性的品牌，它自然也就取胜了。

品牌相关性和品牌偏好度是相互关联的。特别需要指出的是，品牌偏好度的两大要素都受品牌相关性的影响。定义或者构建品类或子品类都会影响品牌认知，从而影响品牌偏好度。如果重新定义一个品类或子品类来增加某个特点的重要性（例如汽车的安全性），那么此益处会在人们的品牌偏好度选择中起到更重要的作用。另外，品牌相关性可以影响品牌考虑集，从而将某些品牌排除在外，这样，品牌偏好度面临的挑战就会降低。在极端情况下，如果考虑范围被缩减到一个品牌，那么品牌偏好度就是由品牌相关性所决定的。

品牌偏好度也可以影响品牌相关性。如果一个品牌被偏爱是由于它具有非常有吸引力的市场定位、鲜明的个性、令人满意的用户体验、积极的顾客关系，那么它会影响到顾客的品牌考虑集，并且很有可能会影响甚至驱动人们对于品类或子品类的态度。并且，如果品牌使用者的体验超越了人们的期待，那么这个品牌会在人们的心目中变得更加突出。如果一辆普锐斯能够激发消费者的兴趣、热情和喜爱，那它一定会进入人们的考虑范围并且强化人们对此品类或子品类进行选择时的决定。类似地，如果消费者在诺德斯特龙的店内体验是正面的，则这个体验会优化人们对高端零售行业的感受，也会把诺德斯特龙加入其考虑范围。

创建新的品类或子品类

品牌相关性策略是创建极具创新性的产品以形成新的品类或子品类。这个想法是改造一个竞争领域，使竞争对手处于决定性弱势，如果不能实现这个想法，就努力避开其他竞争者。军事策略家孙子在2 000多年前说过："兵之形，避实而击虚。"[4]

这其中的机会就是重新定位市场，通过把竞争对手的优势转换成弱势，让他们失去相关性或变得完全不相关。比如说当朝日啤酒推出干啤的时候，麒麟啤酒的强项——长期以来作为"超级拉格啤酒"的名望，在这个与年轻、时尚、西方相关的市场中反而变成了一个明显的弱点。

新的品类或子品类应该具备以下五个新特征。

- 竞争对手集合：这个集合或者为空，或者只是被少许几个比较弱势的品牌所占据。
- 品类和子品类的定义：该定义与其他的品类或子品类的定义具有明显的差异性。
- 价值主张：改变或增强与一个品牌的关系基础，或者重新创造一个新的基础。
- 忠诚的客户群：这个从经济角度而言最有价值。
- 针对对手的竞争壁垒：其基础是战略性资产或能力。

当然，要想赢得品牌偏好，还要尝试取得清晰的差异点、强有力的价值主张和忠诚的客户群。寻求品牌偏好度和创造新的品类或子品类之间有什么区别呢？这个区别可能很难被察觉。它不仅取决于差异的程度、新的价值主张的力度以及受到威胁的忠诚顾客群的规模，还取决于预期这些品牌优势能够持续多久。如果这个优势只是昙花一现，那么它在很大程度上只是一次提升品牌偏好度的行为，即使这个影响力在当时是巨大的。

当改变体现为一个有质的变化的新品，而非仅仅是提升某种特征或性能的时候，品牌相关性与品牌偏好度的差异就很明显了。一辆混合动力汽车是一种新型汽车，一台便携式电脑是一种不同概念的电脑。当然这两种产品都有自身优势，但是人们对于这个品类或子品类的考虑与之前的角度不同。现在你身处混合动力汽车市场，而不仅仅是一个有着更好的油耗性的汽车市场；你现在寻求的是便携式电脑市场，而不仅仅是一个体积更小的台式机市场。

当新品的变化意味着新品的价值实现、差异性和忠诚度有实质性的提升，而非提供一种不同类型的新品时，这种区别更加微妙。例如，某个品牌产品的性能显著提升（如雷克萨斯460），或者某个产品添加了一个很有意义的特征，比如让番茄酱更加易于存储且可以随时取用。如果这种产品的改变对消费者而言是非常显著和意义非凡的，那么形成品类或子品类的潜在可能性就很大。这样消费者就有理由把其他品牌完全排除在选择范围之外，而非仅仅不偏好它们。

另一个区别在于品牌相关性模型中的差异性是可持续的。品牌偏好度模型下的差异性通常很有限且持续时间很短暂，因为差异性很快会被竞争对手模仿。形成一个品类或子品类的关键就在于差异性必须是可持续性的，这样才能有一个足够有意义的空间来启动这个新的品类或子品类，且竞争者无法很快获得相关性。这意味着以战略资产或者能力的形式来为竞争对手模仿新品类或子品类制造障碍，以此来限制竞争对手的行动。战略资产是一种资源,例如一个品牌的资产或既有的顾客群。战略能力是一个企业单位在某领域能够做得特别出色,例如,管理顾客关系。

有许多竞争壁垒可以把短期的差异点转化为持续性的(详见第9章)。这些壁垒包括被保护的科技(比如麒麟一番榨发泡啤酒酿造能力)、规模效应(例如亚马逊或者eBay)、运行优势(就像UPS)、设计方面的突破(像克莱斯勒在20世纪80年代对小型商旅车做出的革新)、品牌权益、顾客群的忠诚。

创新的层次

图1-4总结了创新的三个层次,包括渐进性创新、实质性创新以及变革性创新,反映了不同程度的创新对市场不同程度的影响。在一个健康的商业环境中,企业会努力改善其产品与服务。问题在于,产品提升带来的影响是什么?影响力能够持续多久?企业什么时候创造出一种新的品类或子品类?

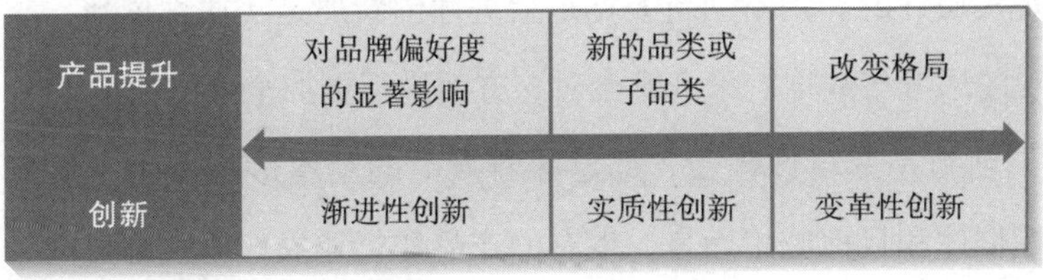

产品提升	对品牌偏好度的显著影响	新的品类或子品类	改变格局
创新	渐进性创新	实质性创新	变革性创新

图1-4 创新的层次

渐进性创新会提供适度的改进,这种改进会影响人们的品牌偏好度,因此,它的差异化程度很小。在某些情况下,这种改进的程度低于人们的感知门槛,以至于消费者都意识不到这种改变,也就感知不到这种创新的影响力,尽管假以时日这种创新累积起来可能产生较为明显的效果。在其他情况下,渐进性创新可以促进品牌健康度和忠诚度的增长。但无论是哪种情况,都是品牌偏好度在起作用。

对于实质性创新而言，新品的提升非常明显，因此消费者不会再考虑那些与之无法匹配的品牌。这种创新可以是开发出一个新的特征，例如威斯汀酒店推出的"天梦之床"；或者是非常显著的性能提升，例如更高的安全性、经济性和舒适性。有了实质性创新，产品的基本形态和市场竞争策略也许变化不大或差异很小，但是这个创新点的改进程度很大，以至于可以定义一种新的品类或子品类。由此产生的差异在采购环境中是重要的、显著的，甚至是"有新闻价值"的。比如苹果的 iMac，其全新的设计外观就是一种典型的实质性创新，朝日超爽干啤也是如此。这两个例子中的创新品跟其他的子品类很相似，但是新维度的产生为定义新的子品类打下了基础。结果是，这种实质性创新驱使消费者重新思考他们对这个品类或子品类的忠诚度和认知。一个原本有竞争力的品牌如果缺失了这一新维度，那么消费者就不会再考虑它。

能够区分渐进性创新和实质性创新是问题的核心所在。这一判断需要由相关的管理者做出，而由于他们既有的偏见，做出这一判断往往很困难。大部分管理者都倾向于把许多渐进性创新视为实质性创新，因为在他们眼中这些变化是实质性的。判断创新究竟是渐进性创新还是实质性创新，需要基于更加客观的思考与数据。第 8 章会对这方面进行更加全面的论述。

如果创新是变革性创新，那意味着产品的基本形态发生了质变，以至于对目标群体和目标应用而言，现有的产品和行业操作方式都过时了，现存的竞争者也都失去了相关性。这种创新的形式包括新技术的产生、产品的重构、不同的生产或者销售方式或者策略层面的巨大变化。这些变化能够影响产品的价值定位、客户忠诚度、客户对新品的理解以及实现创新所需的资产和能力。变革性创新带来的改变是巨大的，产生了"游戏规则的改变者"。新的品类或子品类辨识度很高。

变革性创新也被称为"破坏性创新"——它破坏了原有的竞争格局。汰渍（Tide）引入的合成清洁剂技术使得肥皂粉过时了。西南航空引入的充满趣味、欢乐的企业文化和点对点的旅程改变了航空旅行业。戴尔电脑、小型钢厂和吉列剃须刀是改变各自行业的典型的创新代表。在食品杂货店里，奥德瓦拉（Odwalla）生产的新鲜水果运动饮料使得冰冻橙汁在很多人眼中过时了。

实质性创新和变革性创新之间的区别并不总是明确的。然而，无论是哪种情况，新的品类或子品类都将就此形成。例如，小胡萝卜开创了一个新的子品类，这导致传统萝卜的销售额显著下降。但这究竟是实质性创新还是变革性创新，仍有争论。思科引入了新一代视频会议技术（名称为思科网真（Telepresence）），该技术使用大量的带宽为用户提供高保真的体验，为分支机构相距甚远的公司开现场会议提供了可行的选择。这一创新无论划分为上述哪一种创新都是可以的。

变革性创新、实质性创新和渐进性创新之间的划分无须基于技术突破的规模，而是主要基于市场受影响的程度，以及是否有新的品类或子品类得以形成。企业号租车公司（Rent-A-Car）给车辆正在修理的人提供租车服务，这就是变革性创新，因为它代表了截然不同的价值主张、目标市场、资产和能力组合以及商业模式。但公司背后的创新其实并不大，主要是流程创新。例如，1999年威斯汀酒店推出的"天梦之床"，其中并无研发方面的创新。这种床仅仅是应用了现有的科技，主打提升的质量，但这一举措也可以被视为变革性创新，因为它改变了人们认知和评估酒店的方式。

有时候，一组渐进性创新可以组合起来演化为实质性创新甚至是变革性创新。一些零售商黑马，例如全食超市，有许多渐进性创新。每一个创新单独来看都不引人注意，但是它们结合在一起可以成为品类或子品类的催生者甚至是市场规则的改变者。

实质性创新和变革性创新甚至可能不包括任何产品的变化。这些创新也可以通过重新定义某一品类或子品类来实现。戴比尔斯（DeBeers）的定位从珠宝变为"爱的表达"。这样，"钻石恒久远，一颗永流传"的广告词外加其婚姻和婚礼的联想含义在产品没有任何改变的前提下重新铸就了一个新品类。这样一来，戴比尔斯无须再与其他的珠宝公司竞争。

至关重要的一点是要识别创新是否是渐进性创新，因为这个判定结果将影响创新背后的管理和投资。如果创新是渐进性创新，那么新的子品类没有机会诞生，伴随新的子品类的管理挑战和投资也就可以避免。然而，如果创新是实质性创新且有机会创造出新的品类或子品类，那么这个创新必须被明确地辨别出来，从而可以开发必要的项目并进行必要的投资。当然，区分渐进性创新和实质性创新有时并不容易。正如之前提到的，品牌捍卫者所认为的实质性改变，对于那些生活在密集和动态的媒体环境下的消费者而言，往往是渐进性创新。

其中一个很大的风险是机会的流失，这种风险往往是由于一个有可能创造新品类或子品类的创新被低估，原因是没有专门的机构来考虑或者寻找这样的创新，或者是资源被用在了其他方面。这种风险一般很难为人所知，因为错失机会表面上看不会给公司的财务状况带来明显的影响，然而错失良机却会影响组织的命运以及本质上的策略。试想如果当初维京不考虑进入航空业的机会，这个品牌和企业今天又会是怎样呢？

另外一个较为明显的风险是渐进性创新被错误地当成实质性创新，于是创立新的品类或子品类的努力以失败告终，这一过程将消耗许多前期积累的资源并且给资本带来风险。日本啤酒市场曾经有过很多新品，虽然这些新品花重金打造而且被寄予厚望，但最终还是"哑火"了。

当我们评估创新属于哪个层次时，分析应该基于新品类或子品类的五个特征分别在多大程度上实现了。竞争者群体有变化吗？人们会不会购买不同的或者新的产品，以至于当前的产品失去了相关性？价值定位是否有质的变化？会出现新的忠实顾客群吗？竞争壁垒是否能够形成，这样创新可以有延时效应，而不会仅仅是短期的成功？

判定改进的产品究竟处于哪个层次最终取决于市场。很多时候企业自己认为某一种产品的加强版或者新品有能力改变市场。然而事实上，市场表明这只是一系列概念模糊、互相竞争的众多宣言中的一条而已。仅仅在产品包装上添加"全新改进版"的字样不可能从根本上改变消费者的选择过程。

大多数机构缺乏变革性创新、实质性创新和渐进性创新的合理组合。有研究表明，1990～2004年，大规模创新在组合中的比例从20.2%下降到了11.5%。而且从20世纪90年代中期到2004年，变革性创新所带来的销售额占比也从32.6%下降到了28.0%。渐进性创新受到偏爱，部分是由于对现存核心业务进行渐进性创新往往可以得到大部分负责企业销售和盈利的管理者的支持，而且渐进性创新带来的回报看起来更加稳定和可测。我们将在第11章对这种偏好以及如何更好地缓和这种偏见进行进一步的阐述。

相关性程度

一个品牌并非只有相关或不相关两种状态。在有些情况下，相关性是一个范围，有很多不同的程度。有时模糊性或者不确定性会存在，这是由于新的品类或子品类已经产生，但尚未成为消费者的最佳选择。这个品牌有可能被选择，这种可能性既非零又非百分之百。

另外，有些品牌会一直在消费者的选择范围内，还有一些品牌永远无法进入这个固定的选择范围，它们是不相关的。然而，还有许多品牌是在某些阶段拥有相关性。在任何情况下，相关品牌和不相关品牌的界限可能都是模糊的。

品牌相关的不确定性取决于对品类或子品类界定的清晰程度。如果这个界定是模糊的、不清晰的、含混的，那么相关品牌的组成就可能随着市场环境、应用、品牌易得性和价格、竞争者价格等因素而变化。没有什么是简单明了的。

新的品牌挑战

创造一个新的品类或者子品类需要新的品牌和营销视角。仅仅管理品牌本身是不够的,我们还需要调整消费者对品类和子品类的认知,从而影响人们决定购买哪些品类或子品类,而非哪些品牌。朝日啤酒能够战胜更强大、更有资源的对手正是因为它从最开始就一边增长销售额一边打造干啤这个啤酒子品类。到了20世纪90年代中期,它又对这个子品类进行重新定位,以获得健康的市场份额增长率。

对于品牌和营销策略制定者而言,定义和管理品类或子品类都是不一样的经历。除了将目标品牌与竞争对手的品牌区分开来,最常见的问题是如何将一个品牌定位于与现有的品类或子品类相关。例如,IBM与服务业相关,惠普与路由器相关。然而,如果问题是如何界定与管理品类或子品类并将它们与其他品类或子品类区分开,任务就大不相同了。此时我们关注的焦点不再是其他的品牌,而是其他的品类或子品类,这是有本质的区别的。任务是打造一个品类或子品类,即使竞争对手也可以获得相关性和益处。

品类或子品类不是一个品牌。品牌的名字反映出品牌背后的机构。尽管一个品类或子品类有时也有名字,例如干啤或者发泡酒,但很多时候它们没有名字,而是依赖于一个描述。更重要的是,各个品牌的背后都有一家机构,但品类或子品类通常没有,除非这个品类或子品类由一个单独的品牌或者机构来代表。

品类或子品类和品牌之间也有一些共同点。品类或子品类的定义由一组需要排序和管理的丰富的关联因素构成。它是人们做购买选择时的对象。人们对它的忠诚度不尽相同。与品类或子品类相关联的因素集界定了它。对品类或子品类的管理类似于对品牌的管理。尤其是,企业需要制订计划来让一个品类或子品类为人所知,确定关联因素并规划一些活动来实现这些目标。这些挑战将在第8章进行详细讨论。

第一个基本任务是识别出最重要的关联因素，通常为1～5个，这样就可以界定出一个新的品类或子品类。这些关联因素可以选自许多的理想因素，可能包括产品特征、产品的优点、个性特征、价值观、用户图像、应用，或其他有能力界定一个品类或子品类并吸引消费者的描述特征。这个因素组合应该能够将此品类或子品类与其他选择区分开来，能够对消费者产生吸引力、传递功能优点甚至实现自我表述以及情感方面的优势，从而驱动消费者的购买决策。此品类或子品类应该使该品牌具有相关性，并且为其他品牌获得相关性设置障碍。界定应该清晰，能够明确哪些品牌与此品类或子品类是相关的，哪些品牌由于缺乏了某一个关联因素而不具备相关性。

例如，干啤这一子品类也可以被定义为清爽、少回味、西方的、酷的。在重新定位后，它将全球知名度和新品加入到界定的关联因素组合中。拉格啤酒也许可以被定义为啤酒饮用者最爱的、口味清淡的、父辈们爱喝的啤酒。

第二个任务是定位。若干个界定因素可以被确定下来指导短期的公关任务。有了新的品类，之后的挑战就是确定一两个相关因素，能够讲出一个动人的故事，设定品类，使品牌具有持续的相关性优势。例如TiVo这一品牌，其复杂的数字录像机（DVR）有很多优点，却没能找到准确的定位，因此很难发挥先发制人的优势。

对子品类而言，定位通常基于催生出这一子品类的关联因素。例如百威金麦（Bud Light Golden Wheat）有百威清啤（Bud Light）所有的相关因素，包括它是清啤，但这个子品类的出现主要是因为它是一款带有一丝柠檬香气的小麦酿造的啤酒。

定位也会因目标人群不同而不同。界定因素中的一部分可能被用于一部分目标人群，另一部分因素用于另一部分目标人群。所以朝日啤酒针对20多岁的群体可强调"年轻、西方、时尚"这些因素，而针对年长的啤酒饮用者则强调其"清爽"的口感。

第三个任务是打造品牌，做好品类或子品类的宣传，使之具有吸引力。那就意味着需要突破认知障碍，利用实质性创新或者变革性创新来创造一种"轰动"，让人们感觉到这种品类或子品类是值得被谈论的对象。这也意味着对认知信号的一种理解，这种信号会激发人们去考虑并且讨论这些品类或子品类。如果有可能，比喻、故事或者象征物都可以被加以运用。

如何打造一个品类或者子品类？总的说来，最佳方式是使用品牌和品牌构建活动来打造品类或子品类的可见度、形象和忠诚度。最终目标是这个品牌可以成为这一品类或子品类中的"范例"产品，关于范例产品的概念，我们会在第2章中详述。这样当人们提及该品类或子品类时就会用这个范例产品来代指，就像人们用iPod来代指音乐播放器，用Jell-O来代指果冻，用A.1.来代指牛排酱。

负责充当范例产品的品牌应该聚焦于界定和打造品类或子品类。这个品牌在呈现品类或子品类的特征时应该将其暗含其中而非明确表述。外在的理念是出售这一品类或子品类而非这个品牌。当然，如果是在品牌偏好度模型下，这种策略也许并非是最优的。然而，在宣传品类或子品类而非某个特定品牌方面，这种做法是有优势的。

首先，一个新的品类或子品类本身就比另外一种产品哪怕是新产品更有趣，也更有新闻价值，而且可以更好地实现自我表述的益处。顾客跟品类或子品类的关系也许会比他跟品牌的关系更坚固。一个人也许会认为享受高端的温泉洗浴就可以说明他的身份，至于这个高端温泉洗浴的品牌反而没有那么重要。一个登山者会因为参与某项运动而赢得尊重，他使用的装备品牌对很多人来说并不重要。

其次，一个品类或子品类的相关信息可能比用公关活动宣传一个品牌更加可信，后者会被认为仅仅是为自我服务的。品牌信息是暗含其中而非大张旗鼓宣扬的。任何对于某品类或子品类相当了解且兴趣浓厚的品牌都有可能被人们视为该品类或子品类的创新性和范例品牌——一个能够代表该品类或子品类的品牌。关于范例产品的角色将在第2章详述。例如，如果纤维一号（Fiber One）谷物传递出的信息是，高纤维是食物的一个有益特征，而不是纤维一号谷物比别的谷物品牌含有更多纤维，那么这种信息会更具可信度。

最后，用一个品牌作为工具来宣传某个品类或子品类可以使两者之间产生关联性。如果希望一个品牌能够跟一个新的品类或子品类相关，就需要在它们之间建立关联。如果企业创立了一个新的品类或子品类，却没能够使自己的品牌与之产生关联，那么结局肯定是悲剧性的：这一品牌就此失去了相关性。朝日超爽通过宣传干啤这个新的子品类并与品牌产生密切关联，从而巩固了它作为此子品类范例产品的地位。

如果品牌没能及早占据市场领先地位，或者品类或子品类的界定太过模糊，那么范例产品就不太可能产生。在这样的情况下，品牌角色也许就没那么重要了——它的焦点可能更多的是影响而非定义这个品类或子品类，强调这个品牌的优势元素，并把品牌与此品类或子品类关联起来。我们仍旧应该明确这一品类或子品类有哪些相关因素，以及这些相关因素的优先次序，这样该品牌在领导相关性方面即使不占主导至少也可以是积极的。

无论这个品牌是否承担起范例的角色，能够为一个品类或子品类赋予名称都是有益的，例如干啤、发泡酒或者云计算（详见第9章）。一个具有足够描述性和吸引力的名称是非常有力量的，它能够更好地满足创造可见度、恰当形象和忠诚度的要求。相比之下，一个已有的名称想再获得提升就比较难了。如果没有这样的名称，那么界定性的相关元素需要很明确，这样人们才可以明确哪些品牌或产品是被排除在外的。

心理学上的框架效应让我们了解到消费者对品类或子品类的呈现方式的细微变化的敏感性，以及向其暗示出正确的关联属性的重要性。第2章会详述框架效应。第3~5章会有若干描述开创品类或子品类的个案，它们可以诠释品类或子品类是如何被界定的。

先行者优势

开发一个新的品类或子品类从战略上来看是很有吸引力的，因为先行者有很多潜在的优势。最具吸引力的优势之一就是可能有高额的投资回报。原因是这个时候市场上鲜有或完全没有竞争对手，盈利空间很可观。这一市场地位持续的时间长短依赖于该企业创造的竞争壁垒（详见第9章）。许多壁垒都与先行者优势有关，包括忠诚度、真实感、规模效应、先发制人的策略以及对竞争对手的阻碍。

先行者有机会创造顾客对于新品和品牌的忠诚度。如果接触和体验新品的过程是非常愉悦的，哪怕只是满意的，消费者也不会再有动力去冒险尝试其他产品。忠诚度基于真实的客户转换成本，也许还牵涉到长期承诺，或许还会有连带的外部效应。例如，如果很多人都开始使用某种服务，比如eBay，那么其他企业再创造一个竞争性的顾客群就很困难了。

先行者也可能获得非常有价值的"正宗"标签（详见第9章）。当时麒麟啤酒想要复制朝日超爽在日本的成功经历时就面临这样一个因素的挑战。成为"正宗"不仅很有吸引力，而且给创新者赋予了可信度，给任何追随者的模仿产品都注入了"不确定性"。

先行者还有规模经济效应。市场的引领者会有规模优势，例如在物流、仓储、生产、后台支持、管理、广告和品牌认知方面都会有优势。这是个简单的数学问题。例如，仓储这样的固定成本如果以大规模销售为基础就会产生一个相对较低的单位成本。

早期的市场引领者同样也可以预先采取最佳策略。对于零售商而言，这可能意味着获取最佳地段，对于其他商家来说，这也许意味着获取最佳的品牌地位。如果先发制人可以取得自然的垄断地位，那么它就更加重要了（比如，一个区域内可能只能支持一家多厅影院）。

竞争对手可能无法也不愿意去回应先行者推出的新品。技术可能会是一个障碍，正如竞争对手缺乏技术，无法应对麒麟一番榨一样。或者会有机构组织上的局限性，就像许多零售商都想复制诺德斯特龙的顾客服务，但均以失败告终，因为尽管它们可以复制诺德斯特龙的行为，却很难复制整个机构的组成——它的人员、激励机制、文化和行动流程。

竞争者可能也不愿意去回应这种新品。他们也许会认为新业务规模太小不值得理会，或者这会给他们现有的业务带来损害，或者这会玷污他们的品牌。所有的这些担忧都在20世纪70年代阻止了施乐（Xerox）进入低端台式复印机市场，当时佳能（Canon）推出了这方面的新品，而施乐也完全有可能利用其日本附属企业富士施乐来发展相关业务，但是施乐没有涉足此领域。最后的结果是施乐的业务从底层开始被侵蚀，而佳能和其他的品牌把它们的生产线由下至上延伸开来。

也许先行者最重要的优势就是它能代表一个品类或子品类，这样一来它即使无法界定也可以影响该品类或子品类。先行者可以强调并且框定这一品类或子品类的核心相关属性。其他品牌必须改变自己来适应先行者所倡导的概念。并且，一旦先行者掌控了这一品类或子品类，它就有能力随着时间的推移来不断改变其定义以反映自己做出的创新，这样就创造了一个不断变化的目标。

"先行者"这一名称指的是可以为某一品类或子品类赢得影响力的参与者，是早期的市场引领者，但很少是这个品类的开辟者。开辟者——这个品类最早的进入者——往往只是无足轻重的参与者，因为它缺少资金支持来造势，它的创新有缺陷，当时科技还没有发展到适当的阶段，市场也还没有做好接纳这种产品的准备。一项关于品类的研究表明，开辟者往往不是市场的领导者，更多时候它们会被资源更丰富、新品也更具优势的竞争者所淘汰。这些开辟者，例如洗衣剂里的卓夫特（Dreft）、淡啤里的加布林格（Gablinger）、低糖可乐里的皇冠可乐（Royal Crown Cola）、安全剃须刀中的"星星"（Star）、录像机中的安派克斯（Ampex）、尿不湿中的Chux、幻灯片软件中的哈佛图形工具（Harvard Graphics）等，大多没能利用它们的先驱地位成为中流砥柱。[5] 实际上，这个名单还可以一直列下去。

趋势驱动者

趋势驱动者是指那些真正引领潮流、参与定义新的品类或子品类的机构，它们由此获得先行者的优势。它们对人们购买的内容而非品牌做出预判，并产生影响。很少有企业有机会或能力成为趋势驱动者，即使那些机构有机会和能力，也只有为数不多的几次良机。

时机必须是正确的。糟糕的时机通常是产品未能抓住机会的原因。过早地创建品类或子品类的努力可能会失败——可能是因为基础技术尚未准备好，也可能是因为市场规模尚未达到临界点。回想一下苹果牛顿（Apple Newton）为创建PDA（个人数字助理）品类所做的过早努力。行动迟缓可能同样致命。重要的是既具备了解市场和技术的能力，又有了解新产品时机成熟的本能。

有两种类型的趋势驱动者。第一种愿意试水，但会保持退出的灵活性；另一种会全身心投入。朝日啤酒属于后者，它在投资工厂、流程和品牌建设方面投入了大量资金。品牌获得早期认可后，即使在面对麒麟啤酒的回应时，朝日啤酒依旧"双倍下注"来加大投入。

要成为趋势驱动者，公司需要成为一个极其强大的玩家，或有潜力成为一个强大的玩家。无论如何，公司必须拥有真正的"弹药"，例如像干啤这样的突破类产品能够让朝日啤酒定义一个新的子品类。此外，公司需要能够将先发优势转变为可持续发展的地位，途径是积极管理其对新品类或子品类的认知，并在新的领域树立品牌的主导地位。这不仅需要公司对拓展品牌的认可及资源投入，还需要整个机构有在品牌打造方面的意愿及能力。

还有一个选择是做一个趋势响应者，也就是一个快速跟进者而非引领者。这些公司跟踪趋势和事件，并制定战略以应对相关性挑战。在某些情况下，公司可以进入并接管新兴的品类或子品类，但是，大多数时候趋势响应者是在进行防御。它们紧跟潮流，以便可以采取行动，避免失去相关性。第10章将详述趋势响应者策略。

第三种组织类型可以被称为"趋势麻木者"。这些公司根本没有意识到市场趋势，而且很有可能会突然发现自己的品牌已经失去了相关性。这种"对趋势的麻木"通常源于公司没有充分的外部感知系统，没有驱动市场的高管，组织缺乏灵活性，或过度关注已有的成功策略。实际上有两种类型的"趋势麻木者"。一种是"机械转动"公司，今年重复去年做的事。另一种是"专注型"公司，它们坚定不移地专注于商业战略，并通过提高价值主张、降低成本来不断提高其竞争地位，不想被市场动态所干扰而做出改变。

回　　报

如果你能创造或拥有一个新的商业领域，让你的竞争对手与之无关，正如当年的iPod、太阳马戏团（Cirque du Soleil）、普锐斯（Prius）、朝日超爽干啤（Asahi Super Dry）和eBay那样，那么你就有可能获得超常的回报，有时回报甚至可以持续许多年。加利福尼亚州大学洛杉矶分校战略大师理查德·鲁梅尔特（Richard Rumelt）谈到，当大多数企业想实现更高的业绩时，最可行的途径是"利用环境中的一些变化——技术、消费者的品位、法律、资源价格或竞争行为——并快速且巧妙地驾驭这种变化。这是大多数优秀企业的成功之道。"[6]

财务上的成功有一些不明显的因素。首先，新的品类或子品类可以代表自身的增长平台，这个平台可以衍生出新的业务。其次，新的品类或子品类可以创造新客户，他们之前一直旁观，因为他们认为当时的竞争对手缺乏适合他们需求的产品。在露娜能量棒（Luna Energy Bar）出现之前，客户对于为男性（尤其是强壮的男性）设计和定位的此类产品实际上并不感兴趣。在ESPN出现之前，体育的狂热爱好者只能阅读报纸和杂志。

实际上，有经验证据支持这一观点：平均而言，几十年来主导新业务领域的公司获得了非正常的高额的利润。这些证据来自各种研究，涉及不同的观点、数据库和时间框架。我们主要来看财务绩效研究、新产品研究和创新性认知度数据这几方面的证据。

财务绩效研究

40多年来，麦肯锡已从15个行业中收集了1 000多家公司的数据库（所有公司的销售额均占本行业销售额的50%以上）。其中一个发现是，数据库的新进入者（84%的公司在某个时间点都可以被视为新进入者）在进入后的前10年里，每家公司的股东回报率都高于其行业平均水平。[7]第1年的回报率为13%，第5年降至3%，并且在第二个5年内从未超过该水平。此外，行业的新鲜性（定义为新进入的企业的数量减去退出的企业的数量）和行业的盈利能力之间有高度的关联性。有充分证据表明，新的品类或子品类往往是由新进入者创造的。因此，合理的结论是，那些创造新的品类或子品类的企业将获得更高的利润。

拥有成熟业务的企业，无论其管理能力多么出众，都很难再继续增长。对7个国家的1 850家公司的数据库进行10年的跟踪分析显示，只有13%的公司能够在10年内实现适度增长（5.5%的实际增长）和盈利目标（超过资本成本）。[8]如果一家公司多年来表现良好，那么它很可能接下来就会走向衰落。对公司动态的研究提供了支持性证据。在1957年的标准普尔500强企业中，到1997年只剩下74家，这些公司在此期间的业绩都比标准普尔平均水平低20%——这意味着新公司的表现更好。[9]

另外对50家风险投资公司的研究发现，6家公司的盈利能力遥遥领先。这6家公司的共同特点是它们已经确定了未来的投资对象，例如互联网支持技术和该领域的种子公司。因此，它们的投资领先于其他等待趋势变得更加明显和成熟的公司。这样一来，这些公司无疑比其他公司更有可能创造新的品类或子品类，由此产生的先行者优势可能是其财务成功的原因。

更直接的证据来自于一项考虑公司内部战略性决策的研究。金（Kim）和莫博涅（Mauborgne）审查了108家公司的战略举措。创造新品类的企业占企业总数的14%，而它们创造的收入以及利润分别占总额的38%和61%。[10]

一系列针对研发公告对股票收益的影响的研究揭示了两者之间有明显的关联性。研发公告对股票收益有正向的影响。其中一项对来自5个高科技行业（如印刷设备和台式机存储器）的69家公司的5 000多条公告的研究发现，当公告涉及选择一项技术、开发这项技术并将其推向市场这几种行为的组合时，会给股票市场带来迅速和巨大的影响。[11]由于这类开发大部分都涉及新的品类或子品类，因此该研究提供的证据表明，股票市场认为这种活动会给其带来回报。

美国的经济活力大部分来自新业务。实际上，1980～2008年，真正的新工作全是由创立5年以内的公司创造的。[12]我们可以合理地假设，为了获得销售增长，这些获得成功的新公司中有很大一部分必须产生新的、差异化的产品，创造或培育新的类别或子类别。

虽然这些研究不区分新的品类或子品类，但子品类的产生肯定比品类的产生多很多。然而，由于它们背后有相同的利润驱动因素——减少或彻底消灭竞争以及引人瞩目的价值主张，因此每个新产品都会产生超额利润。

新产品研究

新产品研究，无论是采用测试市场还是引入产品或服务的形式，都表明创造新的子品类的产品可以获得异常高的利润。数十项研究表明，新产品的成功实际上是由差异化驱动的——这是商业中有经验证据证明的最坚固的关系。差异化不仅影响价值主张，还影响产品可见度，即新产品在市场中获得关注的能力。如果新产品与现有产品没有明显的差异，则往往会失败。

我们从研究中可以得知，高度差异化的新产品，平均来说非常有利可图，它也有可能创造一个新的品类或子品类，因为差异化往往是新的品类或子品类的关键定义因素。相比之下，失败的新产品很可能是无差别的，并且会成为品牌偏好战的一部分。由于开发和引入新品的成本，产品的失败不仅会对公司的盈利能力产生直接的不利影响，而且还会带来巨大的机会成本，对人员和资源的投资本来可以投入到其他领域。

创新性认知度数据

如果一个品牌是先行者并拥有新的品类或子品类，它被会认为与创新性有关。获得消费者心中"具有创新能力"这种认知是所有企业的首要任务，因为它为新产品提供了品牌能量和信誉，但很少有品牌能突破并达到这一目标。来自扬罗必凯公司（Young & Rubicam，Y&R）的数据库涵盖了数千个品牌的信息，品牌资产评估者（BAV）就创新性而言对这些品牌进行了排名，2007年排名第1～15名的品牌如图1-5所示。[13] 几乎每一个品牌都用变革性创新开创了一个新的子市场。

1. 蓝牙	6. 梦工厂（Dream Works）	11. 迪士尼
2. 皮克斯	7. TiVo	12. 谷歌
3. iPod	8. iMac	13. 速易洁（Swiffer）
4. IMAX	9. "探索"频道（Discovery Channel）	14. 维基百科
5. Microsoft	10. 黑莓	15. 戴森

图 1-5　创新性认知度（2007 年）

创建新品类或子品类：四大挑战

营销人员往往全神贯注甚至痴迷于品牌偏好竞争，并给予它太多的资源和关注。相比之下，品牌相关性在战略中的地位太微弱，而且资金太少。毫无疑问，企业、营销和品牌战略将得益于在竞争中提升品牌相关性。我们的目标是通过提供证据、方法、理论框架和能够为我们指明道路的范例来实现这一点。

品牌相关性策略的核心应该是创造一个新的品类或子品类，从而削弱甚至使竞争彻底消失。如果可以设置竞争壁垒，或者竞争被其他机会或威胁所转移，那么毫无疑问成功将随之而来，并产生高额的回报。

问题是如何做到这一点。企业如何创建和划分新的品类或子品类？如何评估子品类对顾客的吸引力不足或无法承受竞争对手的直接攻击的风险有多大？公司能否实际生产和销售这种产品？如何创造像朝日超爽干啤、麒麟发泡啤酒、普利茅斯大篷车、丰田普锐斯、企业号租车公司、iPod、Kindle 或其他任何成功的品类或子品类的开创者那样的标杆性产品？

开创新的品类或子品类绝不是一件简单的事。这个过程涉及新的、不同的价值主张的出现，从而产生了可见度、能量和一群忠诚的客户。由此产生的客户利益是全新的、有意义的。因为开创新的品类或子品类的目标就是改变人们对于所购买与使用的东西的感知和行为。

利益需要与客户相关,从而可以让他们产生共鸣。对公司来说,尤其是对新产品的拥护者来说很重要的好处,对消费者而言可能没有足够的意义来创建一个新的品类或子品类。这不仅涉及逻辑,因为即使新产品具有令人信服的故事,客户也必须有动力去关注并改变其行为。这个解决方案可以被用来应对什么问题?有时"问题"不容易被挖掘出来。

即使产品的益处是有价值的,但沟通过程中的困难也许难以克服。衡量成功的一个标志往往是新的品类或子品类能否吸引足够的关注与动力来进行自我推动,并且能够产生足够的轰动效应来催生出新的忠诚客户群,并稳固这一群体,从而使这些客户成为创造力的一部分。如果缺乏足够的能量,想要做到这一切就比较困难。那么一家渴望改变消费者购买内容的企业究竟该如何前进?

大多数成功创建新的品类或子品类的过程都以这样或那样的方式涉及四个相互关联的任务或步骤,如图1-6所示。

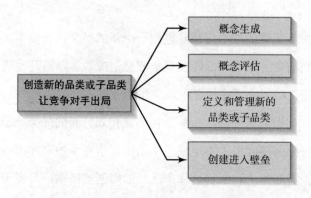

图1-6 创造可以驱动品类和子品类的新品

(1)概念生成。概念生成需要有好的选项,最好这些选项是从多个不同的角度产生的。从较好的选项中做出较差的选择,要优于从较差的选项中做出较好的选择。正如足球教练相信来自每个位置的竞争都会让球员变得更加强大,并且在第一名队员出现问题时能提供替补人员,如果存在多种好的选择，那么战略家可以做得更好。

（2）概念评估。评估提供了工具，以此来专注于最好的概念前景。但其中一个致命的错误是企业被太多的选择所困扰，这意味着没有任何企业可以获得胜利所需的资源投入；另外一种错误是企业坚持了一个前景黯淡的概念。

（3）定义和管理新的品类或子品类。除了管理品牌，管理者还需要定义和管理新的品类或子品类。关键是确定理想的相关元素的优先级，并基于这些相关元素来制定策略，通过创新来推动新的品类或子品类。同时利用品牌及品牌打造活动来为新的品类或子品类创造可见度和形象。

（4）创建进入壁垒。创建进入壁垒是将新的品类或子品类转变为利润来源的最后一步。如果这个利润来源可以持续，结果不仅意味着企业可以获得更多的资源，还意味着更好的营销定位与更强劲的势头。

品牌相关性模型与其他模型

品牌相关性模型与其他模型有何不同？毕竟，有许多作者的理论倡导变革性创新或其他增长的战略路径。比如，W. 钱·金（W. Chan Kim）和勒妮·莫博涅（Renée Mauborgne）的《蓝海战略》（*Blue Ocean Strategy*），安德鲁·坎贝尔（Andrew Campbell）和罗伯特·帕克（Robert Parker）的《成长的博弈》（*The Growth Gamble*），加里·哈默尔（Gary Hamel）的《领导企业变革》（*Leading the Revolution*），克里斯·祖克（Chris Zook）的《从核心扩张》（*Beyond the Core*），理查德·福斯特（Richard Foster）和莎拉·卡普兰（Sarah Kaplan）的《创造性破坏》（*Creative Destruction*），迈克尔·塔什曼（Michael Tushman）和查尔斯·奥赖利三世（Charles A. O'Reilly）的《创新跃迁》（*Winning through Innovation*），以及克莱顿·克里

斯坦森（Clayton Christensen）和迈克尔·雷纳（Michael Raynor）的《创新者的解答》(*The Innovator's Solution*)。[14]

上述以及其他未提及的著作都对市场战略研究做出了很大的贡献。当然，它们各不相同，每本书都有自己的特点，我从这些书中收获颇多。但是，我可以确定，本书涉及的四个相互关联的方面以及品牌相关性模型在这些书中都未曾涉及。首先，本书强调了定义和管理新的品类或子品类的重要性。它们不应该在被开发出来后，只是等待被市场定义。相反，人们需要像管理任何品牌一样对它们进行积极管理。新的品类或子品类需要被定义，需要积极地培养顾客对它们的认知，并使之与品牌相关联。相比之下，其他关于市场战略的著作要么对这项任务不以为然，要么没有提及品牌，或者根本不认为这一切是战略的积极组成部分。

其次，本书还强调了为新的品类或子品类设置进入壁垒的重要性。这是一个经典的经济学原理：创造一个竞技场，然后围绕着它建立起围栏，以便将其他人拒之门外。我们可以创造各种各样的障碍，但品牌，除了其本身可以被视为一道障碍之外，还可以用来组织和利用其他障碍。例如，分销优势可以是针对竞争对手的主要障碍，也可以成为品牌愿景的一部分，从而有助于创造和传达品牌的价值主张。

再次，本书明确将实质性创新作为创造新的品类或子品类的途径之一。其他书大多关注变革性创新（如太阳马戏团），或者"越做越好"和"通过进入相邻市场来撬动成功"的渐进性创新。事实上，实质性创新远比变革性创新的数量多得多，而渐进性创新一般是品牌偏好度模型的核心。

最后，本书明确建议品牌相关策略的一个目标应该是创建使竞争对手失去相关性的新的子品类，没有必要以新品类的形式坚持到底。现实情况是，每拥有一个创建新品类的机会，例如体育频道或者游轮，都会有数十个创造子品类的机会，例如高尔夫球频道、网球频道，或专门为儿童或者单身人士开发的游艇旅游。将子品类包含在内使得品牌相关性的战略重点范围很广。

几乎每家企业都可以不断地寻找关于子品类的机会。

接下来的内容

第 2 章将阐述相关性的概念，并基于社会心理学与消费者心理学理论和发现来展开讨论，这些讨论有助于我们理解和使用这个概念。

第 3～5 章主要研究在 3 个截然不同的行业——零售、汽车和食品行业开发新的品类或子品类。通过描述 20 多个案例，本书将尝试展示新想法来自何处、如何定义品类或子品类、为什么竞争对手做出响应或未能做出响应、树立何种壁垒以及成功或失败的根本原因是什么。

第 6～9 章将探讨如何创建新的品类或子品类，讨论四个关键任务——寻找新概念、评估、定义和管理品类或子品类，以及打造竞争壁垒。如果这些章节对你有直接的帮助，那么你可以跳过前面的章节直接阅读这一部分。

第 10 章考察在市场变化中获得并保持相关性。那些要对新的品类和子品类做出回应的公司，它们发现新的品类或子品类正在使其现有的业务领域变得脆弱，它们所面临的主要威胁是什么？它们最好的回应方式是什么？第 11 章将详细介绍支持创新型组织的特征。没有鼓励性和支持性的组织，很难进行实质性创新或者变革性创新。后记对上述内容做了总结，并明确指出打赢市场相关性战役需要应对的各种风险和挑战。

要点总结

品牌偏好度模型是在已有的品类中各品牌之间展开竞争，这对于静态市场或者无法令人满意的收益率而言是一个很好的解决方案。在品牌相关性模型中，新的品类或子品类的形成，为市场地位的动态变化提供了机会，竞争被减弱甚至消除，盈利表现优异。新的品类或子品类面临极少的竞争压力或没有任何竞争压力，与其他品类或子品类相比有很明显的差异，有全新的价值主张、忠实的顾客群以及针对竞争对手的一系列障碍。这种模式往往是基于实质性创新或者变革性创新形成的。品牌面临的挑战不仅包括管理品牌、品类或子品类，还要管理两者之间的关系。

有大量证据表明，成功创建新的品类或子品类将为企业带来卓越的财务绩效。例如，研究表明，行业新进入者通常会形成新的品类或子品类，而且其业绩表现往往明显优于同行业竞争者。众所周知，新产品的成功与该产品和其他产品的差异化程度成正比，即与形成新的品类或子品类的可能性成正比。这种成功很大一部分源于先行者优势，例如规模效应、先发制人战略、初期用户的品牌忠诚度以及品牌资产等。

讨论题

1. 确定品牌相关性模型普遍存在的类别或子类别。这些市场有哪些特征？

2. 列举利用实质性创新打造新的品类或子品类的实例。美国娱乐与体育节目电视网（ESPN）是实质性创新还是变革性创新，为什么？它的先行者优势有哪些？

3. 哪些企业在开创品类和子品类方面做得比较好？

BRAND RELEVANCE

第 2 章
理解品牌相关性：
品类划分、框架效应、考虑与衡量

> 做"不可为"之事是一种乐趣。
>
> ——沃尔特·迪斯尼
>
> 我意识到我的竞争对手是纸张，而非电脑。
>
> ——杰夫·霍金斯，首部个人电子辅助设备掌上电脑（PalmPilot）的发明者

本章我们将深入研究相关性。消费心理学家和市场营销理论家多年来运用巧妙的实验和富有洞察力的理论构建，做了大量与品牌相关性有关的工作。他们的努力为我们提供了相关的科学基础知识，并帮助我们对概念及其应用有更深入、更系统的理解。

本章从讨论分类开始。就其本质而言，实现相关性就是要成功打造新的品类或子品类，并使用它们来组织品牌。品类划分的第一原则就是品牌应该渴望成为新的品类或子品类的典范。第二部分探索框架效应。框架效应的研究视角为定义、定位和宣传新的品类或子品类提供了指导。心理学家投入大量精力研究的框架效应表明，细微的暗示可以对人们的感知、信息处理、态度和行为产生重大影响，框架效应也让我们明白关联因素的选择对于定位新的品类或子品类的重要性。第三部分是关于考虑集的研究。有哪些证据表明人们在对品牌进行选择（某一品牌是否值得考虑）时包含了一个筛选步骤。最后一部分讨论相关性的衡量，给出了品牌相关性概念的最终且最具体、最明确的解释。

品类划分

人们如何创建新的品类或子品类是品牌相关性的核心。消费者研究人员和心理学家研究了品类划分，并将其定义为"以明显的相似性为依据对物品和活动进行分组的过程"。[1]事实上，一些心理学家认为，分类是一种非常基础的人类思维活动，是所有场景和活动的基础。一个人总是试图通过对人、情境和事物进行分类来理解它们。人们利用不同类别来组织和简化他们每天遇到的持续的刺激。无论分类的总体重要性如何，这一领域的研究提供了几种观点和框架来帮助我们理解与管理品牌相关性。

人们如何划分品类

人们使用两种方法来进行分类。第一种方法为"属性匹配法"，这种方法使用一个定义规则的流程。一个品类或子品类会有一组理想的特征。是否是四轮驱动车也许可以用来定义一个汽车的子品类。另一个汽车子品类可以被定义为"具有时尚的外观、省油性能和舒适内饰的运动型多用途轿车"（SUV）。我们可以根据这些特征来判定一个新品的品类，如果任何一种属性缺失，那么此新品都无法被归入 SUV 这一子品类。

除了界定绝对的"属于还是不属于"，我们还可以判断该新品与这个品类有多接近（利用模糊集的概念），其结果是一个"合适度"的判断。新品与此品类的差距可以依据匹配时缺失的特征的数量和性质而定，或者基于新品在缺失的特征方面和理想状态之间的差别有多大。例如，也许汽车的省油性能与理想数值相比有差距，但是并没有低到要被排除出这个品类的地步。

第二种方法"范例产品法"是基于这样一种前提假设：品类或子品类可以由一个或多个"范例产品"来代表。因此，对于紧凑型混合动力车来说，普锐斯可能是一个范例产品，因为它基本上定义了该品类。同样，iPod 音乐播放器和 TiVo 数字录影机定义了自己的品类，和 Jell-O 之于果冻、Gortex 之于此类面料、谷歌之于搜索引擎一样。

在何时采用何种方法？其中一个考虑因素是，是否存在有较高的知名度和接受度的典型性产品。如果答案是肯定的，那么消费者最有可能使用"范例产品法"。然而，如果一个或多个范例产品的标识界定不明，或不为人知，那么消费者将不太可能使用这一方法。如果某一类别，如低脂肪食品，一直随消费变化趋势而演变，并且没有任何典型性产品来界定这个品类，那么消费者可能会采用"属性匹配法"。

研究还表明，当背景情况比较简单时，"属性匹配法"更有可能被使用；反之，当背景比较复杂、可选择的产品种类繁多、定义品类的维度众多、关于这些维度的选择也很难评估时，"范例产品法"更可能被使用。所以，如果四轮驱动车定义了一个品类，那么一辆汽车就可以很明确地被判定是否属于这一品类。然而，如果对一个品类的描述包含多重维度，而且每个维度无法简单地用"有"或"没有"来判定，那么消费者就更有可能使用"范例产品法"。如果一个品类是根据汽车安全标准来界定的，那么沃尔沃也许可以成为范例产品。接下来的问题就在于，一个汽车品牌能否与沃尔沃这个范例产品足够接近，使其可以被归为与沃尔沃相同的品类中。

获得"范例产品"的身份

很明显，对于能够打造范例品牌的企业来说，其获得的回报是丰厚的。首先，这家企业可以通过提供一个界定性的锚点来创造这个品类。如果没有了范例产品，这个品类现在和未来能否继续存在都很成问题。另外，作为范例品牌，从定义上就具备了相关性，任何竞争对手都被置于一种尴尬的境地：它们对于自身相关性的确定再次巩固了这个范例品牌的权威性。

一个品牌如何才能够成为范例品牌呢？这里需要一些指导原则。首先，企业推出一个品类或子品类，而非一个品牌，要明白目标是界定一个品类或子品类并确保其胜出。做一个积极的倡导者，不要为品牌担心。如果这个品类或子品类赢得了市场，那么品牌自然也就赢了。朝日超爽就是干啤的倡导者，当朝日超爽赢得市场时，朝日超爽这个品牌也赢了。

其次，做一个思想的引领者。认真思考这个品类或子品类的定义及其潜在的动机和逻辑。混合动力汽车和有机食品产生的原因究竟是什么？从生产力的角度考虑，这个品类或子品类的概念化过程可以被进一步完善或扩大吗？

再次，持续创新。不要停滞不前。创新、改善、改变可以使这个品类或子品类充满活力，并使品牌更有趣味性，范例品牌的价值也会更受尊重。迪士尼乐园是主题公园的范例，它从未停止创新。

最后，在销量和市场份额方面做市场引领者。如果品牌没有在市场份额方面占据领先地位，就很难成为范例品牌并利用这个角色。有时，企业成为市场第一可以获得很多优势。然而，也有很多其他的情况，比如先驱品牌搭好了舞台，而另一家企业品牌却把握住了更好的时机，推出了改进的新品，从而成为此品类的范例以及该市场的引领者。

品类划分如何影响信息加工和态度

品类划分对消费者的信息加工和态度有很大的影响。在某些情况下，消费者会基于几个最重要的维度来界定一个物品的品类，接下来他们就不再进行信息收集和处理。消费者将一件东西归为某一个品类可能只是基于某种暗示。例如，某个零售商的自有品牌日用品，也许仅仅因为其包装类似于该品类的范例产品，消费者没有经过仔细分析就想当然地把它与范例产品归为同一品类。人们通常没有足够的动力与能力判别一件物品被划分到某一个品类或子品类是否合适。人们的预想是进一步探究会费钱费力，而且通常不会改变他们最初的判断。

一旦某件产品已经被归类，无论之前的过程如何，消费者对于这个品类的认知都会影响其对于产品的认知。这就是在任何情况下都非常典型的固化印象问题，无论是对退休人员、猎人、性能汽车、百货商店还是面包店来说都是如此。事实上，心理学中的"一致性理论"认为，人们有一种追求一致性的认知驱动力，这也解释了为什么人们在考虑同一类别的成员时往往会弱化它们之间的区别，并假设它们之间的相似性。因此，要想让消费者对一个品牌进行重新分类，必须付出很大的努力。

分类过程还会影响消费者的态度。如果一个品牌被认为属于某个品类或子品类，即使客观地分析它并不属于，但消费者对此品类或子品类的态度还是会主导其对于这个产品或品牌的态度。在一个很经典的实验中，米塔·苏扬分给非相机专家两种相机，一种标注"35mm"，另一种标注"可取下的110型"。[2] 哪怕调换这两种相机的说明书，实验对象还是能够选择他们认为更优质的子品类品牌。他们的分析就是基于子品类。这一发现与心理学研究很相似，心理学研究表明，人们对一个人的最初印象往往取决于这个人被归到哪一类。一个人如果被归为"高傲的、成熟的"类型，而非"外向的、精力充沛的"，那么，人们对这个人的印象就会不同。

品类间的重叠

分类学先驱埃莉诺·罗施（Eleanor Rosch）主张物品的种类划分是等级式的。[3] 一个基本的品类，比如快餐汉堡店品类，向上可以有母品类——快餐店，向下可以有子品类——有美味沙拉的快餐汉堡店。

这种结构可以包含多种母品类，其中最普遍的品类划分会影响消费者的认知。例如，纺必适（Febreze，宝洁旗下的织物清新剂）可以被归为洗涤剂种类，因为它可以作用于纺织物；也可以被归为空气清新剂，因为它可以消除臭味。这个品牌的相关性和可靠性要视消费者认为其属于哪一子品类而定。

在消费者头脑中最初形成的子品类往往会先入为主。一项研究比较了人们将数码相机关联到胶卷相机还是数码扫描仪。[4] 研究人员发现，哪一种关联物最先出现，它就会主导人们的认知、期望和偏好。

归类并不局限于实体产品品类或子品类，例如紧凑型汽车或薯片。如果驱使消费者做出决定的目标是模糊的（如拒绝不健康的食品）或自相矛盾的（又有驾驶乐趣又安全），那么选择可能来自于多个产品类别。有一项研究使用了冰激凌和格兰诺拉燕麦片这两种食物，如果选择目标是"有营养的"和"在大热天令人感到凉爽"，或者没有明确的选择目标，那么实验者往往两者都选。[5] 然而，如果目标是单一的（要么是"有营养的"，要么是"在大热天令人感到凉爽"），那么实验者往往只从一个产品类别中做出选择。

框架效应关乎一切

新的品类或子品类需要被定义，这一定义也需要传达给消费者。语言学家和心理学家广泛研究的框架效应对上述两个任务都有影响。

在品类或子品类中，框架效应是指影响人们对物品的认知。哪个关联因素应该最先出现？例如，对于一辆混合动力汽车来说，人们的什么想法应该最先出现，是省钱、节能，还是拯救地球？考虑到细微的差异就能影响人们的认知，那么关联因素应该怎么被激发出来？框架理论认为，关联因素不会独立存在，而是存在于一个网络之中。激发一个关联因素可以间接地激发其他关联因素，从而给试图管理品类或子品类的企业带来有利或不利的影响。

有两个框架隐喻能够帮助我们进一步说明这个概念。第一个隐喻是一幅带有边框的画，它表明哪些内容在画框内，哪些在画框外。它描述了某个品类或子品类的范围，无论是啤酒、淡啤酒还是小麦啤酒。第二个隐喻是一个正在建设中的建筑框架，它是一个将元件连接在一起并提供基础的结构。所以，框定产品品类或子品类也就明确了一个框架或结构，它包含属性、优点、应用程序或用户的组合。

人们发现框架效应能够影响一个人对于产品的认知、议论、态度的形成以及最终的购买和使用。同样的信息是处理还是不处理、歪曲还是不歪曲、影响还是不影响人们的态度和行为，都与框架效应有关。"洗衣服的目的是让衣服的色彩更鲜艳"这一认知会影响一个人对于洗涤剂广告信息的处理方式，以及洗衣服的方式，这个人会对洗涤剂的色彩比较敏感，然而拥有不同概念框架的另一个消费者可能根本不会注意这个方面。即使在没有进行信息处理的前提下，这个概念框架也可以影响消费者的购买决定，因为框架效应可以突显某些衡量标准，而某个品牌如果在该标准下有较高的可信度，那么它就会被消费者所选择。

企业组织普遍存在一种错觉：消费者都是理性的，他们寻求相关信息，树立清晰的目标，仔细衡量功能，并做出合理的决定。带有这样一种模式的世界是诱人的。这符合我们的本能，尤其是当我们身处高科技或者B2B领域时，赢的策略就是发展和传达符合逻辑的、有功能性的益处。另外，消费者在被问及他们选择这种品牌或者不选择那种品牌的原因时，他们都会从功能的角度说明理由：因为这些品牌可以，而其他品牌都不能够很好地符合他们的选择。但不幸的是，这种想法是错误的。

消费者绝不是理性的。即使他们有意愿，也有充足的时间（但很多时候他们没有），他们也通常缺乏可靠的信息、记忆力、计算能力，以及关于某产品领域的充足知识来获取相关信息，并利用这些信息来使自己的决策达到最优。这也不难解释为什么新加坡航空公司在购买飞机时收到了海量的提议，并且每一条提议都详细分析了不同的选择，但它最终只是凭直觉做出了决定。消费者往往不会使购买决策最优化，而是依靠完美信息的替代品以及象征结果的暗示来做出决策。框架通过影响消费者围绕产品或服务的对话，可以影响其整个决策过程和用户体验。它可以凌驾于理性之上，甚至原本有一定知识的人也会被迷惑。

乔治·莱考夫（George Lakoff，加利福尼亚大学伯克利分校的语言学家）谈论了政治领域的框架效应，以及它在管理讨论中多么有影响力。[6]我们来看以下这个例子。关于税收的措辞可以框定某个讨论的性质，因为不同的措辞会激发人们对于税收完全不同的态度。"税款减免"产生了一个英雄的隐喻，这位英雄帮助人们减轻负担，并且这个措辞也暗示任何想要阻碍这一崇高追求的人至少是很幼稚的。"税收作为对未来的投资"产生的图景就是修路、儿童教育以及国防能力的增强。"税收如同你在俱乐部交的会员费"这个隐喻让人联想到交自己应该交的钱来获取有益于自己和身边的人的服务。每一个框架都通过隐式地改变目标而对话语产生非常不同的影响。

无论你是为运动员购买能量棒、为办公室白领购买能量棒、为女性购买能量棒，还是购买营养棒、早餐棒、蛋白质棒或者减肥棒，框架效应都很重要。它的确很重要。因为它会影响你所处理的信息、你对于品牌的评估、你的购买决策以及用户体验。如果你想买一个女性专用的能量棒，而这个产品看上去像是给男士用的，那么这种感觉就不对，哪怕产品的成分没有任何问题。这个产品已经失去了机会，尽管它原本也许是个很好的选择。但它进入了错误的框架，从而失去了相关性。

莱考夫评论说，框架在很多时候在认知上都是无意识的，因为人们未必能意识到这个框架的存在及其影响力。[7]这也正是框架效应如此强大的原因之一。框架之所以没有获得主导地位，是因为它在逻辑上是合理的、公平的，而竞争者利用了先行者角色，创造了一个生动的隐喻来代表一个框架，或者仅仅因为这个竞争者比其对手更加执着、声音更加响亮。

一个框架一旦形成，就会长久地保留。哪怕它刚刚被引入，也很难消除。莱考夫每次上课前都喜欢对学生说："千万不要去想一头大象。"当然了，接下来学生们会发现，他们几乎无法把大象从他们的头脑中抹去了。

经验证据

大量的实验表明，人们处理信息，然后做出受框架效应影响后的选择。

一项研究表明，如果对肉的框定是肉有多瘦而非多肥，那么这块肉会得到人们的偏爱。[8]与肥肉占25%相比，人们总是喜欢选择有75%瘦肉含量的肉。75%看上去很高，所以人们就会觉得剩余的肥肉比例很低。可是如果标签上写的是25%的肥肉，那么肥肉的数据就赤裸裸地摆在你面前。总的来说，正面描绘的属性比负面描绘的属性更有冲击力。人们总体上的选择倾向于正面框架效应，而非负面框架效应。

另外一项研究表明了当人们将企业看成是"非营利性组织"和"营利性组织"时的区别。[9]研究人员向一组女性展示了一款来自Mozilla.org的女包。网址中的.org暗示该企业是非营利性的。另外一组女性有完全相同的经历，除了被告知她们的包来源于Mozilla.com。

比起".com"，".org"类型的企业给人的感觉更具有人情味，但不够专业。被试大多更愿意购买来自营利性组织的商品，除非两者都在《华尔街日报》上进行了宣传。在这种情况下，消费者对于两者的认知差异会消失，购买意愿的差异也会大大缩小。

搭建框架可以左右一个人看问题的视角，影响其在做评估和决策时的观点。有时这个视角在人们的脑海中以一种"锚点"的形式存在，例如，一个价格或者一种服务水准。有一个例子可以很生动地诠释锚点的存在。一组大学毕业生被问及是否愿意购买一种优质葡萄酒，葡萄酒的价格是他们社保卡的最后两位数（一个完全无意义的数字）。[10]接下来，研究人员让毕业生们对这款红酒竞价。结果发现，他们的竞标价格受到社保卡号码很大的影响，这个数字成了一个锚点，尽管所有人都不难看出，社保卡号码与葡萄酒的真正价值毫无关系。另外一个事例是，人们往往认为一个"半满"的杯子起初是空的，而一个"半空"的杯子起初是满的。

如果通过一个关键维度界定了某一个品类或子品类，那么重要的就是找到这个关键维度中的锚点，并对其加以管理。这个锚点是最优的送货服务吗？如果答案是肯定的，那么那些达不到这一锚点的产品就会被排除在该品类或子品类之外。如果锚点是"基于性能的超凡品质"呢？那么这个产品可能就不会被排除。

产品属于哪个品类会影响人们对它的认知、态度和行为。丹·艾瑞里（Dan Ariely）和他的同事做了一系列实验，可以很生动地来阐述这一点。[11]有两只酒桶，其中一只桶里面装的是优质啤酒，比如塞缪尔·亚当斯啤酒，另一只桶里面装有相同的啤酒，但是在里面添加了一些香醋。两只酒桶都贴上了啤酒的标签，此时大部分人选择了第二桶啤酒。然而，有一半被试被告知第二只桶里面放了香醋，这些人中的绝大多数都选择了没有加香醋的第一桶啤酒，而且对第二桶啤酒表示难以接受。所以，一个原本更具优势的产品，如果很明显不在产品品类的范围内，那么消费者会认为无法接受，从而将其拒之门外。

丹和他的同事所做的啤酒实验还有后续。他们想知道那些原本不知道啤酒里面加了香醋而选择了第二桶啤酒的人在得知真相后会有什么反应。[12]结果，人们的选择不会因为这个事实而改变，甚至如果向他们提供香醋，还有人后来喝啤酒时主动往里面添加香醋。

我们从这个啤酒实验中得到的第一点启示是，如果一个品牌可以定义某个品类或子品类，那么它应该让定义尽可能明确，这样竞争对手的缺陷就可以突显出来。驱使顾客不去购买竞争对手的产品的动力是其产品与此品类不相关。如果品类或子品类的定义不够清晰，那么消费者在购买竞争对手的产品时就不能意识到它们的产品有什么明显的缺点。第二点启示是，一个想进入某新品类或子品类的品牌一开始要尽量隐藏其缺陷，等用户获得了试用体验之后，这种缺陷可能就不会有太大的损害性，有时反而能成为一种特色，正如有些人发现自己喜欢上了添加香醋的啤酒口味。

研究人员对喜力啤酒和银子弹啤酒的研究显示，框架还可以影响人们的情感体验。[13]喝喜力啤酒的人给别人的情感印象是温暖、平易近人的高端社交人群。在某种情境下，喝喜力啤酒给人的感觉与同样环境下喝银子弹啤酒给人的感觉大不相同,因为人们对银子弹啤酒的概念框定完全不同。人们对银子弹啤酒的印象往往与户外和篝火有关,它给人带来的情感体验和喜力啤酒迥然不同。

国家和地域方面的相关因素也可以影响一组选项的框架。在一项研究中,研究人员为一组就餐者提供的葡萄酒来自北达科他州一家名为诺亚酿酒坊的新酿酒厂。[14]另外一组就餐者被提供了相同的葡萄酒,只是他们被告知葡萄酒来自加利福尼亚州。结果发现,第一组人不仅更享受他们的葡萄酒,而且深信自己的葡萄酒更好喝(比第二组高出11%),他们就餐的时间也比第二组长15%。也许是因为他们对于葡萄酒的喜爱让他们想要延长就餐的时间。无论如何,没有人相信在这个过程中葡萄酒的标签竟然影响了他们。

增加产品选择的范围

一种竞争策略是通过定义品类或子品类来减少相关选择的数量,这样就能达到减少竞争对手数量的目的。然而,在有些情况下,增加选择的数量反而会有所助益。这就是所谓的次品替代效应(inferior alternative effect)和折中效应(compromise effect)。

当我们把一个较差的选择纳入考虑集中时,某品牌的吸引力可以增强。高端厨具品牌威廉姆斯-索诺玛(Williams-Sonoma)推出了一款价格为275美元的烤面包机。然后,他们又添加了一款容量更大的新品,标价高出50%,这款新品销售业绩平平,但是前一款烤面包机的销量几乎翻了一番。当体积更大、定价也不合理的新品出现时,原来的烤面包机的价格就显得更加合理了。这种现象在许多实验情境中得到了验证。例如,在一个很经典的研究中,西蒙森(Simonson)和特维斯基(Tversky)向一组被试提供了两个选择,6美元或是一支很精美的高仕(Cross)钢笔,大约有36%的人选择了钢笔。[15]另一组被试的选择中多了一支不如高仕有名的钢笔,结果选择高仕钢笔的人从 36% 增加到了 46%，而选择另一种钢笔的人只有 2%。

卡夫（Kraft）食品旗下的迪吉奥诺（DiGiorno）在 1995 年推出了起酥比萨，这是第一款面皮新鲜冷冻而非事先做好的比萨。[16] 卡夫没有把这款产品放在冷冻比萨领域竞争，而是重新定位，将其归为外卖比萨的品类。凭借着标志性的口号——"这不是外卖，而是迪吉奥诺"，这款比萨在市场上取得了巨大的成功，推出第一年销售额就达到了 1.25 亿美元，回购率达到惊人的 50%，创下卡夫食品的历史新高。为了让这个新品类更具活力，迪吉奥诺专门配备了一个外卖员，这个外卖员其实不用做什么工作。宣传广告中提及，如果成功当选迪吉奥诺的外卖员，年薪是 10 万美元，但是不用真的做任何工作。通过将比萨品类重新定义为包括外卖比萨，迪吉奥诺不再是价格昂贵的冷冻比萨，而是拥有了明显的价格优势，其价格只有外卖比萨的一半。此外，它的质量现在被认为可以与外卖比萨相媲美，远远超过其他冷冻比萨。由于迪吉奥诺保持了领先的品牌地位，并享有相当高的价格溢价，所以成功的框架得以延续。

还有一种效应是折中效应。人们往往喜欢折中，会在最优产品和最低价格中做出选择。选价格最高的产品也许会显得缺乏自我约束，而且也许得不到与价格相对应的价值。然而选择价格最低的产品又有可能是个较差的选择。百思买有两个私有品牌：迪诺（Denox）和影雅（Insignia）。影雅的定价低于美国其他同类商品，但高于迪诺，所以它看起来是比迪诺更好的选择。这样消费者就感觉自己没有选择最廉价的产品。另一项关于美能达相机的研究发现，当加入第三种价格更高的相机时，原本两种相机里价格较高的一款变得更受欢迎。[17] 三款相机里价格最高的相机相对处于劣势，因为人们认为它价格过高，这样一来，价格第二高的相机就成为人们的折中选择。人们往往会避免选择极端价格，所以如果可以在选择组中加入更多的选择，当某一个选择不是最高价或最低价时，它的吸引力将会增加。

哪种框架可以胜出

哪种框架能够成为未来品类或子品类的主导影响力呢？最合适的框架应该会赢，有时的确会赢。然而，在许多情况下，往往是最后一个框架最持久，而且它也是最经常被使用的。

我的一个学生曾经做出过一个假设：最后一个隐喻会赢。如果在一次讨论中，有人提出了一个隐喻而没有明显与之抗衡的另外的隐喻，那么这个论点往往会通过。如果有人在品牌定价讨论会上说："我们现在处于价格战中，我们的竞争对手用降价来打击我们。"那么这句话的言外之意就是我们应该强硬起来表示愤怒。这样一个框架会很有影响力。然而，如果在同一场会议上，有另外一个人表示竞争对手快要败北了，但它还是想做最后的挣扎，所以我们选择重新定位为一个低价品牌，那么讨论的方向就会大不相同。哪一种框架或哪一种隐喻会赢？最后出现的隐喻无疑有很大的优势。

然而，在许多情况下，被使用最多的框架会赢。回到莱考夫的政治情景，一些语汇及其相关的框架，例如"税收与支出""死亡税""侵权法改革"被共和党成功用来操纵讨论和框定话题。他们这样做部分是通过规范术语，并不断重复使用它们。这些术语无处不在，久而久之，他们的对手民主党也开始使用同样的语汇。当民主党开始使用共和党的隐喻的时候，（共和党）几乎已经打赢了这场战役。

考虑集作为一个筛选步骤

相关性的概念部分是基于这样一个前提：一个人在更广泛地考察一系列品牌之前，有一个步骤是品牌要先经过筛选进入其考虑集。接下来的步骤是在这个集合中选择更偏爱的品牌。只有通过筛选的品牌，才有资格进入品牌偏好的步骤。我们发现关于这一筛选过程的概念得到了消费者行为学、心理学、经济学相关文献的广泛支持。

有经验证据显示，在 B2B 或者 B2C 背景下，消费者经常要进行筛选步骤，来确定他们考虑的品牌范围。这不仅是一个理论假设。[18] 筛选步骤会剔除那些在某些属性或维度上无法跨越最低门槛的选项。例如，消费者购买麦片时的筛选步骤可能会剔除那些每份含糖量高于 5 克的麦片。这被称为"非补偿性决策"，因为产品在一个维度上得分高无法弥补其在另一个维度上令人不满意，更好的口感和质感无法弥补其在含糖量上的缺陷，因为含糖量是这个即将被购买的子品类的定义的一部分：高含糖量会使这个品牌被驱除出选择范围，无论它可能具有什么其他特征。

接下来，消费者的决策过程进入品牌偏好阶段，这个阶段评估那些通过筛选步骤，也就是已经获得相关性的品牌。这种评估以及购买决策可能基于任意数量的决策策略，包括"可补偿性过程"：产品在一个维度上有缺陷可以通过其他维度的正面评估来补偿。所以，消费者对麦片的选择由味道、口感、纤维含量和营养价值等决定，某一个维度上的缺陷可以由其他方面的高评分来弥补。

非补偿性筛选步骤的概念部分基于这样一个事实：消费者在接受、加工、回忆信息并进行计算来促成决策方面能力有限。即使消费者有能力进行必要的分析来做出完美的决策，常识以及成本效益经济学也会告诉人们为了一个微不足道或重复性的选择进行深入的研究和分析并不值得。选择口香糖不值得花太多的力气。结果就是，消费者接受不完美的决策，并且寻求方式来应对过量的信息和复杂度。

诺贝尔经济学奖得主赫伯特·西蒙（Herbert Simon）重新定位了传统的消费者决策观念，他把上述顾客的这一系列局限性称为"有限理性"（bounded rationality），并把这种对不完美决策的接受称为"满意度法则"（satisficing）。[19] 他的观点是，人们在运用所有可获得的信息来做出最优决策方面的能力和动机都有限。因此，他们使用满意度法则或者非补偿性模式这样的直觉式判断（decision heuristics）来剔除一些品牌。结果就是，这一决策也许并不是最优的，却是令人满意的。购买行为的决策者意识到做出最优选择耗时耗力，既不值得也不可行。非补偿性模式是一种可以减少选项的机制，这样一来消费者在决策过程中需要处理的信息就减少了，复杂程度自然也降低了。

先前的实证研究表明，选项越多、要考虑的方面越多、决策过程越复杂，人们使用非补偿性筛选步骤的可能性就越大。如果选项很少，需要考察的维度也很少，那么人们未必需要筛选步骤来简化决策过程。

非补偿性筛选阶段会受到情境的影响。不确定性因素越多，考虑集中的品牌也就越多。如果只是做出二选一的选择，例如汽车是混合动力的还是非混合动力的，那么筛选就很容易进行。然而，如果决策依据是低油耗和高油耗，而各个品牌的油耗情况又不是非常确定，那么许多品牌都会通过筛选。筛选过程还依赖于数据的可靠性。一项关于公寓选择的研究表明，如果关于公寓的面积和地段的信息是可靠的，那么就会有更多的公寓被剔除出去。[20] 如果信息没那么可靠，那么就会有更多的公寓被保留下来。当信息不确定时，被试也就不太情愿将选项排除。

对于寻求定义一个新的品类或子品类的品牌经理和营销总监而言，其面临的挑战就是如何围绕一个或多个定义明确的维度来定位该品类或子品类，设立的标准要尽可能清晰。这样有助于他们找到非常清晰且只属于该品牌、与其他品牌无关的特征或者使用条件。

有一种做法是提升其中一个维度的重要性，然后暗示只有在这个维度上最优的选项才会被考虑。所以，现代汽车的"美国最好的汽车保修服务"和通用磨坊宣称的"没有比'纤维1号'纤维含量更高的品牌"，两者都提供了非常清晰的标准界定：只接受在最重要的维度上最好的选项。接受了这样的宣传之后，消费者也许并没有感觉到该品牌是最优的，但他们确信这个品牌至少非常接近最优，接下来无须再花费精力去调整这个分析结果。

衡量相关性

对于相关性的衡量需要从定义良好的品类或子品类开始，如"能量棒"或者"微型电脑"这样的标签是有帮助的。如果没有被市场所接受的标签，那么明确的描述是很有必要的，例如"女性除毛产品"。相关性的第一个维度可以通过一系列能够反映用户是否会购买该品类或子品类的问题来衡量。例如，"你买过吗？""你会买吗？""你感兴趣吗？"相关性的第二个维度将确定考虑集中有哪些品牌。如果你要购买该品类或子品类的产品，你会考虑哪些品牌？

Techtel高科技追踪数据库的页面诠释了基于相关性的衡量可以产生怎样的战略洞见。20世纪90年代，英特尔想要打造"高速、强大、行业标准的处理器"这样的关联属性。追踪数据显示，在90年代后期，"Intel Inside"项目对于这些评价指标都已经完成得很出色，但在新的评价维度——寻找与新兴互联网相关的强大的解决方案方面表现不佳。对比之下，55%的受访者认为IBM与"电子贸易""电子商务"等有关联，对于英特尔却只有12%的受访者这样认为，戴尔的比例也很低。这样，英特尔和戴尔都面临一个问题，那就是很少有人认为它们与一个新兴品类——基于互联网的应用相关。后来在很长时间内，英特尔都努力扩充"Intel Inside"的含义，使其不再仅代表"内有英特尔微处理器"；戴尔也积极寻求扩大其高端服务器业务。

关于考虑集的问题，消费者的答案很容易与某个现成的选项相契合，因此有一种替代方案就是问潜在的顾客一些没有外力帮助的回忆性问题，例如，"在某品类或子品类方面，你能想到哪些品牌？"这个问题要求一个品牌的地位足够突显，这样顾客才会在没有任何提示的情况下想到它。尽管这种无辅助回忆性问题会带来一些考虑集之外的答案，但往往答案和考虑集有密切的关联。如果一个品牌没能出现在答案中，那么它也许就不会出现在顾客的考虑集内。

简单识别类的问题（例如，以下列表中哪些品牌与该品类或子品类有关）一般来说不是一种足够有力的测量方法。事实上，同时拥有高认知度和低回忆率的品牌被称为"墓地品牌"（graveyard brand）。虽然人们对这些品牌有所耳闻，但是它们的相关性太低，所以人们在购买这一品类或子品类的产品时不会想到它们。假设有一组被试被要求说出一些紧凑型汽车的品牌，随后他们又拿出一张列表，让被试给识别出的紧凑型汽车品牌打钩。如果在识别阶段很多人都勾选了道奇，但是在自主回忆时，很少有人说起道奇，那么道奇就属于墓地品牌。

"墓地品牌"比完全不知名的品牌更加糟糕，因为很难再围绕它产生什么新闻。人们知道这个品牌，所以就觉得自己已经对它足够了解了，也就不会再去关注关于这个品牌的什么"新闻"。相较之下，一个人们不熟悉的品牌反而可能更有新闻价值。

一个很常见的错误是使用与品牌相关的所有品类与子品类来作为衡量相关性的手段。的确，这些关联品类或子品类可以让我们了解这个品牌当前的形象以及改变形象时存在的障碍。了解到索尼与电视、电子消费品、电影、音乐和游戏有关联，的确可以帮助我们更好地理解索尼的形象。然而，更具战略重要性的关联，即驱动相关性的关联是消费者在想到一个品类或子品类时会想到哪些品牌。如果消费者在考虑选择摄像机时提到了索尼，那么索尼就是与摄像机相关的，无论消费者认为索尼还生产了什么其他产品。事实上，一个想要和许多品类或子品类产生相关性的品牌可能会发现，当提到这个品牌时，人们无法想起所有与品牌相关的品类或子品类。这其实并不重要，因为消费者关于某个品类或子品类的品牌记忆才是决定市场的真正力量。

在详细描述了品牌相关性的概念之后，我们转向20多个品牌案例研究，这些品牌都意欲在品牌相关性战役中胜出。大多数品牌都试图开创新的品类或子品类。分析这些案例的目的是用合适的情境来阐明如果品牌想成为早期市场引领者以及新的品类或子品类范例产品，在这过程中会有哪些问题、挑战和回报。

> **要点总结**
>
> 品类划分，即如何形成和定义品类或子品类，是相关性的核心。如果一个品牌能够成为定义一个品类或子品类的范例品牌，就可以置其他品牌于劣势。框架效应可以影响人们对品类或子品类的认知方式，从而影响人们的信息加工、态度以及行为。在推出一个品类或子品类时，细微的差别就能造成人们认知上的差异。人们通常在选择品牌时采用一个筛选步骤来决定是否考虑某个品牌。如果品牌缺少与目标品类或子品类的相关性，或者缺乏可见度与活力，那么它将会被筛选出去。衡量相关性的方法是看一个品类或子品类是否会被选择，在给定选择的情形下，这个品牌是否会被考虑。

| 讨论题 |

1. 有哪些范例品牌？这种身份为这些品牌的营销活动带来了什么影响？

2. 描述汽车行业或其他某一行业的子品类是如何被框定的。有没有哪个品牌在这个过程中起到了驱动作用？

3. 找出一个经常不在某个品类或子品类的考虑集内，但大多数人又都认为它具有相关性的品牌。

4. 挑选两个品牌，为它们设计相关性测量体系。

BRAND RELEVANCE

第 3 章
改变零售业格局

> 我不知道成功的秘诀是什么,但我明白失败的要义就是试图取悦所有人。
>
> ——比尔·科斯比(Bill Cosby)
>
> 没有差异性,就没有创新。
>
> ——雷富礼(A. G. Lafley),宝洁公司前 CEO

接下来的 3 章将描述涉及 3 个行业的 20 个品牌的案例研究，这些品牌都尝试在自己的行业中开发新的品类或子品类，有的品牌最终没有那么成功。这些案例为我们提供了一个很好的视角，让我们可以了解到这一任务的复杂度，以及成功带来的丰厚的回报。综合说来，本章的目标是深入了解新想法从哪里来、趋势解读和趋势预测的作用、如何定义品类或子品类、企业如何取得成功，或者为什么有的想法会失败、为什么竞争对手没能够做出回应，以及如何设置针对竞争对手的壁垒。

这 3 个行业为我们提供了不同的情形和过程。具体说来，第 4 章（汽车行业）让我们可以深入了解竞争对手如何回应，以及这种回应是如何与其整体业务战略糅合在一起的。第 5 章（食品行业）可以让我们看到行业大趋势——健康饮食的复杂性与动态性，这对于任何想要理解或者影响市场潮流的企业都是很有启发性的。本章是关于零售业，我们来近距离审视文化和价值观的力量，以及品类或子品类是如何被定义的。

零售商在开创新的品类或子品类方面有几大优势。首先，它们可以操纵的变量很多，例如产品的选择和定价、产品的呈现方式、商店的氛围，以及让顾客行动起来或感兴趣的方法等。其次，零售商可以在不为人知的情况下悄然完善一个新的概念。普雷特公司（Pret A Manger）是英国非常成功的三明治连锁店，在它还只是单一门店的 5 年里，它就在不断地完善这个概念。最后，零售商可以用少量的投资来尝试多种概念，然后静观哪一种可以获得成功。利明特（The Limited）在现有的商店中尝试了很多新概念，然后从那些成功的尝试中推出了 Bath & Body Works（一种洗浴品牌）和 Structure（服装品牌）这样的连锁品牌。

当然，想要知道应该尝试什么样的概念需要零售商有一定的洞察力，想要确定一次成功的本地尝试是否可以在不同的地域复制，并经历时间的考验，需要其有一定的判断力。另外，将一个好的零售想法不断升级，拓展其足迹可能要花很长的时间。在这期间，也许竞争对手会观察到驱动潜在的新品类或子品类的商业模式和操作，因此很难阻止它们在另一座城市或另一个国家成为该领域的先行者。能够找到一个取胜的概念，并且在整个市场中推行，同时还要阻止竞争，这个过程并不容易。然而，有许多零售商做到了。它们的故事很有启发性。那么，它们是怎样产生那些想法的，是怎样推行这些想法的，又是如何避免被复制的？

成功实现这一目标的零售商典范包括女装中的维多利亚的秘密（Victoria's Secret）和Zara，户外服装和装备中的艾迪堡（Eddie Bauer）和L.L.Bean，日用洗化品中的Body Shop和Bath and Body Works，网上商城中的亚马逊和日本乐天（Rakuten），电脑中的苹果和百思买，折扣连锁店中的沃尔玛和塔吉特（Target），快餐中的麦当劳和赛百味（Subway）等。它们中的每一个品牌都打开了市场，通常是依托一个故事、特色鲜明的产品或者支持性的文化。我们将仔细研究无印良品（服装和家居品牌）、宜家、Zara、H&M、百思买、全食超市、赛百味和美捷步。它们之中的每一家品牌都开创与主导了一个新的子品类，并且有自己的一些特征来代表其可持续差异性。

无印良品

日本零售业中最强大的品牌之一就是无印良品。BrandJapan连续9年测量了日本1 100个品牌。无印良品一直处于前30名，通常是位于前20名，能取得同样佳绩的只有3个品牌。最初，无印良品只是位于日本西友百货的一个角落里的商店，共有9种家居用品和31种食品。1983年，它开设了第一家独立的门店，1990年成为一家独立的公司，现在它拥有330家门店，其中近1/3开在日本以外的国家。很少有品牌能够像无印良品这样实现那么多情感和自我表达的优势。然而，无印良品的目标就是不做品牌!! 它想做的是没有品牌的品牌。

无印良品的全称是Mujirushi Ryohin，由四个字符（即无印良品）代表，意为"没有品牌的高质量商品"。它的价值观是简单、自然、适度、谦逊和自制。无印良品的哲学是带来并非最佳但"足够"实用的产品。"足够"并不意味着妥协和让步，而是一种"知足感"，明白产品可以满足需求但并不会带来更多。与功能无关的特征和属性统统被省略。无印良品的远见是在对纯粹和普通的追求中将谦虚和朴素做到了极致。无印良品不存在任何的自相矛盾。

浏览无印良品的店可以让人大开眼界。你最先注意到的它的特色之一就是，所有的服装都是素色的—白色或米色，绝不会是亮色。米色很有效果。衬衫的前面没有标签，事实上根本没有标签，衣服里面也没有。要标签有什么用呢？家具、厨具、办公用品全是朴素而实用的。产品的设计很简约，但并不是为了"极简主义"的宣言，而是为了用最简单的方式提供实用的产品。无印良品会定期举行设计大赛，这通常能吸引2 000名参与者，最终会选出符合无印良品的信念与其所倡导的生活方式的产品。这里的商品价格较低，但不是由于用料低廉、劣质，而是由于省去了所有的装饰，并且采用最符合目标的设计样式。

无印良品的商店的陈设也与商品和理念相符合。背景音乐是舒缓的。氛围令人感到放松，传递出的情感特色具有日本风情，但又易为大众所接受。事实上，与美国不同，日本最常见的个性特征是平静。无印良品展现了这一点。

毫无疑问，无印良品对环境是敏感的，它渴望能够与周围的世界和谐且带有人情味地相处。为了实现这个目的，无印良品开发了三个大露营地，在那里人们可以不被打搅地享受自然。在营地有无印良品的夏令营欢乐聚会，这些活动让参与者在心无杂念地享受自然的同时，与品牌有了更深的情感联结。

可以说，与银座式的喧哗相比，无印良品选择反其道而行之。银座有许许多多的品牌，每个品牌都在争相体现自己的高端。而无印良品是银座的反面，它明确地希望消除人们通常热切期待的自我表达欲。购买并使用无印良品的产品很有力地表明了你是谁。你已经超越了对品牌标志的追求。你是一个理性的人，对合适的价值观感兴趣，与拥有"实用、反名牌、平静、适度和自然"理念的公司相关联。

无印良品少有竞争对手，这也显示出了它所制造出来的竞争壁垒。这些壁垒不仅来自于产品，还来自于其核心价值观和文化，包括员工、氛围、活动和理念。对于梅西百货来说，它想要用子品牌打造一个板块，并传递出类似于无印良品的精神、生活方式和产品，这是不可能的。

无印良品有一个非同寻常的品牌故事——一个非品牌零售商实现了情感和自我表达的益处。当今的趋势使得这个故事更加引人入胜。消费者已经目睹了债务驱使的过度的物质追求所带来的坏处。所以，人们渴望简约，远离自大和自我陶醉的品牌利益，追求更令人满意的价值。人们希望食品中的添加剂更少一些，娱乐系统更容易操作一些，消费更可持续一些，等等，这种趋势越来越明显。也许日后有一天简单又谦逊的策略会成为主流策略，而不是利基策略。如果有那么一天，无印良品更能成为受他人仰慕的模范品牌。

宜　　家

1943年，当时宜家的创始人英格瓦·坎普拉德（Ingvar Kamprad）是一个17岁的男孩,他开始以低价销售钢笔、钱包以及其他产品。1953年,他在自己的商品中加入了并不昂贵的本地家具,并且开了一家自己的商店,一边打价格战一边展示自己商品的高品质。3年后,有一名雇员为了把桌子装进车里,把桌腿拆了。这个事件激发了"把家具装在易于运输的容器中"和"把组装任务交给顾客"的概念。

今天,宜家有300多家门店,是世界上最大的家具零售商。与无印良品一样,宜家的特色是在选择原料时注意成本控制,设计简约,质量高,产品价格也适中。但两者之间也有很明显的差异。宜家传递出的情感和自我表达优势不如无印良品多,消费者购买宜家的产品并没有反对自我标榜的品牌的含义。在宜家的旗舰店里有整洁、高效的仓储,顾客在模拟家居摆设的环境中挑选未组装的物件。每一家商店都占地面积巨大,店面宽敞,标识醒目,布局独特。宜家的餐饮区往往是最显眼、最热闹的地方,在这里顾客可以得到很好的休息和补充体力。另外,宜家营销预算中的70%都用于印刷厚达350页的产品目录,里面清楚地展示了所有产品的家居效果,并且使顾客和商店建立了良好的关系。宜家的理念就是要让好的家具进入尽可能大的顾客群体的生活。

宜家充分利用了其瑞典背景。产品的很多设计都有自己的品牌,融入了瑞典的设计传统:让简约和实用看起来巧妙而诱人。诸如肉丸和罗甘莓果酱这样的瑞典食品也在店内出售,由此展现了与瑞典相关的感觉和魅力。

宜家以其规模、设计、自我组装、多选择、舒适的购物体验、清晰的信息展示、瑞典风味等特色而成为经济实惠的家具的代名词。

Zara

Zara于1973年在西班牙开设了第一家门店,现在它在全球有1 500家分店,与瑞典品牌H&M一起引领着、完善着高性价比的快时尚行业,是其中的范例品牌。"快时尚"指的是时装秀刚结束或者某种时尚潮流刚出现,零售商就以极低的价格推出最新的服装样式。顾客,尤其是那些对潮流非常敏感的年轻女性,认为这种价值主张非常有吸引力。

快时尚零售需要整合设计和供应链。即使在今天,时装店还是会提前6～9个月做规划,部分是为了使位于低成本国家的供应链可以正常运作。但Zara的运作方式不同,它是垂直式整合:引领时尚的商品设计和生产在西班牙或者葡萄牙北部(那里工资较低)完成。设计师对印染、剪裁、布料方面的精通及其优秀的设计才能都是Zara的优势。因此,他们可以在2～5周内就设计生产出服装并向门店供货,顺带还收获了"流程经济效应",因为沟通和物流问题都减少了。

除了可以让顾客买到最时尚的服装,快时尚模式对于顾客来说还有另外一个很重要的益处,那就是店里面总有新品。Zara的商品形象在不断地改变。大多数设计产品只出售一个月,那些表现不佳的产品可能一周就下架了。因此,顾客被吸引着频繁地光顾Zara,他们总想看看店里又出了什么新品。一项研究发现,由于持续不断的更新,在西班牙,顾客一年平均光顾Zara的次数是17次,而某些竞争对手一年才被光顾3次。[1] 由此产生的影响力,再加上纯粹的零售身份驱动了这个品牌的发展。因此,Zara不需要广告预算。

Zara模式与其设计-供应一体化制度得以实现的一个因素是,它能够发现时装潮流,并迅速做出回应。在竞争对手的商店中,往往是一位有洞察力的商人靠着本能来预测半年后的潮流走向。Zara对于预测的要求低很多,它有更多的信息来源。第一个来源就是众多的门店,尤其是那些走在时尚最前沿的店,顾客对时尚的敏感度都很高。如果在那些门店中某一种设计很受欢迎,这就预示着可以大胆地把这种设计推广到其他门店。第二个信息来源是门店的销售顾问,这些顾问每天和顾客打交道,日积月累中他们可以提供很多想法。第三个来源是 Zara 遍布全球的办公室（尤其是那些通常情况下引领时尚潮流的国家和地区），在那里对时尚敏感的人一直密切观察潮流的走向。

然而，成功和规模既给 Zara 带来了优势，也带来了挑战。如果拥有与销售水准相匹配的、可以保持高效的规模，并且有针对对手的竞争壁垒，那么这种情形对 Zara 是很有帮助的。然而，如果企业的规模超越了这个结合点，并且不再是地区性运作，那么维持这种商业模式的统一性就会越来越难。Zara 要立足于西班牙为全球的顾客提供服务，所以过去这些年来它一直在很努力地升级其模式，以便生产力能够跟上需求。

H&M

H&M 是一家来自瑞典的零售商，数十年来一直保持着 20% 的增速，目前它在全球已经拥有近 2 000 家门店，其主要特色也是流行的快时尚，但产品的价格比 Zara 更低。H&M 的库存中 25% 是快销品，周转迅速。H&M 的目标就是门店可以每天都有新品。这些商品在瑞典设计，在欧洲低工资国家生产，供应商和 H&M 有着直接且密切的联系。

为了增加品牌的吸引力，H&M 开创了使用设计师品牌的先河。意大利设计师罗伯特·卡沃利（Robert Cavalli）和巴黎设计师索尼亚·里基尔（Sonia Rekeil）都在 H&M 拥有自己的服装系列。另外一些名人，例如麦当娜（Madonna）和凯莉·米洛（Kylie Minogue，H&M love Kylie 是 H&M 旗下的一个品牌）都为 H&M 代言过限量版的一次性新品，这些新品通常都是几天内就被抢购一空。其他的产品多是一些日常基本款，可以多停留一段时间，这些产品一般被销往亚洲。H&M 还把时尚杂志《世界时装之苑》（Elle）主推的服装放在其美国门店的中心位置出售，以此来打造吸引力与可信度。

Zara 和 H&M 在过去 25 年间都拥有惊人的增速。它们围绕快时尚的价值主张——低价格、最新的时尚、门店中新品不断——在服装购买领域拥有很大的影响力。它们快速、低成本的供应链与其高时尚敏感度为其他服装零售商设立了难以逾越的竞争壁垒。

百思买

1966 年创立于明尼苏达州的百思买从前的传统是小型的、地方性的零售连锁店，名为"音乐之声"（Sound of Music）。然而，在 1983 年百思买开设了它的第一家超市，后来逐渐发展为一家全国性的企业。2010 年，这家总部仍位于明尼苏达州的企业在全球已经拥有了 1 000 多家门店，据估计，其销售额占全美电子消费品零售业市场总额的 20%，并在中国和欧洲地区都设立了自己的企业。在此过程中，百思买最主要的竞争对手——电路城（Circuit City）倒闭了。

百思买一直以来提供的价值来自于其具有仓储式分销的大型零售商。然而，它始终能让顾客感受到商店在努力地帮助他们减轻面对那么多产品时的购物难度和压力。从 1989 年起，百思买去除了销售佣金，这一政策为其带来了有别于其他同类商店的顾客关系。销售员变成了顾问，因此顾客不会再感到强大的购买压力，也不用再一直依附于某一个他们也许不那么喜欢的工作人员。这一举措着实大胆，因为供应商完全可以集体反对。供应商早已习惯了佣金结构，以此作为杠杆来撬动那些它们最想卖掉的商品——这些商品往往有更高的利润空间或者是款式已经过时了。佣金制度从前一直是供应商的营销手段的重要组成部分。但百思买最后成功地留住了供应商，并且由此改变了顾客的购买体验。之后，在 2005 年，百思买又取消了邮寄折扣券，再一次简化了顾客的生活,同时改变了供应商原来的促销模式。

2000年,高科技泡沫破裂,再加上"9·11"事件,市场环境并不乐观。另外,好市多、戴尔以及沃尔玛和亚马逊都纷纷进军电子消费品市场,它们自身都有很大的优势,并且它们曾经各自在图书、音乐、录像和玩具等领域战胜了自己的竞争对手。百思买应该如何与这些企业竞争呢?

百思买在仔细研究了顾客、趋势、竞争对手之后,得出的答案是开创一个新的子品类:不再销售产品,而是销售服务,或者说服务外加产品。顾客面对那么多产品,往往不知道如何评测、如何组装,一想到要在家里或办公室安装并操作这些机器(许多产品功能繁多,更是复杂无比),顾客就觉得头痛不已。百思买致力于为顾客提供购买和安装方面的服务,从而可以帮助他们节省时间、做出更好的决策,大大减轻他们购物时的心理压力。这些策略的支柱包括"奇客小分队"(Geek Squad),还有像Twelpforce这样完全以顾客为中心的服务。

2002年,百思买收购了"奇客小分队",这是一家有着8年历史、50名员工的位于明尼阿波里斯市的创业企业,专注于帮助顾客安装和修理电脑。它的创始人罗伯特·斯蒂芬斯(Robert Stephens)和微软的比尔·盖茨一样大学中途辍学,之后他带着200美元和一辆自行车开始了自己的创业生涯。[2]这家公司规模很小,却在当地赢得了很高的可信度,它定价统一,为一些大客户提供服务,而且斯蒂芬斯是个天才。百思买意欲用这个团队作为基石来为顾客提供服务,满足他们长久以来得不到满足的"选择-安装-修理无烦恼"需求。奇客小分队带来的创业核心团队以及自己的品牌、个性和标识(见图3-1)正好契合了百思买为自己的品牌注入趣味和反教条的意图。因为百思买的产品大多是娱乐影音设备,所以如果能够脱离之前的一本正经专注于功能和定价的形象,似乎是个不错的主意。

奇客小分队逐渐发展成了一个充满戏谑的

图3-1 奇客小分队的标识

大家庭。"特工"负责上门服务,"柜台特工"负责门店服务,"双面间谍"两种服务都负责,"便衣侦探"负责电话热线。他们驾驶着"奇客车"或大众甲壳虫车,上面有色彩鲜艳的"奇客小分队"字样。斯蒂芬斯曾形容这个团队像一本"行走的漫画"。[3] 他们穿着超级"奇客风"的制服:领带是夹上去的,黑色长裤搭配白色袜子。他们的业务还增添了家庭影院服务、汽车安装服务、iPod 和 MP3 播放器服务。他们有专门的网站,顾客在上面可以查询自己订单的进展情况,还可以申请优先服务(911 修理)。他们申请了自己的博客,还与电视台合作了一档节目《智能家居》(*HomeSmarts*)。

奇客小分队终于成了针对个人的 IT 专家、值得信任的顾问,从而也成了人们选择这家店的决定性因素。电路城试图模仿奇客小分队,于是在 2005 年创立了火狗团队(Firedog),但是这个团队无论是内容还是品牌,竞争力都太弱,反应也太迟缓。沃尔玛也宣布计划通过外包来提供类似的服务,但是这条路径有很大的局限性。2010 年,奇客小分队的规模已经超过 20 000 人,占百思买全体员工人数的约 13%,驱动了百思买高盈利模式的快速发展。

另一个支持服务性导向的元素被称为"顾客中心",其背后的理念是应该挑选出最忠诚的顾客,并且为他们提供量身打造而非泛泛的服务。[4] 优选客户的原型包括富有的狂热科技爱好者、忙碌的郊区全职妈妈、年轻的热衷于小工具的游戏玩家、对价格敏感的家居男性以及小企业主。不同门店会专注于为上述不同的顾客群提供不同的服务,这样,门店的陈设、主打产品、工作人员培训和配备都会有所区别。例如,那些专注于服务郊区全职妈妈的门店,他们会给顾客提供个人导购——帮助推荐产品、完成交易、商品装车等。针对年轻的游戏玩家的门店会有大量的游戏选择,并且还特设专区供他们试玩。

还有一个吻合该目标的举措是 Twelforce 服务,几百名雇员组成团队通过 Twitter 与顾客进行互动。他们可以在线实时回答各种服务或应用问题。然后将这些推文按照不同的主题进行分组，这样对某一主题感兴趣的顾客就可以去百思买的网站查看其内容。Twelforce 的出现进一步强化了这样一种企业形象：百思买拥有专业的雇员，他们愿意帮助你实现更好的购买和使用体验，这也为那些未来的潜在客户提供了一个信息平台。

2009 年，百思买开启了一个新的板块，它未来很有可能成为一个新的子品类：在回收电子产品、关注环保方面领先的商家。[5] 管理者意识到可持续性是不断增加的社会价值，也是商业良机。百思买从 2001 年就开始尝试小规模回收利用了，2009 年 3 月，他们正式发起了这一活动，最终品牌定为"绿人同盟"（Greener Together），零成本收取任何电子产品。回收价值约为 10 美元的旧电视、电脑、显示器等用 10 美元的折扣券来作为补偿。与奇客小分队不同，这一活动不收取任何费用，但是它在为顾客提供服务的同时，还印证了这样一则宣言：百思买与顾客的关系是终身的。这一举措会让顾客来到实体店，这也是店铺营销的重要目标之一。更重要的是，它使品牌受益无穷。百思买发展为在环境敏感度和可持续发展方面表现优异的环保领军人，由此也为其与顾客的新一层关系奠定了基础。人们喜欢与他们尊重和欣赏的商家打交道。

回收利用未来有可能带来太阳能电板、风车这样的产品。百思买在能源板块的可信度还有助于其引入家庭智能系统操控的节能产品。百思买现在已经在销售电动摩托车，这也许会是节能交通工具的终极形式。

百思买的突破在于提供服务性产品，这是由多重因素驱使的。首先，很明显消费者有未被满足的需求。无须太强的洞察力就可以发现顾客对安装和使用电子消费品感到困扰，尤其是当多个电子产品需要一起使用时。顾客调研虽然无法让企业有更深入的了解，但是它量化了顾客未被满足的需求，并使其更加明晰。其次，百思买循环回收的服务一方面受到社会环保大潮流的推动，另一方面从最初帮助顾客挑选产品到最终帮助顾客使用产品，这样可以很好地满足百思买加深品牌 - 顾客关系的诉求。再次，有很多大型、有威胁力的竞争对手也进入了百思买所在的领域，并且它们有能力提供有吸引力的定价。这时百思买需要新的差异性来让竞争对手失去相关性。与顾客建立的咨询关系、奇客小分队以及循环回收服务就可以使百思买达到这一目的。最后，百思买专注于对店铺、人员和服务过程进行投资，从内部驱动了品牌-顾客关系更上一个台阶。

全食超市

1978年，约翰·麦基（John Mackey）和同伴一起在得克萨斯州的奥斯汀开设了一家天然食物商店，这家店在西夫韦（Safeway）品牌旗下，是西夫韦的一个衍生店铺。两年后，它与另外一家当地的小型品牌合并，促成了第一家"全食超市"的诞生。在麦基的带领下，全食超市成了出售天然食品（无添加剂、防腐剂或甜味剂）和有机食品（生产环节没有接触过化学物质及相关污染）的大型食品商店。它的成功部分是因为全食超市有能力收购当地志同道合的超市，并且将自己的文化、运营方式和特色很好地注入这些超市。到2009年，全食超市的门店数达到了275家，其中部分门店开在了欧洲，全年销售额高达近100亿美元。在这个过程中，它至少在以下三个方面与其他食品连锁店保持较大的差异。

第一，很明显，全食超市是一家具有社会责任感的企业，它明确宣传自己的目标是关爱社区、人群和环境。它的口号是"全食、全人类、全星球"。尽管所有的企业都想做到有社会责任感，但是很少有企业真的可以实现这个目标，而能够真正以行动获得市场信誉的企业更是少之又少。全食超市却通过具体的行动来做到与众不同，并且，这些行动增强了企业的声誉，越来越让人确信全食超市不仅能比别的企业走得更远，而且它是发自内心的关爱。这样一来，企业就可以与最优质的目标客户群产生关联，这些客户群与企业有相同的价值观，并且同样重视那些有实效的活动。

全食超市的社会活动、相关的顾客信息及保护举措都令人印象深刻。全食超市实施了养殖海产品的标准，它是全美第一家出售通过了海洋管理委员会（Marine Stewardship Council，MSC）认证的标准的海产品的企业。它改变了自己的采购方式，以体现出对动物更加有人情味的处理。2006年，全食超市是《财富》500强企业中唯一一家全部采用风能发电的企业。2007年，它开创了"全食贸易保证"（Whole Trade Guarantee）活动，以此来确保其出售的食品都经过了认证，并且员工薪水优厚、工作环境良好、环保举措合理，另外，全食超市将零售收入的1%捐献给"全食小额贷款基金会"（Whole Planet Foundation）用于贫困救济。更引人注目的是，全食超市摒弃了所有一次性塑料食品袋的使用，取而代之的是出售一些用循环回收瓶制作的彩色购物袋，图3-2显示的是雪儿·克罗（Sherly Crow）的设计款。这些活动连同其他的一些举动非常具有品牌特色，并且越来越受到人们的关注，全食超市也因此收获了许多相关的奖项。

图3-2　雪儿·克罗签名款可重复使用购物袋

第二，全食超市传递出了对食品和健康的激情。它热切渴望可以满足消费者的需求，给消费者带来愉悦，让购物过程充满乐趣和吸引力。产品种类，包括鲜汤、现烤食品以及其他的打包食品，所有食品不仅能让顾客闻到香气、有试吃的机会，还会给他们提供多种多样的选择。购物在这里变成了激动人心的历险体验。大量的商品第一次亮相都是在全食超市，还有很多其他商品也是全食超市独有的。这里提供的健康食品更是让顾客明确感觉到商家的兴趣和重心所在。全食超市的"团队成员"更是以他们的专业知识、热情参与和倾情关爱强化了这种围绕天然、有机和健康饮食打造的核心价值观。

第三，全食超市逐渐发展出了提供质量恒定、种类繁多的天然有机食品的能力。它有专门的活动来积极管理和处置天然有机产品的标签。它的采购过程以及食品的呈现方式都很难复制。对于越来越多想要天然有机食品的消费者群体来说，全食超市是个必去之处。

其他商店也试图通过增加自己的天然有机食品选择来作为回应。但是这种竞争很艰难，因为全食超市不仅有能力销售这些产品，而且它更加有可信度，这是来自于它长久以来的传统和价值观。其他的商家可以模仿全食超市所做的，但是却很难复制这种身份感。事实上是因为全食超市的很多竞争对手更对物流、仓储、收银效率以及盈利感兴趣，而非食品本身，而这一切都逃不过顾客的眼睛。

全食超市代表了一种投入策略。它对于自己的事业有一股激情，同时它通过文化和运营展现出这种激情，这一切都是很难复制的。多年来的平行收购和并购让它从一家地方性企业发展成了一家全国性甚至是全球性的企业，由此也带来了规模优势。全食超市全神贯注于"打好球"，从不为那些与自己的业务和兴趣无关的商业行为分神。

全食超市掌握了正确的时机，并且打造了让竞争对手很难超越的优势。人们对于天然有机食品的需求以每年20%的速度增长，部分是由于人们对于饮食的态度和敏感度方面的革命，这股潮流不容忽视。健康饮食和环保问题是当下新闻和宣传的热门话题，这也影响了人们对于品牌的态度。尽管有这些越来越明显的趋势，但之前许多大型食品零售商还是选择忽略了这场酝酿中的天然有机革命。当时它们觉得这不过是属于小众"准嬉皮士"的市场，所以都乐得把生意让给那些市场边缘的小型零售商。不想这个小众市场逐渐增长，而那些曾经的边缘零售商也最终加入了全食超市的队伍。

直到 2005 年，天然有机食品的销售额达到了 140 亿美元，那些大型连锁超市才关注到这一市场然后开始纷纷升级这一板块的服务。这些连锁超市意识到自己在面对越来越大的相关性问题，人们对可信的天然有机食品的市场需求越来越多。并且，店铺里是否出售这类产品，就表明了商家对健康食品的态度。由于这种趋势已经发展到了一个临界点，许多食品连锁店迫不得已只能在产品里增加此类商品。接下来是品牌宣传问题，它们没有足够的品牌平台来支持可信的天然有机食品。

超市的一个品牌之路是使用子品牌。2006 年，西夫韦超市推出了 O Organic 品牌，这个品牌非常成功，所以出售范围不止西夫韦本身的连锁店。同年，家乐氏（Kellogg's）推出了自己主要的谷物产品的有机版本，例如"有机葡萄干麦片"。然而，这些连锁商家都存在一些问题。它们的品牌，即使强劲如子品牌 O Organic 牌或者家乐氏的供应商品牌，与全食超市相比都处于劣势，因为后者不仅出售这些产品，而且会让顾客感觉到它的信念。后来跟进的这些食品连锁超市充其量只是实现了一些产品的功能益处。更何况仅仅是销售这些产品都没有那么容易，因为此类商品的供应量本身就有限，而且要保持有机食品的纯粹性所要做的工作非常多。

赛百味的故事

赛百味目前在全球 90 个国家有超过 32 000 家门店，销售额达到 900

亿美元，在《企业家》杂志的加盟店榜单中长期占据榜首的位置。[6] 赛百味最早开设于 1965 年，到 1974 年它已经发展到 16 家门店，这时它决定转为加盟店模式。在 20 个世纪八九十年代，赛百味是一家潜水艇三明治店，提供价廉且原料新鲜的烤面包，能够制作专属于"你的"样式的三明治，并且特别强调清洁卫生和食品安全。作为潜水艇三明治这个子品类的领头羊，赛百味的价值主张专注于用心服务以及提供用料新鲜的潜水艇三明治。它的招牌三明治名为 BMT（biggest、meaties、tastiest），代表着"个头最大、肉量最多、最美味"，里面还加入了意大利蒜味腊肠、意大利辣香肠和火腿肉。

1999 年，一切都改变了。首先，20 世纪 90 年代兴起了健康饮食的潮流，脂肪，尤其是饱和脂肪和反式脂肪的负面作用突显。其次，1999 年，《时尚健康》刊载了一篇文章，讲述了一位名为杰瑞德·福格尔（Jared Fogle）的大学生减重 245 磅的故事，这名大学生采取的主要方法就是步行，外加吃赛百味营养套餐——每天两个赛百味三明治，午餐是 6 英寸（约 15.24 厘米）的火鸡三明治，晚餐是 1 英尺（约 30.48 厘米）长的蔬菜三明治。[7] 最后，与比萨、汉堡、炸鸡和墨西哥卷饼等其他选择相比，赛百味有能力实现更健康的饮食。这三个因素相得益彰，赛百味瞬间走红。结果就是它开创出一个新的子品类：健康的快餐食品。这个新的子品类只是潜水艇三明治市场的一部分，在整个快餐业中也只占一小块，但它发展势头很好。

相对容易的第一步从改善已有的赛百味菜单开始。1997 年，赛百味为它的 "7 under 6" 菜单（有 7 款脂肪含量少于 6 克的三明治）设计出了一个标识。这成了赛百味健康快餐品牌的特色。当然，大部分顾客还是会选择脂肪含量更高的三明治，但有这个更健康的选择却是显而易见的。围绕"更健康"的宣言，赛百味把食物的营养成分都印在了门前的标示牌上，而不是存放在柜台后面。

后来的这些年，赛百味也在不断改善其产品和健康菜单的外观。2003

年，赛百味增加了儿童套餐，包括果汁盒、水果卷和一个可活动的玩具。2004年，赛百味又引入了新的控制碳水化合物含量的产品线，这些产品的碳水化合物的净含量不超过5克。赛百味开发了一款课程，口号是："一个身体？一次生命？吃得新鲜！活得健康！"这款课程主要通过赛百味的网站（www.subwaykids.com）提供给小学生。2007年，赛百味又为儿童套餐开发出了"新鲜健康"的产品，特色是一些健康食品，例如苹果片、大葡萄干、低脂牛奶、瓶装水和达能酸奶等。赛百味开发这些食品是为了符合美国心脏协会所推荐的健康饮食方式。为了支持其"新鲜健康"的口号，赛百味的150名品牌大使还把自行车和数千张赛百味的现金卡发放给消费者和观众，目的是让他们能够进行一些小规模的健身活动，例如爬楼梯和健走活动等。同时，赛百味不再使用所有的反式脂肪酸，并添加了高纤维小麦和蜂蜜燕麦面包。

开创这一健康快餐子品类的关键人物是杰瑞德·福格尔，他的赛百味的故事以及他曾经的肥大长裤带来的象征。他成了广告宣传的中心以及赛百味的代言人——每年有200多天都在为赛百味做宣传。他所做的绝不仅仅是讲述自己的故事，他参与了许多活动：努力将自己的故事变为推动儿童选择更健康的饮食（有丰富的营养和能量）的动力。在这些活动中，无论是"杰瑞德迈步走向健康"信息卡，还是"杰瑞德和朋友们的校园行"，都在强调健康饮食和锻炼的重要性。另外，"新鲜健康"活动还邀请了杰瑞德和音乐家詹姆斯·托德·史密斯一起坐上一辆双层大巴车，在纽约的时代广场进行电视媒体和平面媒体的宣传活动。

所有这些活动加在一起非常奏效。赛百味成了消费者健康快餐的选择。2009年，查格快餐调查（Zagat Fast-Food Survey）将赛百味品牌评为消费者健康选择"第一名"。[8]菜单背后有三个最有力的驱动因素："7 under 6"标识背后的品牌、杰瑞德的真人故事、为巩固其健康饮食的定位开展的持续不断的活动。如果只有产品加广告，赛百味是无法取得这样的成功的。

还有一个故事是关于赛百味在面对其他新兴的子品类时是如何保持相关性的。赛百味逐渐意识到了快速增长的竞争对手奎兹诺斯（Quiznos）的吸引力。奎兹诺斯开发了自己的子品类"烤潜水艇三明治"，并且一跃成为该子品类中的第二大品牌。奎兹诺斯1981年起步，2000年时已经拥有了1 000家门店，2003年已经扩张到2 000家。作为回应，从2005年起，赛百味在自己的所有门店里都安装了烤箱，为顾客提供烤各种三明治的选择。赛百味并没有大力宣传这个新增的特色，它的用意只是减少一个顾客不选择赛百味的理由，同时在那些喜欢烤三明治的顾客群面前保持自己的相关性。

美 捷 步

有关于幸福的品牌吗？迪士尼？事实上，是美捷步。

1999年的一天，尼克·斯威姆（Nick Swinmurn）一整天都在找一双合适的鞋子，到头来却垂头丧气。鞋店里的鞋要么没有适合他的尺码，要么没有他喜欢的颜色，要么没有他喜欢的款式。这时他想到，如果开设一家网上鞋店，应该可以存储大量的鞋子，这样就能免去人们类似的烦恼。因此，他开设了一家网上鞋店Shoesite.com。部分也是因为1999年恰逢互联网发展的高峰期，斯威姆很快就把这个想法卖给了创投青蛙公司（Venture Frogs），创投青蛙公司愿意投资50万美元，前提是他要雇用一个懂鞋的人来负责经营。创投青蛙公司的合作者之一是谢家华（Tony Hsieh），他同时也是LinkExchange的合作创始人，LinkExchange的销量只有1 000万美元，最终却以2.75亿美元的价格被微软收购，当时谢家华只有24岁。谢家华毕业于哈佛大学计算机专业，他总是可以在合适的时间出现在合适的地方。拿到出售LinkExchange得到的分成之后，谢家华用这笔资金开设了创投青蛙公司，专门用于孵化互联网创业企业。

斯威姆发现，即使从诺德斯特龙挖来一位懂鞋的人加盟，整个运营任务还是太过繁杂。鞋子企业都不愿意加入进来，因为它们觉得互联网就意味着低价格，而且还一心想维护与零售商的关系。另外，当地零售商通过代发货完成订单似乎是唯一可行的模式，但是这种模式成本太高，服务也不尽如人意，因为往往顾客下单的鞋子都已经无货了。半年过去了，只有三家鞋店加盟，这家企业摇摇欲坠。这也是许多想开创品类或子品类的创业企业的故事：资金不足、行动过程中障碍重重、人手不足、缺乏领导力。然而，此时正好谢家华已经厌倦了投资那些处于困境中的公司，他想要开创一个工作能带来乐趣的地盘，因此他加入了这家企业，亲自给予其支持。他当时的身份是联合CEO。

网站更名为美捷步（Zappos），一方面是受到意大利语中鞋子（Zapatos）一词的启发，另一方面是觉得长远来看也许这家企业不会只卖鞋。事实上，它后来的确涉足眼镜、皮包、服装、手表、电子产品等多个种类，甚至还想发展一些服务型副业，例如银行、酒店或者航空。名字不是美捷步做出的唯一改变。由于很难邀请大量制造商加盟，美捷步决定把品牌的核心理念从选择面广变为顶级服务。最后美捷步喊出了"服务制胜"（powered by service）的口号。而制造商的范围后来也的确随之增大了。一年半后有50家制造商加盟，再过一年达到了100家。然而，整整7年之后，美捷步才迎来耐克的加盟。

美捷步的使命是提供行业内最优质的服务。它的标志性特色有：免运费（原本以为要等五六天，顾客很惊讶地发现商品很快就到了，而且是空运过来的）；365天内免运费退货政策；在美国境内配备了全天候的服务热线，且电话另一边的客服代表们积极、专业、服务热情。和其他电子商务企业不一样，美捷步实际上甚至鼓励顾客打电话，用800这样的号码让顾客容易记住和拨打，因为美捷步深信顾客与客服的直接沟通有利于培养顾客与品牌之间的良好关系。美捷步与其他电子商务企业不同的另一个方面是它不打价格战，而是把焦点放在选择多样、服务周全上。为了达到更理想的服务水准，2003年，美捷步在肯塔基州建立了自己的仓库，基本停止了所有的代发货模式，这样一来，美捷步可以自己掌握所有的物流情况，大大降低了缺货情况的发生。

这种高水准的服务意味着成本高昂。资金一部分是前期产生的利润，一部分是营销费用的节省。美捷步直到2006年销售额达到6亿美元时才开始真正盈利。谢家华认为，把营销费用花在免运费和24小时客服热线上更加值得。另外，搜索引擎营销又有效又便宜，美捷步只是花钱买了几个鞋商的品牌名，这样顾客在谷歌上搜索一些鞋的品牌的时候，美捷步网站就会映入他们的眼帘。

高水准服务的秘诀除了这些政策和活动之外，更重要的是整个企业的文化和价值观。美捷步的第一个价值观就是要提供"让顾客惊叹的服务"。它最重要的目标是超越顾客的预期，由此带来顾客忠诚度的提高。关于美捷步有许多故事，其中一个故事讲到一位妻子为她因车祸去世的丈夫订了一双鞋，店家得知后不仅返还了所有的钱，而且还买了鲜花送到这位男子的葬礼上。

美捷步其他的价值观还包括鼓励员工积极进取、头脑开放有创造力、追求增长、培养开放和真诚的关系、营造家的感觉、有激情且保持谦逊。当然，最能说明企业氛围的价值观还是"有趣甚至略带古怪"。美捷步欢迎一些小另类和古怪，这样办公室时光会变得有趣而难料，还能激发创新，对于这一价值观，美捷步不仅在公司内部鼓励和提供奖赏，对外也会明确进行宣传。

尽管美捷步的员工的工资和奖金（除了优厚的医疗保险外）低于行业平均水平，但它凭借一整套雇用、培训和奖励制度很好地保持了浓厚的企业文化。具体说来，雇用流程包括一个文化匹配环节。例如，有的问题是让申请者给自己的古怪程度打分（1～10分），但其实比打分结果更重要的是观察他们对这道题的反应。关于谦逊的测试包括问申请者对自己上一份工作的身份头衔如何看待等。申请者，尤其是那些年龄较大的申请者，往往在非正式场合被评估。培训流程包括两周的企业文化培训，然后是两周在客服热线中心的实习以及一周的仓库实习。之后，如果雇员对这种文化感觉有任何不适，无须给出任何理由即可离职，公司还会给他们发放2 000美元薪酬。与其他企业的客服热线中心不同，美捷步对热线客服的评测不是看他们通话的长度或者销售业绩，而是会不定期地抽查他们与顾客之间的对话，看看这些对话在多大程度上可以为顾客带来愉悦感和连接感。打电话的目标是建立个人情感连接（personal emotional connection，PEC）。不能契合公司的文化可以作为员工被解聘的理由。

美捷步还举办了很多活动来进一步增强这种企业文化。谢家华的办公桌也在一排排的小隔间里，他就在那里定期通过Twitter与公司的员工以及Twitter的关注者（大约有160万名）分享自己的思想火花，这些话语或激励人心，或传递信息，或连接情感，或者只是单纯地分项有趣的东西。每年美捷步都会出版自己的文化读本，里面都是员工写的100～500字的短文，讲述了自己与美捷步的企业文化之间的故事。公司向所有感兴趣的人赠送这一读本。办公室的天花板垂下热带雨林的攀缘植物，还有的办公室用铃铛和绒球来欢迎拜访者。经常有人专门来拜访这里，看美捷步如何提供如此优质的服务。管理者一般会将10%～20%的工作时间用于和员工进行交流。

和迪士尼一样，美捷步也出售自己的文化活动以及诀窍。美捷步有一个为期两天、收费4 000美元的小型研讨会，关于如何营造浓厚的企业文化。美捷步的Zappos Insight网站也会给需要的人提供管理学视频以及来自员工的诀窍分享，每月收费39.95美元。这样的活动对内加强了企业文化，对外增强了企业服务理念的可信度和影响力。

再回到幸福上。谢家华对于幸福这个主题倾注了专业化的关注，他提倡美捷步的愿景就是为顾客和员工都带来幸福。他指出，关于幸福的心理学以及其他领域的许多研究和理论都表明，幸福受到四个基本需求的影响：明显的控制力、明显的进步、情感连接以及成为愿景的一部分。他努力尝试，希望美捷步的活动和政策都可以回应这些基本需求。

首先，关于明显的控制力，美捷步的员工通过对顾客关系拥有控制权而获得。例如，客服中心的代表们无须按照什么稿子来与顾客交谈，而是被鼓励做自己，让自己的个性魅力散发出来。另外，在处理顾客问题方面，他们跟谢家华有同等的权力。员工对于自己的赔偿金也有掌控权，美捷步有20多门技能课程可供他们选修，修得越多，员工可以获得的赔偿金也越高。

其次，员工获得的职业方面的进步在美捷步也是持续不断的，从员工培训到职位晋升都可以体现这一点。那些有两年或更久工作经验的员工就有资格选择各种职业发展项目，这些项目从专业培训到个人发展，种类繁多，例如接受关于进行公开演讲的培训。在美捷步，员工晋升的速度也比别的公司更快，考评周期一般为6个月，而且还有很多其他获得奖励的机会。

最后两个关于幸福的维度来自于企业文化。情感连接的获得来自于家庭型社交氛围、家庭型的活动以及文化型招聘筛选流程。公司会测评员工在公司里的好朋友的数量。价值观，尤其是实现"让顾客惊叹的服务"这样的理念，为员工提供了更宏大的愿景。美捷步的关注点从来不在销售额上，而是在如何尽可能地实现最优质的服务上。

幸福感也要同样传递给顾客，尤其是要让顾客感觉到自己有很大的掌控权，而且他们是家庭式顾客 - 员工关系的一部分，并且可以感受到美捷步所营造的顾客关系绝不仅仅关乎交易。网站的架构完全是为顾客打造的，在这里，顾客可以完全控制自己的购物经历，而且美捷步鼓励他们遇到问题就打电话。愿意回应美捷步的价值观和购物体验的那些热情的顾客还可以制作或者观看、评论美捷步的视频，他们还可以把"我爱美捷步"的字样附在个人

Facebook 主页上。人们对于美捷步的口口相传大大拓展和加深了顾客与品牌之间的关联性。美捷步凭借其独有的文化、价值观和关于幸福的理念开创了一个新的零售品类：利用员工的能量与活力来实现"让顾客惊叹的服务"。有趣的是，这些策略的推动并没有来自风投公司的资助，因为风投公司认为这些行为阻挡了短期利润的生成。但事实上，从长远来看，这些努力都是值得的。

2008 年，美捷步的销售额高达 10 亿美元，2009 年，美捷步以约 12 亿美元的价格出售给亚马逊。亚马逊邀请谢家华继续独立运营美捷步，目标是在亚马逊低价导向的基础上继续保持原有的企业文化，以及高互动的、让顾客惊叹的服务。美捷步在顾客关系方面所制造的竞争壁垒有望进一步增强，因为有了亚马逊的高科技作为支撑，它可以提供更好的存货管理，以及更加快速、高效地完成订单任务。这样的结合听上去像之前那些大型并购一样，应该可以打造出难以预知的协同效应。美捷步团队的成员以及粉丝都在期待着美好愿景的实现。

要点总结

- 从无印良品、宜家、全食超市、Zara、H&M 和美捷步这些企业身上，我们都可以看到企业强烈的愿景以及连接核心顾客群的企业文化，这为企业早年的发展提供了动力，为其后期的成长与扩张提供了方向和力量。
- 愿景驱动的企业文化包含价值观、相应的活动以及领导力，很难被复制。
- 品牌价值是针对竞争对手的一个重要壁垒，品牌价值的打造可以来自于品牌可见度以及包含情感和自我表达的深层次的客户关系，这种关系不易被外界因素所削弱。

- 时机的选择非常关键，企业在没有助力的情况下很难发展。全食超市和无印良品都受益于其愿景正好契合日益明显的发展趋势。美捷步如果出现在互联网行业的其他任何发展阶段，都不可能获得今天的成功。
- 企业的概念要不断优化，尤其是在起步阶段。无印良品、宜家、百思买和全食超市的起步规模与目标都很小，但随着它们的市场影响力的提升和新的发现，它们也扩展了自己的愿景。美捷步把自己的价值主张从最初的鞋类百货转变为服务至上。
- 一个不太容易为人所察觉的或者顾客不太满意的领域往往可以催生出一个好的概念。例如，美捷步的想法就是萌生于斯威姆不愉快的购鞋体验，而这些问题恰好被原本的鞋类零售商忽略了。
- 企业运营是成功的关键，然而这并非易事，它需要资金、创新、有信念的专业团队以及激励性的公司愿景和支持性举措。
- 品牌可以传递创新信息。例如，"奇客小分队"就用生动、幽默、充满个性的方式讲述服务的故事。"7 under 6"品牌也帮助赛百味很好地宣传了其理念。
- 绿色环保的价值观以及相关的社会活动无论在哪个市场都越来越受欢迎，然而在这一领域有公信力的企业还很少。全食超市和无印良品都凭借着自身的实力进入了这一领域，并且它们与其重要的客户群拥有同样的价值观、兴趣点甚至生活方式。

| 讨论题 |

1. 找出几个高度差异化的零售商,是什么让它们与众不同?它们是如何实现和保持这种差异性的?

2. 评价百思买并购"奇客小分队"而非在内部组建团队的这一行为,这样做的好处和坏处分别是什么?这个决策的主要驱动因素是什么?

3. 为什么在美捷步起步后没有其他的鞋店跟进?比较美捷步和诺德斯特龙的网站(Nordstrom.com)这两个鞋商网站的异同。

BRAND RELEVANCE

第 4 章
汽车行业的市场动态

> 我要实现汽车产业的民主化。等我成功后,我要让每个人都能买得起汽车,每个人都会拥有自己的汽车。
>
> ——亨利·福特(Henry Ford)
>
> 大胆的想法正如象棋盘中前进的棋子,它们也许会被击败,但是求胜的比赛也自此开启。
>
> ——歌德(Goethe)

第 4 章 汽车行业的市场动态

我们回顾一下 20 世纪汽车行业的发展史，汽车行业里有许多创新开启了新的商业领域，例如封闭式汽车、流水线作业、通用汽车从雪佛兰到凯迪拉克的多种选择、分期付款、自动变速、汽车租赁、70 年代日本推出的标配和豪华版汽车的区别（以此帮助顾客减少了很多复杂的选择）、旅行车、小型货车、SUV、越野车、豪华卡车、混合动力汽车和小型商旅车等。此外，一些开创先河的车型也改变了整个汽车行业的面貌，例如 T 型车（Model T）、吉普车（Jeep）、福特雷鸟（Ford Thunderbird）、福特野马（Ford Mustang）、菲亚特 500 小型车（Fiat 500 minicar）、大众甲壳虫（VW bug）、庞蒂克火鸟（Pontiac Firebird）、道奇凯领（Dodge Caravan）、普利茅斯捷龙（Plymouth Voyager）、雷克萨斯 LS 400、马自达米亚达（Mazda Miata）、土星汽车（Saturn）、普锐斯、迷你库柏、现代、塔塔 Nano 等。汽车租赁行业的先行者有企业号国际租车和 Zipcar 租车公司。这些创新者都取得了高于行业平均水平的盈利，且持续了很多年。

我们想要研究其中几个子品类及其开创品牌——丰田普锐斯混合动力汽车、克莱斯勒小型商旅车、通用的土星汽车、塔塔 Nano、Yugo 牌汽车（南斯拉夫[⊖]汽车品牌，已停产）、企业号国际租车和 Zipcar 租车公司。我们的目标是了解企业如何开创和主导一个新的子品类，以及为什么竞争对手只能观望却难以参与其中。汽车行业为我们深入探究竞争对手如何回应市场变革性创新提供了绝好的背景。企业能否赢得品牌相关性战役在很大程度上取决于竞争对手的反应，它们能够或没能够做什么。下面的这些故事为我们生动地说明了这一点。

⊖ 1992 年，南斯拉夫解体。

丰田普锐斯混合动力汽车

普锐斯混合动力汽车最早进入美国市场是在2000年,它成了混合动力汽车这一成长中的子品类的主导品牌,而且是丰田汽车技术领先和节能承诺的象征。10年之后,普锐斯完善了自己的形象和性能,并且保持了市场主导地位。它的故事很有启发性。

其实混合动力汽车这一概念并不新鲜。早在1901年,当时23岁的汽车工程师费迪南德·保时捷(Ferdinand Porsche)就开发了一款名为"米克斯特"(Mixte)的混合动力汽车,这款车油耗低、性能好。当时这款车是应维也纳一家客车制造商的要求打造的,制造商想要无声、电池供能的汽车。保时捷认为只靠电池供能是不现实的,混合动力是唯一的解决方案。在汽车制造业初期,电力车和混合动力汽车是有小众市场的。事实上,1900年,38%的汽车是电动车。然而,汽油车最终占据了市场主导,原因有很多:人们想要速度更快的汽车、汽油价格的降低、高速公路的修建、1908年福特T型轿车的推出、1912年凯迪拉克发明的第一辆自动启动汽车(这种设计消除了之前汽油车的一个危险的特点,即手柄发动)。半个多世纪过去了,电池供能的汽车不再被人关注,因为汽油便宜易得,而且汽油发动机也在不断改善性能。

1973年的石油禁运激发了政府打造节能型汽车的举措,这也直接催生出了1975年的公司平均燃油经济性标准(corporate average fuel economy,CAFE),标准明确规定每一家汽车企业必须不断提升其车辆的平均每加仑行驶英里数(令人奇怪的是,重型SUV以及货车可以例外,部分原因也许是这些车辆的主人(农场主和小企业主)具有的政治影响力)。对汽车企业来说,遵照CAFE行事无疑是一个巨大的挑战,尽管混合动力是潜在的解决方案,但底特律汽车城在这方面却鲜有进展。

一个有些奇怪的例外是来自一位工程师发明家的作品,维克托·沃克

（Victor Wouk）一直在潜心研究混合动力汽车，因为他的赞助商——摩托罗拉创始人保罗·高尔文（Paul Galvin）早在20世纪60年代就担忧空气污染问题了。沃克被混合动力汽车吸引，是因为他发现电池供能的汽车有太多的局限性。美国国家环境保护局也是这一举措的推动者，他们在测试了沃克的车后发现这种车达到了严格的排放标准，并且节油性能很好。然而，令人困惑的是，美国国家环境保护局最终还是摒弃了这个项目，而当时的世界油价并没有显著地降低。这里面无疑有政治因素，也有人际关系的原因——沃克不是美国汽车行业的圈内人士。如果进入市场的壁垒无法逾越，那么仅仅有最好的车子是远远不够的。

更令人费解的是，没有任何一家美国汽车厂商把这个创意拾起，然后在此基础上开创一个子品类和品牌。这里面也许有很多潜在的经济、政治、科技和市场的原因。尤其是美国的汽车制造商（无疑能在很多方面影响立法）也许担心成功会带来许多让他们耗财耗力的法令。另外，企业本身的限制、美国企业讨厌冒险的企业文化、当时已有的科技的战略趋势等都构成了阻碍因素。而且也许还存在一个"非我发明"的综合征。现在回头去看，这也许就是一次错失良机。即使最初开发的汽车尚不能盈利，但假以时日，对汽车不断进行改进，它很有可能在一个诱人的市场中占据主导地位，更何况6年之后油价再次大涨，几乎翻了一番。但是底特律的汽车生产商、顾客以及立法者都一次次地罔顾了这样的时机。

1978年，混合动力技术迎来了预示着其未来发展的吉兆。当汽车刹车时，能量就通过热量散发到了空气中，然后消失。一位名叫大卫·阿瑟斯（David Arthurs）的工程师设计了一种方法，可以收集这个过程中散发的能量，并将其用于给电池充电。这种被称为"再生制动系统"的技术（连同其他大量的创新）在很大程度上促成了今天混合动力汽车的问世。

这里要穿插一段关于电动汽车的说明，由于技术和政治因素，这类汽车的发展与混合动力汽车有密切关联。1990年，受到通用的一款电池供能汽车原型的影响（这个项目由当时通用的 CEO 罗杰·史密斯（Roger Smith）负责），加利福尼亚州空气资源委员会（CARB）宣布，在本州开展业务的汽车企业必须使加利福尼亚州零排放汽车的销售比例在 1998 年达到 2%，2001 年达到 5%，2003 年上升到 10%。这一规定大大刺激了电动汽车的积极发展。

最有名的电动汽车是通用的 EV1 电动微型汽车。1996～1999 年，通用共生产和出租了 1 000 多辆这款汽车，价格远高于市价。然而，由于这段经历，尤其是 EV1 高昂的生产成本，通用对于电动汽车的可行性失去了信心。通用连同其他许多厂商的汽车最终都成了法庭上的证据，用来证明 CARB 的标准无法实现，需要放宽这一标准。汽车厂商们成功了，1998 年，CARB 最终朝着取消这个规定的方向迈出了脚步，理由是相关科技，尤其是关于电池的技术还不够成熟。这样一来，通用、福特和很多其他汽车厂商终于松了口气，也彻底取消了这一类产品的研发。事实上，当时通用甚至想要毁掉马路上的所有此类车辆。2000～2009 年担任通用 CEO 的里克·瓦格纳（Rick Wagoner）在 2006 年曾经说过，通用犯的最愚蠢的错误就是放弃了电动汽车。[1] 2006 年，通用汽车把赌注放在另外一款电动汽车——雪佛兰伏特上，这款车最终于 2010 年面世。

我们继续回到混合动力汽车的故事。1993 年，美国新一代汽车合作伙伴计划（Partnership of a New Generation of Vehicles，PNGV）成立，部分是受到时任副总统阿尔·戈尔（Al Gore）和加利福尼亚州空气资源委员会的推动。这一研究项目旨在促成美国汽车行业三大巨头（当时还不包括日本的丰田以及其他的外国厂商）、8 家联邦机构以及几所大学的通力合作，研制出清洁节能、每加仑行驶 80 英里⊖的汽车。这个项目的意图在于快速推动科技发展，为内燃机带来一个可行又清洁的竞争对手。项目总投资近 20 亿美元，其中近一半资金由政府承担。

⊖ 1 英里≈1.61 千米。

为了达到这一目标，很多种方法都被尝试过，最终柴电混合动力汽车成了最好的选择。三大汽车厂商都声称柴电混合动力汽车造价为 3 500 ～ 7 500 美元。尽管它们成功了，但这个项目在 2002 年被政府终止了，取代它的是另一项名为"自由汽车"的项目，该项目集中打造氢气供能的汽车，这项技术最受通用的青睐。大家都认同这一技术是终极解决方案，但是到汽车问世至少还要 10 年甚至更久。

为什么美国的三大汽车厂商谁也没有利用柴电混合技术作为一个跳板，然后开创出主导柴电混合动力市场的新产品呢？背后的原因引人深思。首先，那时候这一技术并未完全成熟，尤其是作为关键元素的电池一直是是里程数和成本方面的一大难题。能够解决这一难题的新的电池技术——镍金属氧电池直到 2000 年才出现，这时候三大汽车厂商早已经决定放弃之前的追求了。其次，当时的汽车原型，也许是因为规格混合，并没有达到当时的目标排放标准，所以还需要做更多的工作。最后，这种汽车最容易占领小型车市场，而在这一市场中美国汽车厂商很难盈利，原因是它们带来的成本结构、工会工资、人员管理费用和昂贵的生产流程。在这个价格敏感的市场单元，混合动力汽车的成本溢价被认为非常可观。

然而，美国参与混合动力汽车市场的最大障碍还是来自于美国人偏爱传统汽油轿车和货车而非混合动力汽车的思维模式。加利福尼亚州空气资源委员会的规定、开展混合动力汽车研究的动力都随着时间的流逝而慢慢淡去，也越来越缺乏吸引力。最后的结果就是让政治家改动规定比让厂商去满足这些规定更容易。另外，尽管遥不可及，但氢气动力车的前景似乎非常诱人。其实氢气动力车的问题很多，其中包括车载氢气的存储问题、建造加气站带来的庞杂的问题等。甚至到了 2004 年，颇有影响力的通用汽车产品部副总鲍勃·卢茨（Bob Lutz）评价说混合动力汽车是个"有趣的古董"。[2] 但是当有人问及此类话题时，氢气动力车是通用汽车和其他汽车厂商的一个绝好说辞。真实情况就是，美国汽车生产商根本不相信也不想要什么混合动力汽车。它们对于这个领域没有专注力,只是想要做点表面文章,应付一下美国政府就可以了。

到了 1995 年下半年,丰田 CEO 奥田硕(Hiroshi Okuda),曾被 PNGV 研究联盟排除在外,提出让他自己的工程师团队开发一款汽车,能够使现有每加仑行驶英里数翻番,目标是这一款车 1997 年问世。关于这个决定有一个有趣的故事,也可以让我们更加了解丰田。1995 年秋天,奥田硕参观了戴姆勒奔驰汽车厂,见到了奔驰 A 级轿车,当时奔驰意欲将这类轿车打造成市场上最好的小型车。奥田硕对于这一前景感到忧心忡忡,他觉得一家欧洲企业马上要在小型车市场占据领军位置了。他决不能让这一切发生!由此才有了这样一个决定。这也让人想到另一位丰田老总丰田英二曾经采取的举措。1983 年,丰田英二注意到汽车车主们都越来越成熟,也越来越富裕,因此他对团队提出要求,要"开发一款最高级的豪华车",这个提议最终促成了雷克萨斯的诞生。[3]

对于奥田硕所做的决定,当时的总工程师回答奥田硕说这个要求无法满足。然而,奥田硕给他的选择是要么接受,要么走人,于是总工程师最终还是决定背水一战。这位总工程师从无数化腐朽为神奇的故事中获取力量,终于带领自己的团队在 1997 年 12 月成功地在日本市场推出了普锐斯汽车。为了打造这款汽车,许多技术改进和突破必不可少,当时已有的科技远远不能满足需求。2000 年,车型更小巧、电池蓄电更可靠的普锐斯改进版汽车被引入美国市场。

凭借着创新的特色以及产品的不断改进,丰田将普锐斯打造成了同类汽车中"移动的目标"。第二代美国版普锐斯于 2004 年问世,它的尺寸介于花冠(Carola)和凯美瑞(Camry)之间,其驾驶性能堪比 2004 款的凯美瑞。这款车的特色是混合动力协同驱动传送装置系统,它优化了电池、燃气发动机以及给电池充电的电子马达的使用。这款独有品牌的原件也成了差异性的进一步体现以及自身权威性的象征。第三代美国版普锐斯于 2009 年面世,这一版有许多不同的款式和选择,被誉为美国汽车市场上最清洁、汽油里程数最高的汽车(见图4-1)。

图4-1 第三代美国版普锐斯

普锐斯取得了令人不可思议的成功。到2009年年中,丰田已经出售的普锐斯汽车总计超过120万辆。普锐斯在混合动力汽车市场遥遥领先,2008年市场份额高达50%,而且顾客都很忠诚。94%的普锐斯顾客都表示他们还会再次购买这个品牌的汽车。[4]尽管最初普锐斯汽车是亏损的,但从2002年开始,普锐斯汽车每卖出一辆都可以实现盈利。

普锐斯带来的不仅是功能上的益处,还有自我表现的优势:顾客使用它代表正在为应对能源危机和全球变暖危机做出贡献。在2007年的一项调查中,50%的普锐斯购买者声称他们购买此车的主要原因是"这个车代表了我",并且这一比例在调查中呈现逐年上升的趋势。[5] 普锐斯只有混合动力款,如果你在马路上或者停车场里看见一辆普锐斯,无疑车主购买的就是混合动力汽车。相比之下,本田思域(Honda Civic)和福特翼虎SUV(Ford Escape SUV)的车主开的可能是混合动力汽车,也可能不是混合动力汽车。所以如果想表明自己的立场,你就不会选择购买本田思域或者福特翼虎。

后来,普锐斯利用的这项技术还被拓展到了其他车型,例如凯美瑞、汉兰达和雷克萨斯。这样一来,2009年,丰田在全球混合动力汽车市场的销量高达170万辆,占该市场近79%的市场份额。另外,丰田也提升了自己作为日本"最具创新力品牌"以及"最有环保意识的品牌"的地位。丰田在工厂和社会活动方面的许多举措为自己赢得了这两个名声。普锐斯的出现使得这丰田的这种文化和价值观得以高度体现。

本田和其他的汽车厂商去了哪里?事实上,本田在普锐斯之前就将混合动力汽车打入了美国市场。这款名为音赛特(Insight)的两座车于1999~2006年期间生产,在这期间销量总计才18 000辆,所以这款车充其量只能算之前试验阶段的延伸,算不上什么真正的新品。2002年,本田思域推出了混合动力汽车,但是由于还是叫思域,所以品牌影响力远不及普锐斯,市场占有量也只能勉强维持在10%到15%之间。2009年,本田又重新以音赛特之名推出另一款混合动力汽车,并将其打入美国市场,试图与普锐斯一争高下。然而大打价格战的音赛特开局不利,也许是由于普锐斯的顾客并不把价格作为其决策的主导因素。[6] 起码在最初的10年间,丰田同时打赢了技术和市场营销这两场战役。

福特是美国第一家正式推出混合动力汽车的汽车厂商,其产品名为福特翼虎混合动力SUV,这也是SUV市场中的第一辆混合动力汽车。但是这款车的销售额只是跟在本田之后,其他的美国汽车厂商更是可以忽略不计了。通用在贬低混合动力汽车多年后最终于2004年联合戴姆勒 - 克莱斯勒公司一起研发,后来在2006年推出了自己的混合动力汽车,可惜至少在最初并没有在市场上收获什么反响。

丰田在紧凑型混合动力汽车的子品类市场中占据霸主地位长达10多年，原因包括它持续不断的创新（无论是渐进性创新还是实质性创新）、强有力的品牌、成功的营销活动、销售渠道方面的优势以及它对于普锐斯的专注投入。这种专注投入使普锐斯不仅收获了最初的成功，而且可以一直进步，成为竞争对手的"移动目标"。美国汽车厂商的思维模式，外加本田在技术和特色上的落后也都成了推动丰田占据领先地位的力量。

随着普锐斯10年来在紧凑型混合动力汽车子品类市场中独占鳌头，另一个子品类出现了，那就是全电动汽车。2010年之后，锂离子电池可以应用于电子消费品，大量的已有的和新成立的企业（包括中国的企业）开发了几十个品牌，意欲积极开拓这个子品类市场。所有电动汽车品牌所面临的最大的挑战是它们怎样可以让顾客意识到，燃油节省的费用以及对于环境的关注值得他们接受电动汽车的短续航和高价格。事实上，续航能力只是人们的一个认知概念，因为我们绝大多数时候都不需要跑长途。然而，电用完之后如何及时充电也是一个问题。一些较小的国家已经有了充电和换电池的一套系统，但是对于大多数国家而言，这将继续是个挑战。较有可能出现的情况是，电动汽车这一子品类能够存在，但其前景如何还要视电池研发、充电设施以及汽油价格的走势而定。

土星汽车的故事

从普锐斯的故事中，我们可以看到丰田对于一个新的品牌和子品类的持续专注与投入。而从土星汽车品牌身上，我们可以看到通用在开创汽车子品类（全新购车体验的高质量紧凑型轿车）方面的区别。通用同样致力于成功，但是由于领导层的更替、对短期收益的重视以及无法给那么多的公司和品牌提供足够的资金,所以它无法维持自己的成功并带来更大的效应。

1983年,通用的总裁罗杰·史密斯(就是那个支持电动汽车的罗杰·史密斯)宣布成立土星公司,并称其为"通用作为美国国内汽车厂商的竞争力、生存力和成功能力的关键"。他们的使命是将这款在美国研发和生产的紧凑型轿车打造为"质量、成本和消费者满意度方面的世界领先者"。[7]

这家新公司有独立的团队,有团队导向的企业文化,有自己的设计师队伍,还有一个很专业的制造工厂(位于田纳西州春山)。他们和工会的非正式合作伙伴关系与其他地方的通用截然不同,另外,他们还有一个极具创新性的销售网络。土星公司成功了,它在1990年推出了自己的汽车,之后很多年这款汽车都和高价品牌雷克萨斯、英菲尼迪和凯迪拉克一样成了高质量汽车领域的领先者。汽车经销商的体验也与之前大不相同:销售人员拿固定月薪,没有销售业绩压力,经常在一起聚餐,更不用去面对可怕的价格谈判。这种"不允许讨价还价"的模式之所以能够实现,主要是因为相邻地区的经销商都属于同一家代理,这也就意味着邻近区域内没有相互竞争的经销商。土星与其说是在销售车辆,不如说是在销售公司形象——他们尊重顾客,像朋友一样对待顾客的理念。土星的顾客和员工都对他们的标语——"一家与众不同的公司,一辆卓尔不凡的汽车"感到深信不疑。这一切都要归功于说话轻声细语但个人魅力十足的土星公司总裁斯基普·勒弗维(Skip Lefauve),他一路走来打破了通用公司之前的很多常规和流程。土星公司在销售和转售方面取得了巨大的成功,并且吸引了大量忠诚的顾客,有一些顾客甚至选择在土星公司举办他们的婚礼。对于那些潜在的买家而言,已有的土星车车主不仅充当了这款车的代言人,而且是很好的销售顾问。1994年,全球4万多名土星车车主在春山举行庆祝会。狂热程度堪比哈雷戴维森(Harley Davidson)的顾客。对于美国企业生产出如此高质量的汽车,并且在信任和尊重的基础上打造顾客关系这一点,土星车车主感到无比自豪。

土星车的竞争对手们却被束缚住了手脚。其他的汽车厂商无法复制这种分销模式，因为它们被框定在了原有的销售体系里面，原有的分销商所有权受到相当繁复的州法律的保护。土星车没有之前的分销商，它的开端是一张白纸。另外，土星公司破解了质量难题，事实上，它是底特律除了丰田和通用的合资企业——新联合汽车制造公司（NUMMI）之外唯一做到这一点的，而这一质量优势没能够成功地传递给通用旗下的其他公司。土星公司的员工与他们的工会成员同舟共济，保证高水准的质量。最后，土星车车主哈雷级的忠诚度也很难被其他企业所模仿，尤其是在市场的价值端，毕竟土星汽车并非什么高端的品牌。

后来通用是怎么对待这块"宝石"的呢？在 20 世纪 90 年代中期，它有没有投资研发土星汽车的新车型来和凯美瑞、雅阁、阿蒂玛（Altima）展开竞争呢？它有没有提供一个新的平台来与丰田、本田和尼桑一争高下呢？答案是"没有"。10 年过去了，除了添加了一些毫无意义的配饰品，通用没有再向土星投资。那么通用的投资去了哪里？去了奥兹莫比尔（Oldsmobile）！通用从零起步打造了极光（Aurora），1995 年将极光推向市场，但只持续了 4 年多，结果以失败告终，尽管 2001 年通用曾试图复兴极光，但仍旧失败了。最早推出极光是为了拯救奥兹莫比尔，然而讽刺的是，通用在营销极光时却极力避免提及奥兹莫比尔，因为后者在人们心目中就是一款老年人使用的、质量和设计都不出彩的汽车。极光的失败部分是由于它没能开拓出一个新品牌，还有很大原因在于它本身就质量而言的确不是一款好车。如果通用把给极光的投资投给土星公司，那么生产的汽车肯定会是高质量的。整个土星家族，也就是工程师、制造团队以及分销商们共同努力一定可以实现这一目标。

怎么会发生这样的事的呢？我们从中可以吸取什么教训？首先，通用旗下有那么多品牌都需要资金，每一个品牌都排着队说"该我啦"。当时恰巧轮到该向奥兹莫比尔投资出新款汽车了。虽然当时奥兹莫比尔这个品牌身处困境，但通用做不到忍痛放弃这个品牌（尽管这个品牌最终还是在 2004 年消亡了）。其次，通用只关注眼前利益，缺乏战略性眼光和全局规划。这个问题当然也非通用独有的。对于通用而言，土星公司生产线的投资回报率并不理想，因为土星的定价相对于劳动力成本而言比较低，并且需要大量的投入（预计约 50 亿美元）才能帮助它真正步入正轨。再次，土星公司最早的发起者罗杰·史密斯早已离职，更糟糕的是，他由于 20 世纪 80 年代决策失误给通用带来了灾难性的影响（下一个案例中将会讲述）而导致其威望尽失。最后，通用的管理层并不想培育土星公司所代表的那种创新与文化，公司层面的工会也不喜欢土星员工合同灵活的合伙制。通用没能够从土星公司身上收获成功的经验，正如它虽然和丰田在加利福尼亚州费利蒙市合作开设了新联合汽车制造公司，但在合作过程中也没能好好从丰田身上学习经验。这两家企业都被通用视为"外人"，从它们身上获取的经验无法深入通用僵化的组织与文化。

20 世纪 90 年代，通用的管理层不认同 1985 年那些提出土星汽车概念的人的理念。土星提供了一个通用可以与日本品牌展开竞争的平台，一个通用可以制胜的关键，尤其是在顾客对于油耗较高的汽车的忠诚度日益下降的背景下。这成了别人的梦想。通用缺乏丰田那份持续的专注。如果土星可以再推出一些大型车与丰田竞争，通用也许有机会赢得竞争。要么就是通用没有战略眼光，要么就是它被短期的投资回报率的前景击退了。

2009 年，通用做出决定：关闭土星公司，通用最终抛弃了之前建立的经销商网络，完全没有意识到土星公司这种开创全新体验的分销模式是多么宝贵的资产。

克莱斯勒小型商旅车

1974 年，福特一位很有才干的工程师哈尔·斯珀里奇（Hal Sperlich）

在非常重视市场营销的总裁李·艾柯卡（Lee Iacocca）的支持下，建议福特打造一款小型商旅车。他们的研究表明，如果车顶的高度可以稍微低一点，车身大小可以进入车库，能有一个突出的车头（发动机装在里面）在发生意外时保护司机，那么这款车可以吸引更多的女性顾客。然而，这一切都需要大量的资金投入，用于模具制作，而且尽管研究数据显示其前景良好，但这毕竟是个没有十足把握的新概念。另外，已有的福特车车型都是后轮驱动的，而这款车为了让空间更大、更舒适，需要前轮驱动系统，这又意味着大量的投入。因此，当时福特的总裁兼企业合伙人亨利·福特二世不想给这个提议投资，再加上当时福特的资金压力也很大，所以就拒绝了这个提议。当然也有其他原因。一方面，他对于20世纪50年代艾德塞尔汽车（Edsel）的失败仍心有余悸；另一方面，他背后的财务团队不愿承担风险，因此持反对意见。另外，他忌惮艾柯卡的声望，不想让他风头更劲，再有就是他当时对于大型汽车的偏好，他认为"小汽车、赚小钱"。

大约5年后，先后被亨利·福特二世解聘的斯珀里奇和艾柯卡（部分是由于他们对小型商旅车的提议）辗转来到了克莱斯勒。他们两人还保有对这种车型的热情，而且此时作为CEO的艾柯卡有了话语权，他决定实施这个想法。他们这次拥有天时、地利、人和。克莱斯勒刚刚打造完一个前轮驱动的平台，这也是后来非常成功的K型车的基础。另外，克莱斯勒之前就占据着大型商旅车的市场，这款因尺寸太大而无法进入车库的货车式旅行车占据了45%的市场份额，因此已经有了很好的市场经验和信誉。这款大型车的成功是基于汽车的便利性，例如电动车窗、好的音响、后窗除雾除霜功能等。这些特点对于小型商旅车而言同样实用。也许最重要的是，克莱斯勒在旅行车市场一直不敌福特和通用，它们在旅行车市场获得了丰厚的利润。能够开创新的小型商旅车品类来抢夺旅行车市场对于克莱斯勒而言是个很好的选择。

这里存在一个问题。当艾柯卡1979年来到克莱斯勒的时候，克莱斯勒正处于破产状态，需要政府提供 17 亿美元的救助（在那个年代这是很大一笔钱）才有资格获得贷款担保来为小型商旅车这个项目提供足够的资金支持。一心想要打造新车的艾柯卡决定 5 年内投入 65 亿美元来进行研发，首要目标就是小型商旅车。如果艾柯卡是个财务保守派，或者他先考虑重组和关闭企业再行动，如果不是克莱斯勒当时陷入绝境需要马上做出改变，他都不会做出这个极端大胆的决策。所以说在一定程度上，克莱斯勒的危机促成了这个决定。

1983 年 11 月 2 日，克莱斯勒推出了普利茅斯捷龙和道奇凯领这两款小型商旅车。这款 7 座车内部空间宽敞、车身高度较低、座椅可拆卸。这款车被粉丝称为"神奇的货车"，它的驾驶体验完全像汽车而非卡车。这款车问世后第一年就卖出了 20 万辆，2009 年卖出了 1 250 万辆，那时克莱斯勒的"城市和乡村"（Chrysler Town and Country）已经发展成了稳定的品牌。[8] 有了初期的成功，克莱斯勒做出了艰难的抉择——再开一家工厂，他们赌这种成功不会是昙花一现。这和朝日超爽在成功后决定扩大生产量的决定（见第 1 章）如出一辙。起码长达 16 年的时间，克莱斯勒没有任何竞争对手，20 多年后，克莱斯勒仍旧是市场领先者。其他的玩家都只能费力追赶。到 2009 年，在这款车问世超过 25 年后，它依旧占据着 44% 的市场份额，比丰田和本田加起来都高。[9]

竞争对手想在克莱斯勒开创的这一新品类与其竞争，但是都没有较好的选择。直到 1998 年，本田推出了第二代奥德赛（Odyssey）（前期本田花了整整 6 个月来研究美国车主的体验），克莱斯勒才迎来了真正的对手。第一代奥德赛车身小、有四个传统型车门和动力不足的四冲程发动机，在市场上反响平平。丰田在 1998 年推出了塞纳（Sienna），但是经过许多年的改进才能够真正与克莱斯勒相媲美。在那之前丰田推出的同类车外形怪异、后轮驱动、动力不足，名为普瑞维亚（Previa）。

克莱斯勒可以在一个品类市场独领风骚 16 年，并且在那之后继续维持强劲的势头堪称一个奇迹。在这一过程中它不断地提升和改进这款车是一个关键因素。克莱斯勒在这个领域创下了许多个第一。1990年，克莱斯勒是第一个基于前轮驱动车架打造的四轮驱动车，也是第一个在后面的滑动门上加装儿童安全锁的车。1995年，克莱斯勒又增设了驾驶员侧的滑动门和方便进出的滑动座椅。在其后的5年里，克莱斯勒又率先推出了无线耳机和液晶显示屏车内娱乐系统，外加三区域温度调控系统。2009年，克莱斯勒第一个加入了第三排方便进出系统和旋转座椅系统，在这个系统中第二排座椅可以转向，而且还有配套的儿童增高座椅。

通用和福特在1985年分别推出了后轮驱动、类似于货车的旅行车——雪佛兰鲁米娜（Chevrolet Lumina）和福特宇宙星（Ford Aerostar），但是消费者普遍认为它们笨重、低效能。即使到了2005年左右，通用和福特在中型商旅车市场所占的市场份额还是微不足道，尽管它们在大型旅行车市场都还有一定的地位。

为什么？为什么克莱斯勒的竞争对手竟然可以让它占据这样一个重要的市场那么久？对每一个竞争对手而言，原因各不相同，但总体可以归结为公司的投资重心和策略性远见。

20世纪80年代，在注重财务的CEO罗杰·史密斯以及他的前任CEO的领导下，通用着力于降低成本和提升科技。[10] 80年代，800亿美元的投资大多用于自动机械的开发，想以此来降低成本和工人的工资。但这些开发大部分是失败的，即使有成品，也大多是破坏性的（据报道，一个自动机械在安装挡风玻璃时把它们打碎了）。另外一个投资方向是一些并不理想的技术企业，包括向电子数据系统公司（Electronic Data System, EDS）和罗斯·佩罗计算机系统公司投了65亿美元，向休斯飞机公司（Hughes Aircraft）投了约50亿美元。通用也在汽车业务方面有投入，比如投资75亿美元用于开发一款实用型中型轿车，但以失败告终。另外，通用投资50亿美元给土星公司，向卡车和SUV市场投资，以及努力增加不同类型的汽车之间的共性、降低成本等。另外,商旅车的对手厢式货车盈利性很好,成了通用的摇钱树。

由于在20世纪80年代的这些策略,通用没有精力也没有远见进入克莱斯勒开辟的小型商旅车市场,开发出新车型来与其展开竞争。90年代,通用想要尽力追赶,可惜80年代的策略失误导致通用没有剩下的资源可以投入这一市场了,并且随后汽车市场陷入了10年之久的衰退期。

20世纪八九十年代,福特主要优先发展了三个领域。首先是设计项目,这带来了1985年面世且日后成绩斐然的福特金牛(Taurus)和福特黑貂(Sable),它们直到90年代中后期还是畅销车型。第二个领域是F系列卡车,从1978年到90年代,它一直都是销售额最高的一款车。第三个领域是在卡车的基础上打造的SUV级别的车辆。福特探险家(Explorer)90年代问世,作为一款有很高的舒适性以及许多便利设施的汽车,它在SUV市场领先很多年。随后1997年福特又推出福特远征(Expedition),车型比探险家更大,这款车同样非常叫座。卡车和大型SUV的成功也都得益于CAFE标准并不适用于它们,这真是一个令人难以想象的漏洞。

福特的投资决策如前文所说,受到亨利·福特二世偏见的影响,除此之外还有另外两个原因。其一,福特厢式货车业务从20世纪50年代起就非常成功,平均一年可以卖出20万辆或者更多。[11] 整个80年代,福特厢式货车的平均年销量是16万辆。因此福特没有动力开发小型商旅车来把自己的下蛋金鹅给杀掉,相反,对福特而言更理性的策略是继续提升厢式货车来把商旅车挤出市场。其二,福特受到通用多元化经营模式的影响,也投资了金融服务和高科技产业,另外还大举进行股票回购。这样一来,福特就没有什么钱来发展小型商旅车了,而且它觉得福特路星已经足够填补空白了。

至于日本企业为什么那么久都没有推出和克莱斯勒竞争的车型,个中缘由和美国汽车厂商迥然不同。1981~1984年,日本汽车厂商受到自愿出口配额的限制,因为当时它们担心美国政府为了维护美国国内汽车行业会采取极端措施来减少海外产品的威胁。因此，20世纪八九十年代，日本企业主要致力于创造能够打入高价汽车市场的产品，这样，配额限制下的每辆汽车都可以保证盈利。结果，极光、雷克萨斯和英菲尼迪都在80年代末进入美国市场。另外一个重心是改进它们现有的汽车产品线，因为日本企业从骨子里就想要追求精益求精。日本企业的第三个努力方向是增加其在美国的生产能力，这样可以避开"进口"这一不好的名头。

克莱斯勒有一个合理的、以市场为基础的预期，并且可以完美地实施。如果不是一系列因素结合在一起，例如金融和市场危机、有才干的总裁和工程管理者、在那个时间恰好出现的前轮驱动平台、那时他们在厢式货车领域处于过于弱小的地位等，克莱斯勒也不可能成功。它的成功还得益于五大竞争对手都在关注其他领域，再也没有参与小型商旅车市场竞争的精力和资本了。

塔塔 Nano

"人民的汽车"这个概念，配以低廉的几乎能够为所有普通民众所接受的价格，在历史上有好几次都极大地影响了汽车行业。1908年，亨利·福特受到激发，想要打造一款适合"最广大人群"的汽车，由此诞生了T型车。这款车只有黑色基本款，其核心是节约成本、动态设计以及流水线工艺。16年间，其销售量达到1 500万辆，大多数顾客都是那些原本买不起车的人。

1932年，费迪南德·保时捷有了"人民的汽车"这一概念，然后设计出了现在众所周知的甲壳虫汽车。1946～2003年，甲壳虫汽车销售了约2 100万辆，在1968年达到高峰，一年就卖出42.3万辆，目前为止还是历史最高纪录。值得一提的是，福特在1946年曾经有机会不花一文接手甲壳虫工厂，但它当时愚蠢地拒绝了。据说福特的智囊顾问欧内斯特·布里奇（Ernest Breech）曾经断言甲壳虫汽车在美国不会有任何销路，所以这个车一文不值。像这样愚蠢的错误后来还有很多，追根究底这些令人遗憾的失算都是由于福特对未来产品走向的错判以及忽略了未开发的市场。

2009年，历史又一次迎来了"人民的汽车"——印度塔塔Nano仅仅提前一年宣布上市，然后展开商业推广。它主要的目标是印度市场。这是一款后引擎、双气缸、四座的小轿车，设计用于在城市和乡村道路上行驶，在城市的道路上时速可达52英里。依据型号不同，这款车预计定价为2 000到2 500美元不等，这款车堪称史上最便宜的汽车。这款"人民的汽车"有潜力打破印度乃至世界现有的汽车行业格局。

Nano的概念来自塔塔集团主席拉坦·塔塔（Retan Tata），他注意到丈夫骑着两轮车，前面坐着孩子、后面坐着妻子这种模式虽然不是主流但很常见。他想，如果有一辆四轮车，这样人会更安全、更舒适。在亚洲遍寻有意向的合作伙伴而不得，他最终决定自主研发这样的汽车（见图4-2）。

图4-2　Nano汽车

塔塔最初的想法是基于两轮车来打造这款四轮车，但这个想法很快就被摒弃了，原因是现有的配件不足，外加汽车行业的一些标准最终促使这个项目的目标变成了设计一款全新的汽车。随着一步步的优化，塔塔把最早人力车改制四轮车（无门无窗）的原型改进成了更像现代汽车的封闭式四轮车。2 000美元的定价最早也只是在面对媒体时做的一个随意的预测，但这个武断的预估却成了日后塔塔设计团队的目标。另外，这款车还被要求能够满足污染和安全方面的标准，并且在燃油效率和加速方面实现性能指标。

塔塔对于成本给予了特别的关注，一方面体现在只保留最"核心"的功能，摒弃那些所谓的"不错"的功能；另一方面是做出全面的创新。在节约成本方面，塔塔的创新包括只留一个雨刮器，把仪表盘设置在前面板的中间以适应左右的司机位置，两边车门用相同的把手设计，利用减少传感器和功能的方式来简化发动机控制电脑。从车子的仿造模型及内饰可以看出工程团队的核心就是简化车子、降低成本。塔塔并非孤军奋战，供应商也是团队的一部分，并且是降低成本的源泉——40多家供应商就把工厂建在塔塔附近，以此省去了物流和存货成本。这一举措在全球是一致的。除了在印度的设计团队，公司还有设在意大利的设计团队以及总部位于德国的供应商。另外，它们投建工厂也获得了政府补贴。

Nano汽车之所以可以超越马鲁蒂800（一款之前在印度很受欢迎的四座车），一方面是因为它价格便宜了很多，另一方面，它在体积比后者小8%的前提下还能够有比后者大21%的内部空间。Nano汽车的整体性能也比马鲁蒂强，它的高端版本还配备了诸如空调之类的许多便利设施。

Nano汽车让之前无力购买汽车的人都可以拥有自己的汽车，因此大大开拓了汽车市场，据估算，大约扩大了65%。因此，它的销量会来自一个新的消费群体，而不是对现有的车型造成冲击。这让人想到了不卖高价的斯沃琪（Swatch）手表，它在拓展市场的同时也没有影响到已有的瑞士手表生产商。

人们对Nano的需求量非常大，2009年4月为期3周的预购申请时间内，有20.6万人申请抽奖，想要去抢第一批的10万辆车。一年后，4.5万辆车已经交付使用。

Yugo 牌汽车

在 Nano 之前曾经出现过 Yugo，这款车来自南斯拉夫。1985～1992 年间，它一共卖出约 15 万辆。[12] 从市场份额来说，Yugo 是个彻底的失败者。这款车制造水平低劣、安全性能差、故障率高、耗油多，从排放角度来看污染又很大。多年来，它一直被称为"美国市场上出现过的最差的车"。关于 Yugo 汽车的笑话多到不计其数。

Yugo 汽车的用户手册里有什么内容？答：公交车时刻表。

Yugo 和吊扇有什么共同点？答：它们使用同一款马达。

怎么让 Yugo 车在 15 秒内车速从 0 增加到 60？答：把它从悬崖上推下去。

怎么让 Yugo 车跑得快一点？答：用卡车拖它。

一辆有刹车的 Yugo 该怎么称呼？答：专业定制车。

Yugo 汽车最初令人群情激昂，销售也很可观。它刚打入美国市场时宣传做得很好，媒体大篇幅报道，经销商门前排起长队，那些没有机会开这款车的人纷纷给出了好评，还有就是推广做得特别棒。它是有史以来进入美国市场第一年销售量最高的车。但是这些兴奋的情绪大多是在这款车还没有进入美国时就有的，事实上，"稀缺感"的营造也从中起到了推波助澜的作用。

怎么会有那么多人都判断失误呢？首先，Yugo 汽车超级便宜，比当时市场上最便宜的车价格还低 20%，这样一来人们可以买新车甚至买第二辆车的可能性都大大增加了；其次，这款车据称是菲亚特设计打造的，因此等于有了来自大牌的支持；再次，这个国家成功举办过奥运会，似乎有能力让公交车准点到站；最后，基本无人质疑它强大的宣传造势。每个人甚至专家都相信了街谈巷议，而非实际测评。

Yugo 的例子让我们清醒地认识到表面文章有时多么迷惑人心。一样东西你重复听说三次后可能就会信以为真了。另一个教训是能够实施一个概念和实现预期的重要性。再好的概念，如果不能付诸好的实施，最终都会失败。

企业号租车公司

企业号租车公司的创始人名为杰克·泰勒（Jack Taylor），他在1962年在圣路易斯创办了这家企业，起步时共有17辆汽车，最初的用户定位于那些"自己的车子正在修理但是又需要开车"的人群。如今，公司的业务慢慢扩大到近100万辆车、6.5万名员工，而且该公司使用的是完全不同的租车模式和策略。赫兹（Hertz）、阿维斯（Avis）和其他租车公司的目标客户群是那些长期用车者或者商务旅行者，他们往往愿意为机场便利的提车服务支付高昂的费用，于是这些公司都专注于提供机场服务以及相应的设施。与它们相比，企业号租车公司的目标客户往往就是同城的客户，这些人的车子坏了正在维修，或者他们想周末出游临时需要一辆大车。为了满足这样的客户群体，该公司在整个城市设立了门店，保证90%的美国人都能在离家15英里的范围内找到一家企业号租车公司的门店。不在机场设立门店使它在成本上获得了很大的优势。即使到了1995年它也开始涉足机场业务时，它仍旧选择了相对远离机场、更加便宜的店址。

企业号租车公司创造了租车服务的一个新的子品类，它凭借一系列的创新和活动逐渐给竞争对手树立起了重重壁垒，从而独霸这一子品类至少30年之久，毫无疑问这也是它盈利的一个重要因素。20世纪90年代中期，它的销售额超过了赫兹，到了2008年，销售额达到了101亿美元，而赫兹是67亿美元。另外，它也不太容易受到航空业动荡的影响。据估计，这家公司在21世纪第一个10年的后半段市价约为170亿美元。[13]

这家公司从一开始就高度企业化，每一家门店代表一个盈利中心。由于客户群都是当地的人，所以门店经理和员工有机会与他们建立良好的关系，促进业务发展，这样比机场部经理要去服务城外客户好得多。公司基于每一个分部的利润给予大力度的刺激性奖励，员工也被赋予创新的权力。事实上，后来成了企业号租车公司的标志性口号——"我们开车来接您"（We pick you up）就是1974年由奥兰多分公司经理最先提出的。

同时，企业号租车公司的文化也很重视客户服务，他们强调有特色的职业着装、彬彬有礼的举止以及个性化的定制服务。杰克·泰勒起步的时候就怀有这样的理念——"首先照顾好你的客户和员工……利润自然会来。"上面提到的激励制度不仅针对利润，也针对客户服务。每15个顾客中就会有一个被采访来确定他们是否对这里的服务满意。勾选"完全满意"的客户比例成了各个分部的一个衡量指标。这个比例在美国各个分部都能达到大约80%。

企业号租车公司意识到保险公司（1/3的利润由其产生）和修理店是其最重要的客户，因此它研制出了自动租车管理系统（automated rental management system，ARMA），这个系统为处理订单、报价、支付等都提供了电子界面，使得整个交易过程便捷而高效。公司在这一系统上的专利使得竞争对手很难复制其模式。此外，公司还有一个友好的Web网站为保险公司和终端用户提供指尖上的便利服务和产品。最后，企业号租车公司还为大公司配备了车队管理人员，专门负责公司里的车队，包括确定车队资料、购买汽车以及管理所需的服务等。由此产生的构架带来了客户的极度忠诚，竞争对手很难超越。

企业号租车公司还创造了两个额外的竞争壁垒。第一，它无处不在的门店无论对客户还是保险公司都打造了"便捷"这一价值主张。这样，保险公司就可以通过跟其中一家公司打交道就能够直接获得租车服务。对于其他人来说，复制这一模式很难。第二，与主要的竞争对手相比，企业号租车公司有自己的成本优势。它的盈利能力和财务报表都达到了A级，而赫兹只有B

级,这意味着企业号租车公司能够以更低的利率获得融资,用于购买新的汽车。另外,由于没有机场门店所需的特权费和员工费用,企业号租车公司一直以来都占据成本优势,尽管随着它开展机场业务,这一优势会逐渐缩减。

为什么赫兹、阿维斯和其他租车企业容许企业号租车公司崛起成为这样一家大型、成功的竞争对手?难道它们没发现同样的市场机会吗?一部分原因是:没发现。这一市场机会与整个租车市场相比一直是微不足道的,并且其他租车企业的市场重心一直都是机场业务,企业号租车公司在它们眼里只是个小玩家而已。甚至在1989年企业号租车公司开始做宣传并且销售额已经高达6亿美元时,赫兹都还没意识到它的存在。[14] 更重要的是,赫兹当时的关注点也不在这里,它一心与其他同类型的租车公司展开激烈的竞争,正陷于品牌偏好度之战中。

随着企业号租车公司的一步步崛起,它的竞争优势逐渐显现:它凭借自身良好的顾客关系、多元化的保险公司服务、在汽车修理行业获得的信誉、广泛分布的门店以及成本优势构筑起了竞争壁垒。当赫兹和其他租车企业清醒过来时,企业号租车公司已经在许多大城市取得主导地位了。

Zipcar 租车公司

那些大型的出租车公司再次被汽车共享打了个措手不及。拥有全新理念的汽车共享2000年始于波士顿,人们可以分享汽车而不是拥有它们。城市中的大多数汽车每周只使用几个小时。那么,人们为何要在不使用汽车的时候还支付拥有和维护汽车所需的费用呢?其实,他们可以加入一个俱乐部,成为汽车共享的会员。这样,他们就能使用位于城市周围的汽车。无论白天还是晚上,会员都可以在线或打电话预约,可以提前几分钟、几天甚至几个月预约。当他们拿到汽车时,汽车共享的会员卡中的微芯片会发出信号将汽车解锁。然后他们可以开几个小时或几天。所有这些都可以通过汽车共享的智能手机应用程序获得。停车、加油和综合保险是交易的一部分。他们按小时或天数支付使用汽车的费用。

汽车共享的会员无须再购买汽车（至少不用购买第二辆车）并对其进行维护和保养，从而节省了大量的资金。据估计，每出现一辆Zipcar，就有15～20辆个人拥有的汽车可以被淘汰。[15]另外，客户可以根据他们的情况和任务驾驶各种汽车。汽车共享还有其他益处：会员可以以多种方法对城市生活方式和环境产生积极的影响。首先，他们会倾向于少开车。加入汽车共享俱乐部之后，90%的会员平均减少了5 000多英里的行驶里程。也许更重要的是，随着道路上的车被排污更少的新车所取代，人们越来越倾向于驾驶小型车。结果是个人以更明显的方式表达对环境的关注。

在公司创立后不久寻求融资时成为首席执行官的斯科特·格里菲斯（Scott Giffith）所阐述的汽车共享的愿景是：它将成为全球生活方式的品牌。[16]它不关乎租车，而关乎城市生活以及不拥有和维护汽车但仍然可以使用汽车的自由。本着这种精神，它提供了一种以有趣、乐观和环保的方式来应对城市生活的选择。Zipcar渴望成为一个关于生活方式的品牌。Zipcar"降低车耗"是一个非常热门的品牌推广活动，人们可以在博客上发表放弃汽车的博文，这符合健康的生活模式。为了这次推广活动，一家自行车合作品牌商给每个城市都赠送了一辆自行车。

2010年，Zipcar成长为世界领先的汽车共享服务商，在全美28个州以及伦敦的市区和大学校园拥有超过35万名会员和6 500辆汽车，提供30多种品牌和车型，包括电动汽车。Zipcar正在改变汽车行业。Zipcar能成为市场领导者部分归功于其市场战略，它通过并购小型企业来拓展其本地或区域业务。据估计，2009年，Zipcar的市场规模为1.5亿～2.5亿美元，2016年可能增长至33亿美元。[17]

租车公司对此的回应是提供更多的租赁灵活性，包括租车费按小时而不是按天收取，同时进入大学和企业园区这样的细分市场来开展直接的竞争。但是，Zipcar 创造的业务流程技术、基础设施和个人生活方式已经构建起了强大的进入壁垒。它才是真正的汽车共享品牌。

要点总结

- 未被满足的需求有时隐藏得颇深，有时却非常明显。对未满足需求的洞察激发了 Zipcar、企业号租车公司和克莱斯勒的概念。然而，对于其他公司而言，如普锐斯和 Nano，所有人都能看到需要被解决的需求，但问题在于如何创造并实现相应的产品。

- 市场、公司和技术的时机选择可以发挥关键作用。克莱斯勒拥有已经开发出的小型商旅车所需的前轮驱动 K 型车平台。丰田普锐斯的电池技术和再生制动系统也已经准备就绪，而之前同类型的车则没有这样的条件。Zipcar 可以使用互联网和芯片技术。

- 有时一个关于"不可行的"概念的梦想不仅可以实现，而且能获得成功。塔塔的 Nano、Zipcar 和丰田普锐斯都经历了创新，化不可能为可能。

- 政府法规在推行混合动力汽车的过程中发挥了核心作用，并在土星和小型商旅车的发展过程中发挥了间接作用，因为政府鼓励更好的油耗性能，而这些车正是为了实现这一目标而得到了改进。补贴，例如由地方政府提供的影响工厂选址决策的补贴，推动了土星汽车和 Nano 汽车的发展。

- 在这些案例中，首席执行官的果断和有力领导是推动因素。有些公司的产品本身实力就很强，但首席执行官的支持仍然是不可或缺的。

- 除土星公司以外的所有赢家都专注于它们对市场的理解和相关战略。丰田公司的 CEO 们设置了整个团队的挑战，结果打造出了雷克萨斯和普锐斯。企业号租车公司从开始到后来都毫不动摇地秉承其信念与服务。土星汽车的案例表明这种投入需要很持久才可以。

- 每个赢家都是高度差异化的。每个新的子品类都与现有产品在许多维度上存在重大差异。

- 每个赢家都打造了有意义的进入壁垒。普锐斯的技术、土星的经销商网络和文化、克莱斯勒的设计、企业号租车公司和 Zipcar 的运营及店面布局都让竞争对手很难做出回应。Nano 的成本差异基于许多创新以及采购和制造效率，使对手难以匹敌。

- 在这几个案例中，竞争对手不同的发展重心，而非竞争壁垒是其未能做出回应的主要原因。竞争对手专注于自动化、多元化、关注卡车和 SUV 等其他产品线，以及处理自愿配额等问题，以至于它们没有进入新的子品类市场。对新概念进行战略性评估时应该意识到，竞争对手决定是否参与竞争部分是基于对竞争中的困难以及成功的可能性的考量。

- 在每一种情况下，开发一个强大的品牌在为竞争对手制造壁垒和定义品类或子品类方面都至关重要。在普锐斯的案例中，丰田决定将该品牌限制为只生产混合动力汽车，这使得它所带来的自我表现优势是前所未有的，如果丰田当初给这款新车冠以卡罗拉混合动力汽车（Corolla Hybrid）之名，那么它绝不会达到同样的成功。

| 讨论题 |

1. 创建新品类或子品类汽车的其他案例有哪些？它们成功地避免了竞争吗？如何避免的？它们制造了什么竞争壁垒？

2. 考虑概念生成的过程。每个概念是如何产生的？这个概念在何种程度上给人"灵光一现"的兴奋感？这个概念是源于行业的演变、科技，还是源于对市场的理解？

3. 考虑两家公司，伦敦的 WhipCar 和波士顿的 Relay Rides，它们允许人们从私人车主那里租车。这两家公司会检查驾驶者的执照和汽车的注册情况，并且在 Relay Rides 公司，所有参与的车主的汽车都能够用卡来启动。你如何评估这种概念的发展潜力？

BRAND RELEVANCE

第 5 章
食品行业的改变

告诉河流停止流淌是徒劳的,最佳选择是学会如何顺水而流。

——佚名

过度简化是每一代科学家的典型弱点。

——埃尔默·麦考伦(Elmer McCollum),《营养学发展史》
(*A History of Nutrition*,1957 年)作者

人们一直都对获得和保持健康感兴趣。历史上的健康专家们也一直在做着相应的努力，他们利用科学、诠释科学、推进科学，目的是发现新的有益健康的产品和做法。1614年，贾科莫·卡斯特尔维特罗（Giacomo Castelvetro）想让英国人多吃水果和蔬菜，但并未成功。19世纪末，素食主义者、外科医生和现代早餐谷物之父约翰·哈维·凯洛格（John Harvey Kellogg），提倡人们应该多吃蔬菜、谷物、水果、坚果和豆类，多喝水以及彻底地咀嚼食物。在这些专家出现之前和之后还有更多其他的营养专家。

不同学科的科学家提出了许多理论，并对这些理论进行了试验。他们在某些方面达成了共识，其中最主要的结论是：人体、人体摄入的食物以及围绕人体的种种生活方式，呈现出一个非常复杂的系统。因此，科学家的结论往往是模糊的或初步的，有些科学发现并不像人们判断地那么确定。

除了健康专家和科学家之外，政府还通过验证或听取反面意见、思想交流和产品管理发挥了作用。对健康专家、科学家和政府所扮演的不同角色的研究不仅可以帮助我们了解食品行业公司策略的制定背景，还能够说明预测和解释趋势是多么困难。趋势往往是强大而又模糊的、复杂而又忽明忽暗的。

我们在处理食品行业的问题时学到的对趋势的思考也可以应用于其他地方。每个行业都面临着对影响市场的趋势的识别、理解和预测的挑战。零售商要应对时尚的发展趋势、服饰面料的研发、消费者的品位等。汽车行业需要努力应对技术、政府规范、风格趋势、消费者偏好、人口统计等种种变化。

这些趋势的最终释义者以及他们所依赖的理论都来自于食品行业中那些对健康问题敏感的公司。这些公司面临着两大挑战：一是新的子品类一出现就抓住机会拥有它们；二是避免失去相关性，不能在站台上眼睁睁看着货车离开，它们必须调整产品来适应当前的理论。

本章有几个目标。一个目标是对宏观趋势、健康饮食进行密切的关注，领会它的复杂性以及影响它的政治、文化、技术和营销力量有哪些。大多数公司需要解释和回应各种趋势，并可以从这些案例研究中学习。另一个目标是提出一系列案例研究，探究如何对健康饮食不断增长但不断变化的趋势进行战略响应，以深入了解激发思想的因素、所涉及的风险、品牌战略选择、竞争对手的反应因素、不可控制的因素——尤其是那些反复无常的趋势——在决策中及决策后所扮演的角色。

我们从抗脂大战开始。许多人认为食物中的脂肪不健康。但到底是哪类脂肪呢？事实证明，问题的答案并没有那么简单，而且随着年代的不同，答案也在发生变化。研究变革的驱动因素，以及来自纳贝斯克（Nabisco）、德雷尔（Dreyer）和奥利斯特拉（Oestra）等品牌的一些回应，可以帮助我们深入了解利用市场趋势和力量的难度。然后，我们不仅停留在对脂肪的研究上，而且会更宽泛地探索健康饮食。我们主要分析两家公司：通用磨坊（General Mills）和拥有"健康之选"（Healthy Choice）品牌的康尼格拉（ConAgra），探究它们在试图引导或回应这些趋势时所做的努力。

抗脂大战

抗脂大战长期以来一直是健康饮食的核心。健康专家们对此纷纷发表意见，并提出了他们自己的理论和饮食方案来应对食物中的脂肪。科学家对脂肪做了研究，提出了自己的理论，但这些理论往往被修正或被完全不同的理论所取代。在这个过程中，政府一直是一个仲裁者。

首先考察食品大师与食品科学家的作用和影响是有益的。三个与脂肪相关的理论将有助于解释关于脂肪的范围和差异。随后，我们将研究政府在管理脂肪中所起到的作用。最后，借助这些背景知识，本节将详细介绍纳贝斯克、德雷尔和宝洁这三家公司所做的努力，以回应与脂肪相关的理论和消费者趋势。

科学家和大师的作用

食品行业的公司需要遵循当下有影响力的理论，在时机成熟时推出相应的产品。这些理论的来源之一就是那些有影响力的科学家和大师，过去几十年来有数以千计的这样的科学家和大师。为了对他们所做的努力以及这些努力所产生的思想变化有初步的了解，我们简要地走访了三位科学家，他们以脂肪为中心提出了很有影响力的理论和饮食方案。其中两位科学家，内森·普里特金（Nathan Pritikin）和迪安·欧尼斯（Dean Ornish），都有以自己的名字命名的饮食法。第三位科学家安塞尔·季斯（Ancel Keys）是地中海饮食的创始人。

1958 年，内森·普里特金 41 岁，被诊断出患有心脏病。当时医生的建议是停止锻炼，但不用为午饭后吃一杯冰激凌而担心。然而，普里特金本人更倾向于一种素食搭配，包含低脂肪和非精制碳水化合物含量较高的食品，并开始了一系列令人印象深刻的实验，表明这种饮食与适度运动相结合可以治疗心脏病。他了解到，在第二次世界大战期间，高脂肪食物无法获得，心脏病和糖尿病患者急剧下降，其他研究也显示低脂饮食可以大大降低胆固醇死亡的可能性，这些事实影响了他。1975 年，他开设了一个长寿和水疗中心，并于 1979 年出版了基于自己的饮食方案的书，名为《普里特金饮食和运动计划》(*The Pritikin Program of Diet and Exercise*，和帕特里克·M. 麦克格雷迪（Paatrick M. Mcgrady）合著），这本书后来成了畅销书。[1] 随后，普里特金和其他人又接连出版了 10 多本支持相关理论的书。

20 世纪 70 年代中期，还在学医的迪安·欧尼斯对预防心脏病很感兴趣。随后，他进行了一项研究，探讨如何将低脂饮食与适度运动和瑜伽等减压活动相结合，以治疗心脏病和其他疾病。1990 年，他出版了畅销书——《迪安·欧尼斯医生心脏病疗愈法》（Dean Ornish's Program for Reversing Heart Disease）。随后又出了 8 本关于饮食及治疗计划的书。[2] 欧尼斯饮食法被一些人认为非常极端，这种饮食法主张饮食中的脂肪含量应少于 10%，节食者应该避免吃坚果和鱼类，而许多人认为这些食物是有益于健康的。

1970 年，安塞尔·季斯公布了一项研究结果，这项研究专注于饮食对心血管疾病的影响，调查了 7 个国家约 12 000 名男性。[3] 克里特岛的居民健康状况良好，有人认为这部分是源于他们的饮食习惯，因为他们的饮食中含有丰富的橄榄油，也就是脂肪。这项研究之后的许多研究都认为，地中海饮食富含橄榄油、蔬菜、水果、面包和全谷物，乳制品、鱼、家禽和葡萄酒适量，猪肉摄入量较少，这种饮食结构会带来许多医学上的好处。最重要的一条是，橄榄油中的脂肪不仅完全没问题，而且非常有助于健康。20 世纪 90 年代，地中海饮食引起了人们的关注，并成为关于健康饮食的辩论中的主流声音。

政府的作用

美国政府所扮演的角色是批准销售产品，并决定如何展示和贴标签，另一项工作是要将日常工作的理论和科学发现合法化，这一任务很有难度，因为食品问题往往很复杂，相关的科学知识并不完整也不确凿。尽管如此，人们仍旧期望政府成为客观和可靠的仲裁者，因此，政府在创造和影响趋势方面发挥着重要的作用。这样，几乎所有行业中的企业不仅需要预测和影响消费者态度，还需要预测和影响政府的行为。

1938年美国的《食品、药品和化妆品法案》（Food, Drug and Cosmetic Act）包含一条"仿制食品法规"，即厂商需要让消费者知晓奶酪和面包这样的食品中是否用了廉价的替代品而不含"真正"的成分。这听上去像是一种合理的措施来预防食品掺假，但是这条规则抑制了该行业重新规划美国食品供应的能力，而摆脱当时饮食中的"恶魔"——脂肪又必须要给食品进行重新配方。没有一家企业可以不用奶油就可以制造出非脂肪的酸奶油，除非这个被打上"仿制"奶油的标签，而这种标签对产品而言是致命的。在美国心脏病协会（American Heart Association）和其他医疗团体的支持下，食品行业终于在1973年成功地废除了这项规则，并开始了对非脂肪的创新研究。

1977年发生了另一件引人瞩目的事件。时任参议院营养和人类需求特别委员会（Senate Select Committee on Nutrition and Human Needs）主席的参议员乔治·麦戈文（George McGovern）对心脏病举行了听证会，当时有人把心脏病称为"流行病"。尽管与会者向委员会指出了其中的复杂性，但最终报告还是为美国明确了一些饮食目标，其中一条是"少吃红肉"。[4] 然而，在肉类行业发表了他们的意见之后，规则变成了类似于"选择那些能够减少饱和脂肪摄入量的肉类"。尽管没有明确表示少吃肉，但现在政府对于饱和脂肪的高度关注已然非常明显。

虽然政府对饱和脂肪有明文规定，但实际情况并不像这些文件显示的那样明确。直到2001年，美国《科学》杂志发表了一篇颇具影响力的文章，用例证说明了证据的模糊性，并指出尽管脂肪摄入量减少了，但肥胖现象和糖尿病的发病率还在增加。文章还指出，尽管研究已经将饱和脂肪与较高的胆固醇相关联、较高的胆固醇含量与心脏病和死亡事件相关联，但是饱和脂肪与心脏病发病率及死亡之间的关系依然难以捉摸。研究表明，这之间的关系非常复杂。例如，心脏病增加也许不是由于美国人摄入饱和脂肪，而是由于美国民众水果和蔬菜摄入量减少所引起的。尽管如此，由于人们已经接受了"饱和脂肪酸对人体有害"这样的观点，还是有许多无脂肪或低脂肪食品被生产出来。2000 年，一项评估预计，多年来大约有共计 15 000 种此类食品进入市场。[5]

在解决饱和脂肪的问题方面，政府在其中一种应对方案中发挥了关键作用，即给反式脂肪酸，即氢化脂冠以恶名。大约 100 年前，人们发现可以将氢添加到液体油中，将它们转化为固体脂肪，用于食品生产。第一个这样做出的产品是宝洁公司的科瑞（Crisco），它于 1911 年推出，配以免费食谱教人们如何使用科瑞。加氢技术促进了人造黄油产品的开发，人造黄油产品是黄油和植物起酥油的替代品，并且在烹饪中越来越多地取代了动物脂肪。因为反式脂肪是一种有效的防腐剂，能够增强口感和质地，所以它是加工食品和快餐食品公司中很受欢迎的一种替代品，在 20 世纪 80 年代被这些企业用来处理饱和脂肪带来的有害影响。

一直到 1990 年，反式脂肪都被认为是安全的，尽管反面证据在这之前就开始出现了。20 世纪 90 年代中期，科学证据表明，反式脂肪对无论好的胆固醇还是坏的胆固醇含量都有不良影响。政府在 2002 年通过了一项法律，要求公司在 2005 年之前对食品中的反式脂肪加以标识。2002 年，丹麦有效地禁止了在食品中添加反式脂肪。2006 年，在减少反式脂肪摄入的公共运动失败之后，纽约市卫生委员会投票禁止在餐馆食物中添加反式脂肪。诸多公司争先恐后地从它们的产品中剔除反式脂肪。事实证明这样做很困难，但并非不可能。甚至刚才提到的科瑞，后来被 J. M. Smucker 公司收购，在 2002 年也摆脱了反式脂肪。2009 年，一家针对儿童食品营销的联合工作组代表美国食品及药品管理局和其他三大儿童食品机构明确规定，每份儿童用餐中饱和脂肪的含量应少于 1 克，反式脂肪的含量应为 0。

很明显，政府在将脂肪应用于食物（即健康饮食）的大趋势中起到的作用即使不是决定性的，也一直非常有影响力。如果一家公司要成为这方面的趋势驱动者，它就必须预测政府对问题的立法和监管反应，并尽可能地通过促进科学研究来影响政府的决策。成为趋势驱动者需要将健康科学的不可测性和复杂性与政治风向结合在一起，这个过程是困难的，有时甚至是有风险的。然而，先行者优势，特别是在品牌价值方面，可能具有非常重要的意义。

纳贝斯克饼干

美国的饼干行业每年的销售额约为 60 亿美元，但在过去的 10 年里一直缓缓下降。这种下降是由成本上升、替代性零食选择的出现以及人们对健康的关注所造成的。事实上，吃饼干的孩子从之前的 97% 下降到目前的 90%。为了研究健康问题对这个行业的冲击，我们现在来仔细探究一下两个领先的纳贝斯克品牌：斯耐克威尔士（Snack Well's）和奥利奥。[6]

20 世纪 90 年代早期，普里特金、欧尼斯等大师引领的低脂饮食引人瞩目，这主要是因为这种饮食法在减肥方面非常有效。作为回应，1993 年，纳贝斯克推出了斯耐克威尔士，生产了一系列不含脂肪的饼干和薄脆饼干，伴随的口号是"吃得健康！活得健康"。这也许是历史上最成功的包装食品，销售量高得出奇，常常只能限量供应。1993 年，斯耐克威尔士的销售额超过 2 亿美元，1995 年超过 4.3 亿美元。此外，1995 年，仅仅是斯耐克威尔士的品牌授权就为其赚了超过 1.5 亿美元的收入！斯耐克威尔士真是生逢其时、生逢其地。

然而，随后斯耐克威尔士的销售额下降也几乎同样富有戏剧性。一个问题是味道，这在消费者的兴奋感和新奇感消失后变得更加明显。事实证明，脂肪会使味道更佳。1998 年，当它的销售额下降到 2.22 亿美元时，斯耐克威尔士决定通过添加脂肪来重新配制这条生产线，生产低脂肪而不是非脂肪类的产品。新产品的脂肪含量只有竞争对手的一半，尽管糖的含量更高。大额的支持性预算放缓了销量下跌的脚步，但到 2000 年，斯耐克威尔士的销售额还是降至 1.6 亿美元。低脂肪产品只是一种折中方案，目标消费人群对低脂肪产品并不感兴趣。有一连串的低脂肪产品均未获得成功。例如，麦当劳于 1991 年推出的减肥汉堡——低脂肪麦克豪华汉堡、肯德基的去皮鸡肉新品、莎莉集团（Sara Lee）的低脂冷藏点心在市场上最后都以失败告终。

第二个问题是，吃低脂肪或低热量食品的人往往吃得更多。有些人会鬼使神差地吃掉一整箱零食。对于纳贝斯克来说，很可悲的是，尽管这种现象适用于任何具有低热量标签的产品，但却被命名为"斯耐克威尔士综合征"，这可真是成功带来的诅咒。当人们亲身经历或通过阅读科学研究了解到斯耐克威尔士不是减肥的途径时，品牌的能量荡然无存。斯耐克威尔士仍然是一个有价值的商业品牌，但它不再是明星。然而，斯耐克威尔士仍然随时准备抓住未来饮食大潮中的"低脂肪"趋势，这是比其现有业务更重要的资产。

类似的故事在纳贝斯克公司更大的品牌奥利奥身上也发生了。在美国，奥利奥是销售量排在首位的饼干商品，其销售情况并非定期公布。但 2002 年，奥利奥的销售额估计超过了 9 亿美元。奥利奥最早是在 1952 年推出的，由 Sunbeam 食品公司研发，属于 Hydrox 饼干系列。但 Sunbeam 公司在市场上不敌纳贝斯克，最终在 1999 年撤离市场。原来的奥利奥是用猪油制成的，因此含有过量的饱和脂肪。当饱和脂肪成为一个明显的健康问题时，奥利奥在不影响味道和质地的情况下改用了反式脂肪。然而，当反式脂肪也成为一个问题时，采取补救措施并非易事。多年来，研发部门一直在投入巨资寻找反式脂肪的替代品。最终，具有可被消费者接受的味道和质地而又不含反式脂肪的改良版奥利奥于 2006 年问世，但届时奥利奥已经失宠多年了。

纳贝斯克另辟蹊径，将目标人群锁定为那些习惯放纵饮食但仍然关注体重控制的人群。2007 年，纳贝斯克首先开发了每份含 100 卡路里的食品。在推广期间，它利用了其品牌组合的优势。例如，奥利奥薄脆——形状像饼干又含有奥利奥饼干的味道，是它最早的产品之一。它初步取得了巨大的成功，在子品类中占据了一席之地。然而，由于进入门槛低，其他竞争对手也能够利用自己的品牌创立每份食品含 100 卡路里的理念，人们甚至学会了自己准备小包装。

德雷尔的低速搅拌冰激凌

冰激凌制造商威廉·德雷尔（William Dreyer）和糖果制造商约瑟夫·埃迪（Joseph Edy）于 1928 年在奥克兰的格兰德大道开了一家格兰德冰激凌店。这是德雷尔格兰德冰激凌的发端。对口味进行创新的传统始于他们第二年发明的新品"石板街"冰激凌（Rocky Road）。德雷尔在 20 世纪 80 年代早期将业务扩展到东海岸，并以埃迪命名进入市场，以避免与布瑞尔（Breyer's）的品牌名相混淆，布瑞尔是联合利华旗下主要的冰激凌品牌。2002 年，雀巢公司投资了德雷尔，并在 4 年后成了该公司的全资拥有者。

1987 年，在应对脂肪的问题时，德雷尔引入了低脂冰激凌，成了淡冰激凌子品类的开创者。虽然淡冰激凌在市场上获得了很大的份额，但它的味道和质地显然无法超越传统的冰激凌。和斯耐克威尔士一样，它最终在市场上碰壁并且落败。人们需要低脂肪又不牺牲口味的产品，很明显这种需求仍未得到满足。

经过 5 年的研究，德雷尔终于找到了解决方案，那就是使用一种新技术——低温挤出技术。在传统的冰激凌生产过程中，产品需要在搅拌后进行冷冻，这一过程会产生大量的冰块，除非添加乳脂。使用这种新工艺后，冷冻就不是必需的，因此也不必添加乳脂。结果，产品的脂肪含量只有普通冰激凌的一半，卡路里含量只有普通冰激凌的 2/3。在进行口味盲测时，有 80% 的受访者认为它与普通的冰激凌没有什么明显的区别。用德雷尔品牌所命名的这项流程有助于新技术的传播，但同时也为竞争对手引入可靠的替代品带来了更多的障碍。

德雷尔在 2004 年 6 月推出了德雷尔低速搅拌冰激凌（见图 5-1），从根本上改变了冰激凌市场的格局。德雷尔的首席执行官加里·罗杰斯（Gary Rodgers）称，这是自手动搅拌和牛奶巴氏杀菌以来冰激凌的第一次重大技术创新。[7] 它在一开始就引入了 16 种口味，这还不包括德雷尔的一些季节性限量口味，如南瓜口味和蛋奶酒口味。德雷尔对这个新品牌进行了大力推广，其中一个促销活动是让人们为一个家庭或社区冰激凌聚会写提议，由德雷尔负责承办。之前一直停滞不前的淡冰激凌品类的销售额一下子增长了 75%。6 年后，新产品的销量越来越高，不久后有望超过普通冰激凌的销售量。

图 5-1　德雷尔低速搅拌冰激凌

决定使用德雷尔（和埃迪）品牌来代表新产品意味着没有必要在冷冻食品领域新创一个品牌，但它意味着需要一个强大的子品牌来代表这种变革性创新。低速搅拌以易于理解的方式描述了产品的加工过程，这对产品的可信度至关重要。它还会激发人们头脑中的联想，让人联想到在那个手工自制冰激凌的年代慢慢搅拌冰激凌的场景。因此，它具有天然、未经加工过的配料和家庭活动等品牌关联因素。

布瑞尔现在的问题来了,它需要做出回应。它的解决方案就是在德雷尔推出低速搅拌冰激凌一年之后推出了自己的新品。该产品最初被称为双重搅拌(Double Churned)冰激凌,这个名称为其在新的子品类领域建立身份打下了基础,并且可以削弱德雷尔的先行者优势。该产品在口味测试中表现良好,可惜晚了一年,而且口味选择不如德雷尔多样化。一个更严重的问题是,它使用了一种转基因添加剂。

布瑞尔品牌的历史可以追溯到1866年,它有全天然的传统。事实上,该产品全称为"布瑞尔全天然产品"(Breyer's All Natural)。在一个经典广告中,有人试图阅读竞争对手的冰激凌的成分表,然后在布瑞尔的产品上看到的是牛奶、奶油、糖和香草。布瑞尔在1993年被联合利华收购之后,确实在冰激凌中加入了塔拉胶,虽然它是一种有一定争议的天然添加剂,但布瑞尔之前纯粹和简易配方的概念还是打了一些折扣。

布瑞尔的双重搅拌冰激凌有一个更棘手的问题需要处理。它使用了一种已申请专利的添加剂,联合利华的研究人员称其为抗冻蛋白。这种添加剂采用转基因酵母大批量生产,模仿了一种物质,这种物质可以使得鱼类即使在非常寒冷的水域也不会被冻结,它可以抑制冰晶的形成,从而无须添加乳脂。对转基因技术表示担忧的团体发文反对在食品中添加此类添加剂,质疑产品的长期安全性,特别提出了这种添加剂可能会引发的炎症。[8]然而,它被美国食品和药品监督局批准了,任何风险似乎都很遥远。这些负面宣传的影响力有限,可能不会对布瑞尔双重搅拌冰激凌这一品牌构成太大的威胁,但考虑到公司之前(主打天然食品)的传统,它至少是令人尴尬的。

布瑞尔的双重搅拌冰激凌未能阻止德雷尔前进的势头。2009年,布瑞尔重新设计了配方,并改名为"布瑞尔全天然冰激凌"。看来,它找到了摆脱抗冻蛋白并回归其天然本源的方法。但与此同时,德雷尔已经获得了5年的优势,并且新的布瑞尔产品在口味选择方面一直存在不确定性。

宝洁的奥利斯特拉

宝洁奥利斯特拉的故事说明,不仅追踪趋势有风险,而且预测顺应趋势的产品的市场接受程度也有风险。所有产品都有优缺点,而且面临着在新的市场中蹒跚前行最终缺点盖过优点的风险。这个故事还说明了第三方机构,例如本案例中的美国公共利益科学中心(Center for Science in the Public Interest,CSPI)能够影响新产品品类的定位。

1968年,宝洁的两位研究人员在研究更容易被早产婴儿消化的脂肪时,发现了奥利斯特拉。这种非凡的产品是脂肪的一种替代品,与其他产品不同,它不含卡路里,并且可以与其替代的任何脂肪具有相同的味道。另外,它还可以被油炸或烘焙,这是极其重要的一种属性。这种产品的潜在用途非常广泛。当时有人预测,这是一项价值15亿美元的业务,也是解决饱和脂肪和反式脂肪问题的终极方案。

在该产品作为降低胆固醇的药物获批后,宝洁向美国食品和药物管理局申请批准将奥利斯特拉用作食品添加剂。为此,宝洁做了大约150项证明其安全性的研究。1996年,美国食品和药物管理局在公众要求批准程序更加畅通的压力下,最终批准了奥利斯特拉用于零食产品,但必须在标签上注明警示语:"这种脂肪替代物可能会导致腹部绞痛和腹泻。它会抑制一些维生素和其他营养元素的吸收。本品已添加维生素A、D、E和K。"警示语反映出它带有副作用的事实。对于某些人来说,虽然这些副作用没有生命危险,但是还是让人感觉不舒服和不够方便。

两年后,菲多利公司(Frito-Lay)推出了用奥立安牌(Olean)奥利斯特拉制作的零食系列,子品牌命名为"WOW!",包括"Lay's WOW!""Ruffles WOW!"等各种零食。这成了20世纪90年代的热门品牌之一,集团在第一年就达到了约3.5亿美元的销售额。然而,对副作用的投诉影响了这一需求。2000年,它的销售额降至2亿美元。2003年,宝洁在进行了一些额外的研究后说服了美国食品药监局，这些副作用"轻微且罕见"，与高纤维食品相当，就此警示语标签被删除了。2004年，菲多利将"WOW！"重新命名为"Light"，它的销售量再次腾飞。

在整个过程中，美国公共利益科学中心与宝洁公司和菲多利公司进行了无情的抗争。1996年，他们认为副作用非常严重，产品应该遭到禁止，并持续不断地、大张旗鼓地致力于这一诉求。他们声称，研究表明，使用奥利斯特拉不仅抑制了关键维生素的吸收，而且显著降低了人体内类胡萝卜素的生成。在许多研究的基础上，研究人员认为，类胡萝卜素与人体的长期健康有关。有人甚至就此提出这样的理论：随着时间的推移，奥利斯特拉的使用者将更容易患癌症。他们还指出了警示语标签上没有提到的另一种可能的副作用：肛瘘。毫无疑问，美国公共利益科学中心成功地将奥利斯特拉和"WOW！"置于防守的境地。当菲多利将"WOW！"改为"Light"时，美国公共利益科学中心强有力地辩驳说菲多利故意欺骗消费者，让他们误信零食中不再含有奥立安牌的奥利斯特拉。

最终在2002年，宝洁基本放弃了这块业务，将工厂出售给一家供应商，并取消了之前计划的大量投资，尽管它最终保留了品牌和技术权利。此外，菲多利和宝洁的品客薯片继续在Light子品牌中使用奥立安牌奥利斯特拉。它们的设想是，那些经历过副作用的消费者已经不再使用奥利安牌奥利斯特拉，而其余的人可以继续享受它的益处。此外，还有一项衍生技术应用，帮助宝洁于2009年推出了一种类似于奥利斯特拉的涂料添加剂，这种添加剂有多种优点，包括不含有毒烟雾。

回想起来，奥利斯特拉的历险经历花费了宝洁数亿美元的经费，并转移了大量本可用于其他更具生产力的项目的资产。宝洁可能高估了该产品的吸引力，并且没有接受或足够认真地对待负面影响和美国公共利益科学中心的影响。然而，鉴于寻找低卡路里、功能性脂肪替代品这个问题的毋庸置疑的重要性和紧迫性，以及如果奥利斯特拉起作用，宝洁将获得的竞争优势，这种放手一搏的选择很具诱惑力。但好的决策不等于好的结果。在这个案例中，也许有（比这）更好的决策，但也许结果会比这更糟糕。

从脂肪到健康

脂肪并不是健康饮食的唯一故事。已经有很多章节和人物对此进行了描述。最突出的健康饮食建议包括减少碳水化合物、钠、糖和某些麸质的摄入，同时增加全谷物、纤维、大豆、蛋白质、益生菌、维生素和鱼油的摄入，以及食用天然有机食品。所列的这些只是食品成分的一部分，每一方面都包含其他的部分。低碳水化合物理论受到了特别关注，并且在总体上使人们更加重视体重控制和健康饮食。

现在有无数的低碳水化合物饮食计划，包括阿特金斯饮食法（Atkins Diet）、斯卡斯代尔饮食法（Scarsdale Diet）、区域饮食法（the Zone）、糖克星饮食法（Sugar Busters）和迈阿密饮食法（South Beach Diet）等。阿特金斯饮食法是罗伯特·阿特金斯（Robert Atkins）在其1972年出版的书中正式提出的，其特点是大大减少精制碳水化合物的摄入，但对脂肪的限制很少。阿特金斯饮食法的受欢迎程度起起伏伏，但2003年，美国每11个人中大约有1个人在按这种方法安排饮食。[9] 2003年，心脏病学家亚瑟·盖斯顿（Arthur Agatston）和营养学家玛丽·阿尔蒙（Marie Almon）在两人所撰的书中提出了迈阿密饮食法，这种饮食法建议人们避免食用像土豆或酒精这样的食物，因为这些食物具有高升糖指数，这个指数代表的是食物在血液中转化为糖的速度。据说，《迈阿密饮食法》及其相关书籍已售出了2 000多万册。[10]

科学研究一直在直接或间接地探索和测试这些饮食计划。虽然有一些笼统的发现，但是关于各种饮食计划和功效的具体细节仍存在很大的模糊性。

此外，这些含糊不清的状况对公众的感知和态度也产生了影响，造成了他们行为上的巨大波动，这使得食品行业的公司很难预测和回应趋势，更不用说引领趋势了。一种趋势往往在没有太多预警的情况下突然转变成另一种趋势。这种突然转变可能只是由于一本写得特别好的书，也可能只是由于某种特定的政府行为。基于这样的背景，我们来探究通用磨坊和康尼格拉的"健康之选"是如何回应人们对健康饮食日益增长的兴趣的。

通用磨坊和健康趋势

通用磨坊的故事说明企业可以通过多种方式来诠释和应对某种趋势，通过保持相关性并创造情景让竞争对手失去相关性以使自己获胜。企业战略的关键是拥有多种品牌和产品所带来的灵活性，以及创意饮食代表的能力。

通用磨坊拥有一种传统和文化，它的特色是追求更健康的产品并坚持对健康的诉求。1941 年，通用磨坊推出了脆谷乐（Cheerios）品牌，这是第一款以燕麦为主要原料的冷水即冲麦片，长久以来享有健康食品的美誉。早期，通用磨坊强调脆谷乐的全燕麦配方。最近，它推出了自己的研究结果，说明经常吃脆谷乐可以降低胆固醇。1992 年，通用磨坊推出了含多种杂粮的脆谷乐，这款燕麦富含维生素，并且含有纤维素。脆谷乐品牌下有四种产品，是迄今为止遥遥领先的谷物品牌，占有 12% 的市场份额。毫无疑问，它被认为对健康有益，并与一些对健康食品敏感的人建立了相关性。然而，一些人观察到脆谷乐的钠含量很高（其他谷物产品亦是如此），并且对其宣称脆谷乐可以降低胆固醇提出了质疑。一切都没有那么简单。

通用磨坊以健康饮食为基础推出了一系列品牌，为健康产品搭建了平台。它的故事为应对市场趋势的公司提供了可借鉴的信息。

1975 年，通用磨坊推出天然山谷香脆燕麦棒（蜂蜜口味的），这是一种含有蜂蜜、红糖以及燕麦片的零食，富含纤维、蛋白质和低饱和脂肪酸。从那以后，天然山谷扩大了产品线，开发出了其他口味（如什锦口味、酸奶口味、甜咸坚果口味）的燕麦棒，以及烤坚果香脆燕麦棒、格兰诺拉坚果混合包等产品，并用一份长达30年的协议巩固了该品牌与美国徒步协会（American Hiking Society）的关联。对于一些人来说，它的差异程度足够明显，天然山谷完全可以代表一个新的子品类。

1985年，通用磨坊将纤维一号谷物打入高纤维产品市场。顾名思义，纤维一号的特色就是在纤维含量方面领先于同类冷食谷物产品，每份含有14克纤维，约占每人每日所需纤维量的57%。该品牌盈利的部分原因是它拥有高度忠诚的追随者（在所有谷物品牌中拥有最高的顾客忠诚度），因此它不需要营销。然而，其销售额却迟滞不前。

2007年，由于纤维在低碳水化合物饮食中能平衡碳水化合物的摄入，所以人们对于纤维素的需求变得旺盛，纤维一号产品顺势大幅扩张。此时，天然山谷团队意识到可以把纤维一号引入自己的产品领域，于是借助纤维一号品牌开发了一系列谷物食品。第一年，该产品线的销售额就超过了令人垂涎的1亿美元。在成功的基础上，通用磨坊又利用纤维一号品牌在其他食品类别中引入了高纤维产品，包括酸奶、面包、混合松饼、烘焙糕点和干酪等。所有这些都有丰富的纤维含量，使它们成为纤维食品领域的领先者。这个案例很典型地向我们说明了如何通过整合和利用品牌资源来实现跨业务发展，这一案例中的资源包括品牌、食谱、营销和生产能力。

2000年，通用磨坊与杜邦（DuPont）的合资企业推出了"第8大陆"（8th Continent）品牌系列豆奶产品。杜邦已经开发出了更甜的大豆产品，但无法进入分销渠道，因此合资企业就变得顺理成章了。大豆产品市场总额约为20亿美元，且增长迅速。豆奶市场约为2亿美元，其中丝乐克（Silk）品牌的市场份额超过了50%，当时预计豆奶市场在几年内可增长至10亿美元。因为机会摆在那里。2004年，通用磨坊推出了低浓度版的豆奶产品。然而，事实证明，人们对豆奶的需求并没有出现预计中的增长，部分原因是人们对于豆奶的益处不是很确定，还有部分原因是该业务需要大量的投资，这使得回报率较低。通用磨坊此时判断将投资资金用于其他领域会更明智，于是它在2008年出售了这部分业务。从中我们可以吸取两个教训：其一，乐观的前景可能会发生变化，业务考虑也很重要；其二，仅有实际的趋势支撑的市场是不够的，盈利的商业模式也必不可少。

2001年，通用磨坊通过收购小行星食品公司（Small Planet Foods）进入有机食品行业。小行星食品公司是一家位于华盛顿锡德罗－伍利（Sedro-Woolley）的有机食品生产商。通过这次收购，通用磨坊获得了两个品牌。顶客坊（Cascadian Farm）在有机冷冻水果、蔬菜、果汁等市场中占据第一或第二的位置。缪尔格伦（Muir Glen）系列是有机西红柿罐头、意大利面酱、莎莎酱和调味品等领域的主打品牌。通用磨坊将有机天然食品渠道中众所周知的品牌引入其传统杂货店，并将顶客坊扩展到麦片、将缪尔格伦拓展到机汤料中。尽管这两个品牌规模相对较小，但它们有潜力顺应人们对于有机食品的兴趣不断增长这一趋势。

惠蒂斯品牌（Wheaties）创建于1922年，其灵感来源于当时在Washburn Crosby公司（即后来的通用磨坊）工作的明尼苏达州的一位临床医生，有一天他无意中将麦麸混合物撒到了热炉上。通用磨坊的另一项举措是努力复兴惠蒂斯品牌，因为这个品牌长期以来一直享有"冠军早餐"的美誉——知名度极高、情感效益极佳。每个人都知道并尊重这个品牌，但吃该品牌食品的人很少。凭借如此高的知名度和良好的形象，该品牌有很多潜在的顾客。五位顶级运动员被邀请来为该品牌助阵，包括橄榄球明星佩顿·曼宁（Payton Manning）和篮球明星凯文·加内特（Kevin Garnett）等。他们的首要任务是说明他们认为谷物中应该含有哪些成分，才能提高他们的临场表现，基于他们的要求建立了一整套饮食参数。这些运动员还帮助该品牌创建了提供这些成分的三种候选配方。《时尚健康》杂志的读者投票选出了最终方案。于是，"麦片燃料"（Wheaties Fuel）问世了，它采用黑色的包装，正面是曼宁的头像，背面是 5 人小组的照片，产品于 2010 年 1 月上架。这是一种稀有麦片，因为它是专门为男性设计的食品。之前几乎所有谷物都是以女性顾客为主要目标群体。它包含的健康信息与运动员的需求相吻合，这一联想让许多男士产生了共鸣，特别是那些三四十岁的男士。

除了创造新的主打品牌之外，通用磨坊还努力提升其所有产品的健康性。其中一些变化是为了应对竞争对手所采取的措施。[11] 例如，绿巨人品牌（Green Giant）旗下的 Valley Fresh Steamers 就是一种使用天然酱料，使冷冻蔬菜更方便烹饪的产品，它是 2009 年的五大新产品之一，用于提升绿巨人的品牌形象，使之更富有活力。[12] 这一产品的问世主要是受到 2006 年推出的 Birds Eye Steamfresh 的激励。通用磨坊优诺（Yoplait）系列在 2007 年增加了优加（YoPlus）产品，其成分中含有益生菌、纤维和维生素，可以促进人体消化。这是对 2006 年达能（Dannon）推出的碧悠（Activia）的回应，该产品拥有许多先行者优势。

通用磨坊还采取了其他致力于使产品更健康的举措，但这些举措并不是受到竞争对手产品的刺激，而是受到其自身信念的驱使。通用磨坊始终坚信，对于顾客而言，健康、美味、便利是三个最主要的考虑因素。以下是通用磨坊做出的一些主要的渐进性创新。

- 到 2005 年，通用磨坊的所有麦片都使用的是全麦片，消费者（通常会在 6 种麦片中进行选择）可以相信 G（通用磨坊的麦片徽标）品牌下的任何麦片产品都是全谷物的。
- 浦式菜汤（Progresso Soup）在 2006 年增加了清淡版的产品，该产品得到了慧俪轻体公司（Weight Watchers）的肯定，进一步证实了浦式菜汤的宣称：它可以在饮食评分体系中获得零分[⊖]。不久之后，浦式菜汤又增添了几种低钠的清淡版的新品。
- 儿童酸奶（Yogurt Kids）的糖含量降低了 25%，并在其中添加了益

⊖ 得分越低，代表产品越健康，零分代表最健康。——译者注

生菌，这样即使那些乳糖不耐受的人喝了之后也可以更好地消化。
- 2009年，优诺停止从接触过有争议的激素的奶牛身上取奶。
- Bisquick Heart Smart在饼干粉中大幅降低饱和脂肪和反式脂肪的含量。
- 2007年，通用磨坊为包括Chex在内的产品推出了每份含100卡路里的包装版。

借助之前研发的无麸质原料，通用磨坊2009年成功推出了贝蒂妙厨无谷蛋白什锦点心，开创了一个子品类。这一子品类的前景非常光明，促使通用磨坊将其他产品也推广成了无麸质产品。有些产品，例如Chex麦片家族，随后销售量暴涨。事实证明，人们对麦麸浓度的关注比原先预想的要多得多。从前那些对麸质敏感的人很难确定哪些产品不含麸质，通用磨坊于2010年推出了无麸质信息网站。该网站列出了大约250种无麸质产品，以及来自贝蒂妙厨的食谱，因此该网站成了未来客户可以选择的访问信息源。此外，它的成功表明，由于数字媒体的力量，以前被认为太小众的健康食品利基市场也变得更容易进入了。

通用磨坊采取的战略就是开发一系列品牌平台，打造自身适应健康趋势的灵活性与能力。它的主品牌和子品牌，如脆谷乐多种谷物、麦片燃料和通用磨坊无谷蛋白等，为支持产品改良提供了平台，以创建或参与新的子品类的竞争。贝蒂妙厨品牌平台也许可以成为健康烹饪的合作伙伴。此外，通用磨坊还投资了纤维一号、缪尔格伦、顶客坊、天然山谷等产品和品牌，它们虽然不是核心业务，但与利基市场相关。通用磨坊坚持推出这些小众市场的产品，并在此过程中构建强大的品牌平台。当各类健康饮食以不同的形式兴起时，通用磨坊已经拥有了品牌、专业技能和市场经验，能够继续前进。毋庸置疑，它在利基市场拥有了极具可信度的品牌，就更容易推出成功的新产品。

健康之选

健康之选案例代表了一种比较罕见的情形:品牌的起源及其价值主张都很清楚。这个故事涉及三个阶段:开拓期、成熟期和复兴期。

康尼格拉是一家多元化的公司,拥有包括汉斯(Hunt's)和瑞登巴克(Orville Redenbacher's)在内的众多食品品牌。1985年,总裁迈克·哈珀(Mike Harper)心脏病发作过一次,这让他开始想要改变自己的饮食结构。他惊讶地发现,许多加工食品,包括康尼格拉生产的食品,都富含脂肪和钠,这对任何关心心脏病的人来说都是不明智的食品选择。另外,对于寻找有利于心脏健康的食品的人来说,超市里的选择也有限,而那些具有针对性的特制产品都有着口味不佳的恶名。

消费者大体上对此漠不关心,部分原因是他们对心脏病危险因素不敏感,还有部分原因是品牌的脂肪和钠含量在包装上的字样都很小。但情况正在发生变化:心脏病危险因素越来越广为人知,关注这一疾病的群体也越来越大。然而,加工食品行业还没有意识到这一点。

由于迈克·哈珀这次生命警钟的经历,康尼格拉将其口号从"我们生产必需的食品"改为"让人们吃得更好"。改变承诺是为了营销更营养、更健康的消费产品。康尼格拉冷冻食品系列于1987年率先推出了健康之选冷冻晚餐作为该战略的基石。该品牌的目标是使脂肪含量最小化,并控制胆固醇和钠等其他成分的含量。但是,该产品必须具有能够与国内其他品牌的产品相竞争的口味。因此,健康之选的核心是良好的口感和丰富的营养。

Stouffer's Lean Cuisine 和慧俪轻体等竞争对手品牌的购买者代表了健康之选的目标消费人群,因为许多对控制体重感兴趣的人也对健康感兴趣。对于这个规模庞大且又不断增长的细分市场而言,健康之选无疑极具吸引力。

健康之选冷冻食品系列获得成功是有一些原因的。首先,它的产品并没有口味上的欠缺,至少与同类产品在味道这个重要维度上旗鼓相当。其次,借助已建立的生产线，康尼格拉冷冻食品可以进入其分销渠道，从而确保大型连锁超市都会尝试出售新产品。再次，该产品推出的时机恰到好处，当健康之选出现时，恰好那些对健康和心脏病危险因素感兴趣的人已经从小众人群慢慢成长为市场主流人群。最后，健康之选的竞争对手集中于一个不同的、更狭隘的领域（体重控制），部分原因是它们之前已经获得了成功，所以回应很迟缓。特别是慧俪轻体，它不愿意廉价出售加盟店，对企业进行转型。

在健康之选推出后不久，竞争对手就推出了 Stouffer's Right Course 和 LeMenu Light Style 这样的子品牌进行反击。然而，每个品牌都有自身的定位问题。Right Course 与 Stouffer 有关联，吸引的主要是 Stouffer 原来的顾客群。LeMenu Light Style 针对的是关注体重的人群，无力与健康之选展开竞争。事实上，LeMenu 后来意识到，Light Style 品牌从字面意思来看，体重控制的内涵就太过明显，所以后来它又重新推出了 LeMenu Healthy 品牌。相比之下，健康之选是一个全新的品牌，可以有更强的定位，吸引更广泛的客户群。

后来，其他子品牌纷纷出现，例如 Budget Gourmet Hearty and Healthy、Tyson Healthy Portion，以及到 1992 年年中终于出现的慧俪轻体 Smart Ones，但这些后来者很难与健康之选竞争。与此同时，健康之选团队继续扩大和改善其晚餐和主菜系列，推出了嘉年华鸡肉卷、乡村奶酪烤鸡和法师奶酪面包比萨等。

品牌延伸的力量取决于核心的品牌联想以及品牌与客户关系的基础。健康之选产品的味道和营养的核心联想并没有困守在冷冻食品领域，而是在整个食品商店中。在这种情况下，核心联想内容广泛，为一个强大的品牌——一个可以涵盖多种产品的品牌——提供了基础。

康尼格拉运营部门开始关注其他产品领域，找寻哪些地方可以继续运用健康之选品牌及其联想。缺乏与心脏健康相关的品牌产品类别是其主要候选者。受到惊吓的对手公司紧张地重新审视它们的品牌种类和产品类别，看看它们是否可能会受到打击。答案通常是肯定的。为了抢在健康之选前面行动，同时也为了回应越来越多的关注营养食品的消费者，一系列新产品纷纷登台，它们的子品牌名称一般包含轻型、新鲜、健康、优选、无脂等字样。然而，由于健康之选强大的关联性及其在其他食品品类中的存在感，即使面对竞争对手以"健康"为名的子品牌，它依然令人生畏。

1995 年，健康之选的零售额预计达到了 12.75 亿美元。它是从 1989 年的 3 000 万美元、1991 年的 4.71 亿美元、1993 年的 8.58 亿美元逐渐增长起来的。1993 年，健康之选被《广告时代》（*Advertising Age*）评为"20 年来食品行业最成功的新推广品牌"。该品牌出现在 300 多种产品中，包括汤系列（健康之选的汤系列被《前进中的食品杂货商》（*Progression Grocer*）杂志评为 1992 年年度产品）、冰激凌（全美淡冰激凌第一品牌）和冷盘。慧俪轻体是 20 世纪 80 年代最成功的新品牌系列之一，健康之选在 90 年代获得了此项声誉。

在随后的 10 年中，健康之选失去了发展的动力，部分是因为康尼格拉开始考虑高效率和成本控制，而不再关注菜单和产品的吸引力。结果，这些商品销售量开始下滑。由于健康之选团队的重点是限制脂肪和盐等不利于健康的成分，因此，其产品的味道在与没有这种目标的竞争产品的抗衡中颇显劣势。结果，健康之选的产品，尤其是冷冻晚餐，被认为与许多人不相干。接下来，就鲜有关于健康之选的创新或新闻报道了。

2004～2005 年，健康之选团队对消费者进行了大量的研究，以探索消费者对冷冻食品的看法。消费者在外卖食品中未被满足的需求是获得与现成的食物相同的新鲜度。在口感、质地和健康方面，新鲜度与良好的饮食体验有关。另外，蒸有一种强烈的新鲜感的暗示。例如，蒸过的蔬菜被视为具有新鲜的特征。于 2006 年问世的 Bird's Eye Steamfresh 是一系列蒸蔬菜产品，消费者对该产品的认可进一步证实了该研究的洞察力。

健康之选面对的一个挑战是为冷冻晚餐创造一种蒸技术，晚餐的酱汁通常是与主菜冷冻在一起的。研发的解决方案是用一套两层的托盘，放在底盘的酱汁经过蒸煮，为顶层的食物增添了香气。结果，蒸汽烹饪的体验保留了食物的色、香、味，如清脆的蔬菜、多汁的肉类和嚼劲十足的面食等。另一个挑战是创造更具吸引力的食谱。为此，去除食物中的脂肪和盐等物质的概念被取代，重点是要加入健康的成分，如全谷物、初榨橄榄油和大块蔬菜。结果就是健康之选在 2007 年推出了 Café Steamer 系列（见图 5-2），这一系列产品不仅取得了销售上的成功，而且在 2008 年被调研公司信息资源公司评为排名第一的新品，还扭转了健康之选之前的颓势。继 Café Steamer 之后，健康之选又于 2009 年、2010 年先后推出了亚洲风味的 Café Steamer 和地中海风味的 Café Steamer，这也反映出"亚洲"和"地中海"字样都有健康饮食的内涵。

图 5-2　健康之选 Café Steamer

健康之选的其他产品也有变化和创新，包括全天然主菜系列，如蘑菇菠菜奶酪和意式南瓜饺子这样纤维含量高、饱和脂肪含量低并含有抗氧化剂的食品。健康之选还推出了另一款自选主食的新鲜拌食系列（在商店和家里能长时间存放），密闭的容器中含有酱汁、意大利面、滤网，让你可以在没有冷藏或冷冻的条件下自己制作。健康之选的"贴心7谷物面包"（Hearty 7 Grain Bread）是另一种健康选择。

簇新包装也标志着品牌的活力重生，包装上面有一个大大的感叹号。此外还有一支幽默的广告，广告中的故事情节是：喜剧演员朱莉娅·路易斯－德雷福斯（Julia Louis-Dreyfus）在决定是否要成为代言人时，四处收集有关"新"健康之选的信息。充满活力的健康之选品牌时来运转，并逐渐获得市场份额。未来健康之选有望以健康美味而闻名。但从更高的角度来说，它希望自己是一个支持健康生活的品牌，让人们尽可能地享受生活，去做实事，去重获新生。

这几章讲述了零售、汽车和食品这三个行业的案例故事，我们现在转向与创建新品类或子品类相关的四个任务。第6章我们将主要讨论第一个任务——"寻找新概念"。

要点总结

- 趋势可能是错综复杂和模糊不清的。更糟糕的是，受到品牌控制外的力量的影响，趋势的方向和强度可能会迅速改变。发现、监控和理解这些趋势对企业来说是一项挑战，因为任何外力都可能会影响它们。

- 饮食法专家这样具有影响力的人以及政府这样的客观仲裁者很重要。然而，专家也有可能会被其他专家或其他可靠的信息来源所压倒。此外，政府可能缺乏确定性和及时性，并且受制于与当前问题无关的政治压力。

- 能够代表创新的强大的品牌或子品牌是企业成功所必需的。业已确立大师级品牌地位的健康之选、脆谷乐和德雷尔，以及像贝蒂妙厨这样获得大力赞助的品牌给人以可信、熟悉和实用的联想。从零开始创建一个新品牌，如纤维一号和天然山谷，虽然成本高昂、耗时且困难，但也许是有必要的，而且一旦成功的话，它本身可以成为未来品牌拓展的平台。

- 拥有多种品牌，像通用磨坊、康尼格拉和纳贝斯克那样，可以为其提供灵活性，因为这些品牌组合可以成为运作新产品的后备力量。我们很难判断市场将走向何方，因此拥有品牌组合是在动态市场中获胜的一条途径。

- 正如我们在德雷尔的口味选择和健康之选产品系列中看到的那样，拥有多种产品选择有助于打造准入壁垒，因为更多的产品可以提供更多的客户连接、更多的创新和能量、更多的品牌曝光率和更好的品牌改进。

- 具有巨大潜力的产品常常与高风险相伴，其中一些风险很难量化，并且可能不受企业的控制。在奥利斯特拉和布瑞尔双重搅拌冰激凌的案例中，是第三方力量影响了消费者的感知。

- 一个创新产品可能会在设计、交付和竞争对手的反应等方面遇到意料之内或意料之外的各种困难，企业应该识别、解释并管理这些不确定因素。

- 未被满足的需求是催生新产品的关键。在某些情况下，确定未被满足的需求是企业成功的关键。在本章所讲述的大多数案例中，未被满足的需求很明显——如何实现可以应对未被

> 满足的需求的新产品。
> - 创造新产品的想法可能来自公司内部的其他渠道，竞争对手无法获得此类信息源。例如，纤维一号谷物棒的想法来自于纤维一号麦片团队的创意。

讨论题

1. 与饮食相关的理论或想法如何获得吸引力？它在多大程度上取决于客观事实？有一种观点认为，人们不会处理或回应事实。请评论这种观点。

2. 包装食品行业中有哪些公司创造了新的子品类？它们是如何做到的？过程中遇到了哪些阻碍？

3. 哪些公司尝试创建新的子品类却失败了？这种失败在多大程度上是由时机不好、执行力不力、需求不足或竞争激烈导致的？

BRAND RELEVANCE

第 6 章
寻找新概念

> 产生好创意的最佳方法就是拥有多种选择。
>
> ——莱纳斯·鲍林（Linus Pauling）
>
> 问题不是你看什么，而是你看见了什么。
>
> ——亨利·大卫·梭罗（Henry David Thoreau）

企业的战略目标始终应该是开发新的品类或子品类，以使既困难又极具破坏性的品牌偏好竞争不再是常态。这涉及几个方面：寻找并评估新概念、定义、为竞争对手制造壁垒，苹果公司在这几方面都做得非常好。

苹果公司

苹果公司于2001年10月推出了iPod，这款音乐播放器是苹果公司的技术突破、易于操作的特性以及抓人眼球的外观设计的完美结合。[1]它一问世就获得了成功。多年来，苹果公司又增加了iPod shuffle、nano和touch等产品。8年后，iPod总销售量超过2.2亿台。在它的引领之下，苹果公司又推出了4个新的子品类：iTunes Store、iPhone、Apple Store和iPad。

iPod的设计在审美和功能方面都令人惊叹。简洁的线条、色彩，给人的感觉，还有它的转轮，这一切都让它在电子消费品领域脱颖而出。从界面到下载音乐的速度，它的性能远远超过当时市面上所有的MP3播放器。这是个让人一见倾心的产品，它简直太酷了，而且使用它的人看起来也很酷。

天赐良机。史蒂夫·乔布斯意识到了iPod的机会之窗。首先是存在市场需求：市场上的同类产品都存在严重的缺陷，而苹果公司的技术和新硬件选项的结合完全可以开创一个新机遇。尤其是东芝1.8英寸的硬盘驱动器不仅价格适中，而且可以容纳1 000多首歌曲，这是关键性的技术进步。为了迅速响应市场并获得关键领域的能力，苹果公司在研发过程中邀请了合作伙伴。[2]该团队由PortalPlayer公司领导，它提供基础平台，并开发出了包含欧胜微电子（Wolfson Microelectronics）的立体声数字模拟转换器、夏普电子的闪存芯片、德州仪器的接口控制器以及凌力尔特公司（Linear Technologies）的电源管理集成电路等原件的产品。苹果并不是在孤军奋战。

新品一打入市场就被狂热的人们所包围。电视节目、电影中都有iPod的身影，原因很简单——它太酷了，苹果公司无须支付任何广告植入费。苹果公司的这股力量可以追溯到1998年，那一年苹果公司推出了iMac，其与众不同的设计让苹果品牌重焕新生，而这距离乔布斯结束"被迫流放"回到苹果公司仅仅一年的时间。除了品牌力量、轰动效应，苹果公司还得到了市场营销活动的有力补充。

苹果公司另一个获得成功的产品是易于使用的iTunes应用程序，它给人们在电脑上整理和欣赏音乐带来了极大的便利性。2003年4月，苹果公司推出了iTunes商店，允许用户购买（而非窃取）歌曲，后来下载的内容逐渐扩展到出版的书、播客和电视节目等，iTunes商店本身就是一个新品类。乔布斯和他的团队创造了奇迹。除了开发支持性软件外，他们还成功地让5家音乐巨头公司同意通过互联网以每首99美分的价格销售歌曲，这本身是个很微妙且复杂的任务。此外，整个iTunes商店的运营不仅与iPod有关，它就是iPod的一部分。你只需从电脑的iPod菜单中选择iTunes商店即可。乔布斯能够说服音乐公司和音乐人加盟，部分是源于他的信誉和销售业绩，但还有一个主要的原因，这些音乐公司和音乐人面对当时的网络盗版束手无策、几近绝望。索尼音乐公司甚至也加入进来了。不到3年，iTunes商店销售了10亿首歌曲。

乔布斯在iPod的成功中起到了核心作用，苹果公司其他产品的成功也不例外。当他意识到现有的MP3下载速度慢且界面存在缺陷时，他启动了该项目。在研发过程中，他的风格是推动他的团队走向伟大，意志顽强、不愿妥协。他的管理风格让人联想起丰田的CEO奥田硕，奥田硕给他的团队布置了一个看似不可能完成的任务,从而带来了普锐斯的诞生。

一则小故事。自1979年随身听问世后,索尼就一直引领着便携音乐播放器市场。在1999年举行的盛大的拉斯维加斯Comdex贸易展示会上,索尼推出了两款数字音乐播放器,比苹果公司的iPod足足早了2年。其中一款是索尼个人音响公司(Sony Personal Audio Company)开发的记忆棒随身听,它使用户能够在索尼的记忆棒中存储音乐,这种装置类似于一大包口香糖。另一款是由VAIO公司开发的VAIO Music Clip,它也能将音乐存储在内存中,看起来像一支粗短的钢笔。[3]

这两个产品最终都失败了,有几个原因。首先,这项技术在当时尚不成熟。每款产品只有64兆内存,可存储大约20首歌曲,且两者售价都很高,无法打入大众市场。其次,由于索尼长期倾向于避开行业标准,所以这两种产品都采用了被称为ATRAC3的索尼专用压缩体系。将MP3文件转换为索尼标准并不方便,更糟糕的是,这会导致传输速度变慢。最后,索尼由两家完全独立的公司推出两种截然不同的设备,这一行为让市场感到困惑,甚至索尼集团本身都感觉困惑。另一家公司——索尼音乐(Sony Music)此时更关注盗版问题,而不是新数字产品的成功,因此它阻止这两个产品获取大量的音乐,这也导致上传过程变得十分烦琐。

苹果公司也不是没有欠成熟的产品,其中最引人注目的是牛顿掌上电脑,这是1993年约翰·斯卡利(John Scully)担任苹果CEO时推出的个人数字辅助设备。它被用于管理时间表和名单,通过笔迹识别系统来支持手写,以及完成其他各种任务。尽管对该产品进行了极好的营销,但是当乔布斯1997年回到苹果公司时,该产品因失败而遭毙命。牛顿掌上电脑定价过高、性能不稳定、速度又慢,并且屏幕识别很困难。如果该产品再用2年的时间来改进技术,并使设计更加可靠,那么它可能会取得成功。1996年,奔迈公司(Palm)带着更先进的技术和不那么咄咄逼人的产品愿景,推出了第一台掌上电脑PalmPilot,这款更为简单的掌上电脑问世后取得了巨大的成功。

　　乔布斯最了不起的战略决策之一就是决定让苹果公司成为零售商，即苹果公司不只是产品销售商，还有一系列代表苹果品牌的商店，在商店内展示和宣传自己的产品，并与客户建立更加亲密的关系。乔布斯之所以做出这个广受争议的决定，部分原因是目前的零售商不会也不能以正宗的方式代表苹果公司的产品和品牌。2001年5月，苹果商店开业，一举超越GAP服装店，成为增速最快的零售商，令当初的怀疑者们瞠目结舌。苹果商店用了3年就实现了10亿美元的销售额，5年内突破了40亿美元。到2010年，苹果公司在10个国家拥有300多家专卖店。

　　苹果专卖店干净、优雅、宽敞，通常位于人流量巨大的黄金地段。店里有提供技术支持的"天才吧"、用于产品展示的小剧场、用于产品培训的工作室，以及为数字摄影和视频编辑提供解决方案的区域。这些商店不仅提供了购物体验，还让消费者体验到归属感以及一种全新的生活方式。之前那些怀疑者们，他们觉得零售业需要的是不同的技能，而且苹果公司进入零售业会与其现有的分销渠道对立，所以认定苹果零售业必将失败，但这些想法最后被证明都是错误的。苹果商店取得的非凡成功部分归功于其设计和布局、苹果品牌和产品的能量、iPod的强大功能和市场渗透力，以及狂热的苹果粉丝的忠诚度。与此形成鲜明对比的是，捷威（Gateway）最终关闭了250家连锁店，因为其产品缺乏差异性、店铺选址不佳、库存短缺——客户只能预先订货。

　　另外两个主要的新的子品类的推出也与iPod现象有关，分别是2007年1月推出的iPhone和2010年3月推出的iPad。

　　iPhone是一款带有互联网连接和电话功能的iPod。它是一款非常典型的苹果产品：简单、优雅、易于使用，各种特征组合起来可以为用户带来焕然一新的体验。虽然iPhone并不是第一款智能手机，但它很快就成为这一品类中的范例产品。有趣的是，iPhone最初的研发目标是用触摸技术构建一台平板电脑，部分原因是当时手机行业太过混乱。然而，该产品最终演变为包括电话功能并可以与美国电话电报公司连接，成了"意料之外的赢家"。据估计，围绕该产品的各种宣传大约价值 4 亿美元。2 年后，已经约有 15 万个应用程序是专门为 iPhone 系统开发的，这些程序都能够在 App Store 里轻松获取，因为 iPhone 与 iTunes 商店和苹果软件相关联，因此其他手机很难与之相匹敌。

iPad 是一种新型的平板电脑，乔布斯称其为"一款超级神奇和真正具有革命性的产品"。[4] iPad 可以连接到网上商店，访问大量书籍、杂志、报纸、电影和视频游戏。它的定位是要挑战 Kindle 在电子书市场的至尊地位。除了有摄像机之外，它类似于大型的 iPhone，触屏操作和 iPhone 用户熟悉的一样，并可以访问所有的 iPhone 应用程序。有人推测，iPad 将取代的不仅是笔记本电脑，还有一些不用于高级文字处理或数据处理的便携式电脑。

此外，值得注意的是，在 iPad 之前也有许多触摸屏平板电脑。在 2000 年举办的重要的电子产品交易会 Comdex 中，比尔·盖茨推出了一款没有键盘的平板电脑。但它从头到尾都没有引起太大的反响，部分是因为当时的技术还不够成熟，另外也由于这款平板设备一点也不酷。松下和东芝多年来也一直在默默地制造这类平板电脑，主要面向商业用户。尽管竞争对手的产品比苹果公司更早地出现在市场上，但苹果公司的产品还是再一次接过了"范例产品"这一角色，这回是在平板电脑市场。

这是一个非凡的故事。一家公司在 10 年之内在同一个 CEO 的带领下开创了 5 个新的子品类：iMac、iPod、iTunes、iPhone 和 iPad。这还不包括乔布斯的皮克斯影业（Pixar）——一家非常成功的动画电影制作公司，于 2006 年出售给了迪士尼。这里带给我们几点启示。第一，在每种情况下，最终产品都是随着时间的推移一步步演进的，最终的愿景并不是从一开始就有的。每种产品的演进都基于先前产品已有的创新。没有产品是从零开始的，也没有产品是一成不变的。第二，顾客未被满足的需求非常明显，公司面临的挑战主要体现在技术层面，应对这一挑战应该联合公司内外的人才与产品。第三，强大的壁垒可以延长将竞争对手甩在身后的时间。第一重壁垒是由苹果的操作系统、iTunes 以及可以获得应用程序的 App Store 打造的。其他的壁垒包括苹果品牌、忠诚的客户群以及持续的产品活力与产品新闻，随着时间的推移，这些因素累积起来使苹果成了不断"移动的标靶"，对手难以瞄准和追赶。

iPod、iTunes、iPhone 和 iPad 的创意来自哪里？不是来自客户，而是完全来自于乔布斯及其同事的市场洞察力，他们的一个想法很有名：客户对市场上尚未出现的概念爱莫能助。这些市场见解基于多种因素的汇集：肯定客户会对应用程序做出积极的反应，对不断发展的相关技术的了解，市场上现有的产品存在严重不足的事实，以及对自身改进和添加功能的信心。时机至关重要。技术和市场也都需要到位，这意味着需要对这两者进行密切的跟踪。

既是一个有远见的人，也代表一股追求成功的伟大的力量，苹果公司 CEO 占据着核心地位。然而，没有一家公司，即使是拥有史蒂夫·乔布斯这样的人才的公司，可以在任何时间任何产品上都万无一失。乔布斯在创造设计独特、易于使用的产品方面能力超凡，但向非创意服务公司销售产品时就不那么成功了。长期以来，苹果公司一直作为电脑市场的局外人向内观看，寻求时机。离开苹果公司的那些年，乔布斯一直在努力开发自己的电脑 NEXT，却一直未获成功，NEXT 的软件成了他日后重返苹果公司的入场券。因此，如果说乔布斯大获成功，那么他的成功之河中也夹杂着失望之泪。

前 5 章已经介绍了 20 多个案例，在这些案例中，品牌开发出了一些有可能创造新的品类或子品类的产品。每一个案例都讲述了新品是如何产生的，以及它为何成功或为何不成功。总的主题是，一直都存在着复杂的市场动态，创造和执行过程中会面对令人生畏的挑战，想要变革市场的努力中也存在着大量的不确定性因素。

这样的背景，对于那些想要摆脱品牌偏好竞争、开创新的市场领域、让竞争对手的相关性减少或不复存在的企业而言，究竟有什么指导意义？企业如何创建并主导具有不同的价值观和忠诚的客户群体的新品类或子品类？

这些问题的答案可以总结为四个相互关联的任务或挑战，所有的组织（从初创企业到成熟的公司）都需要解决这些问题。如图6-1所示，它们是概念产生、概念评估、定义和管理新品类或子品类、创建竞争壁垒。本章将介绍概念的生成。第7~9章将分别讨论其他三项任务。

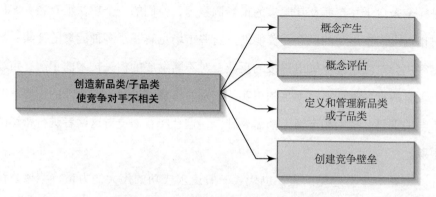

图 6-1 创造推动新品类或子品类的产品

第10章将讨论获得和保持相关性面临的挑战。第11章详细介绍支持性创新组织的特点。在结尾部分，整个流程将被放在一起来研究。现实情况是，尽管回报丰厚，但整个过程充满了艰难与风险，结果也难以预知。

概念产生

我们从概念产生开始。想法源于何方？一连串的新概念是如何生成的？我们将详细介绍几种可使用的具体方法，但首先我们来理解两个推动流程的关键结构：未被满足的需求和组织创造力。

未被满足的需求

可以带来实质性或变革性创新的驱动概念通常以未被满足的需求为中心。例如，我们应该关注客户未被满足的需求，而不是关注他们的购买动机，这一点很有用，对客户需求做出回应的产品和服务很可能与客户相关，并且可能导致新的品类或子品类的产生，因为它们代表了无服务或服务水平低下的市场。例如，百思买将客户关系改为在商店内为其提供帮助，随后又借助奇客小分队提供居家服务，他们就是在应对客户未被满足的需求。贝蒂妙厨的无麸质蛋糕混合配料也在回应一种未被真正满足的需求。在这两个案例中，公司都创建了一个新的、定义明确的子品类，从而使得竞争对手的相关性大大降低。

麦克斯办公用品公司（OfficeMax）发现，人们，特别是职业女性，都想要一个独立的工作空间，通常是一个立方体空间，再配上自己喜欢的颜色、样式和纹理。他们据此开发了四个产品系列，目标是让每一个立方体工作空间更具活力与个性。他们的标语是"生活是美好的，工作亦是如此"。未被满足的需求不仅提供了一条通往成功的途径，还催生了新的子品类的出现。艾瑞特（Ariat）为传统马靴保护不足的骑手提供高性能运动鞋，从而成功打入马术鞋市场。受骑手是运动员这一概念的驱使，艾瑞特开发了一个品牌和产品系列来响应未被满足的需求。

有时候，明显未被满足的需求为一个驱动性概念的生成提供了基础。问题是如何克服技术难题来实现这一概念。例如，人们对低脂食品的需求就在那里，但正如斯奈科威尔士所发现的那样，企业在不牺牲口味的情况下提供低脂食品是很困难的。此外，人们对于汽车省油的需求也是众所周知的，但普锐斯团队在前人努力的基础上，还是必须克服若干技术障碍才能真正走向成功。每个人都知道汽车经销商的经历是痛苦的，但是人们需要忍受它，因为没有什么实际的解决方案。直到土星提出了区域经销商的概念，这样才最终实现了"不议价"的政策，销售顾问们无须再迫于压力压价。

在其他时候，虽然未被满足的需求被意识到了，但一直无人问津，因为人们错误地认为要满足这个需求所需的投资量太大，或者认为这个机会太小不值得尝试。在取得市场上的成功之前，人们对于克莱斯勒小型商旅车和百思买的奇客小分队就是这种看法。

然而，在许多情况下，企业需要一些洞察力才能确定含而未露的未被满足的需求。这是企业号租车公司、无印良品和Zara有可能会碰到的情形。这些公司的创始人识别出了那些对更大范围的市场而言尚未显露出来的未被满足的需求。这种市场洞察力为其带来了先行者优势，因为其他企业此时可能还没有意识到这一需求。

一个好的办法是列出市场上未被满足的5～10个需求，然后，对每个需求进行归类：这个需求属于上述哪一种？是已经很明显但缺乏解决方案型，还是处于休眠状态型，还是他人未察觉型？持续追踪每一个需求，以确定在合适的时机对需求做出回应。

即使未被满足的需求成为既定目标，对企业来说，了解其影响和轨迹也是一个挑战。假如找到解决方案，这会给企业带来好处吗？企业需要什么类型的创新？这个问题是否足够重要，以至于取得的任何进展都是有意义的，并最终能产生成功的新品？为了回答这些问题，最好将未被满足的需求放到更大的背景中考察，以确定新品应该是什么样的，它的价值主张应该是什么。

组织创造力

组织或个人如何生成有潜力开创新的品类或子品类的概念？企业组织如何培养概念性的创造力，以催生新品，并推动新业务的发展？关于创造力，已经有了广泛的研究。借助这些研究，我们可以总结出一些结论和指导原则，它们可以被用来找寻改变市场格局的新产品。

好奇心。好奇心是发明之母。我们要对以下现象感到好奇：为什么一个出奇的、意外的事件会发生？为什么我们无法解释的情况会出现？为什么存在某种约束力？丰田有著名的"5 why"分析法，通过不停地问"为什么"，直到问到最基本的问题并得到解答，整个问题也就得到了解决（根据这种逻辑，我认识的一个2岁的孩子一定可以成为一个了不起的创新者）。

融于信息之中。信息是发明的命脉。那些拥有广泛的知识基础的人和组织能够对信息进行混合与匹配，这是创新的基础。一个组织需要像蚁群一样，触须不断地确定环境中的变化以及可以改变的东西。如同在蚁群中一样，我们应该对有用的信息不懈追求，并能够针对这些信息采取及时的行动。

说说查尔斯·德雷珀（Charles Draper）的故事，这个人花了20多年读书，其中大部分时间是在麻省理工学院，他在心理学、电化学工程和物理学等领域都拥有渊博的知识。他是当今最具创造力的科学家之一，被称为"惯性制导之父"，他丰富的知识储备无疑是他成功的原因之一。负担过重的管理者经常觉得吸收不能马上应用的信息是一种浪费。然而，当涉及公司的创造性思维时，企业业务范围之外的信息就能起到关键的作用。

接触多元化人群。不同的人和组织会给我们带来不同的知识基础、经验与观点。拥有不同背景的人或可以接触不同背景的人意味着我们可以获得不同的想法和观点，这将丰富和深化概念生成的过程。接下来的挑战是如何让他们进入同一个实际的或虚拟的房间，专注于讨论同一个话题。多方讨论不仅可以贡献想法，而且更重要的是，可以改进想法。大多数新产品的概念起初都是不可行的或容易被摒弃的。不同的人可以给概念带来一次又一次的改进，最终使得新品可行。

了解和使用头脑风暴。许多人和组织都感觉他们知道如何开展头脑风暴，但很少有人将其变成管理行为的一部分，并良好地实施。创新型企业艾迪欧（IDEO）为有效的头脑风暴提供了一些指导，企业不仅要定期开展头脑风暴，而且需要遵守一些规则。第一，要有一个很好的激励性的问题陈述。这通常以客户的需求为中心。除了获得早期的想法之外，头脑风暴还可以用来解决随着产品的出现而出现的棘手的问题或困难。第二，确保有一个评估暂停阶段，这段时间的目的是产生大量的想法，允许奇怪的想法朝着更完善的方向发展。这有助于我们统计想法的数量。目标是在一个小时内产生100～150个想法。第三，当人们的活力减退、想法的出现也变得迟缓时，要另寻起始点，这个起始点可以是幻想出来的。第四，要有一个热身期，除非讨论组的成员经验丰富。[5]

推动新视角。每个不同的视角都能提供一些想法，这些想法可以挑战既有的想法，并拓展人们的思维。一家五星级酒店的经理可以从动物园学到什么？一位急诊室医生可以在快餐店里学到什么？在铂慧——一家品牌和营销咨询公司，创新实践团队有时会鼓励客户从描述他们能想到的最坏的想法开始。在一项研究中，两个同时在玩拼图游戏的小组，一个小组一直不间断地玩，另一个小组被打断来玩脑筋急转弯，结果反而是第二个小组的战绩更佳。

不要只关注具有突破性的想法。创新也可以是一个简单的想法，它不一定要涉及变革性技术。有人对此存在一种误解，认为创新需要具有显著的新颖性和差异性。事实并非如此。大多数创新者只是以新形式将可用的内容组合在一起，或者将已有的技术和组件以不同的方式加以应用，或者只是把它们应用于不同的对象。彻底改变船运方式的集装箱也只是对我们熟悉的卡车拖车进行了改装。iPod实际上是一些已经被开发出来的组件和技术的集合。因此，诀窍在于了解可用的内容，并具备洞察力以新的方式将不同的元素组合在一起。

概念溯源

有许多途径或方法在生成新产品概念方面被证明是有用的，如图6-2

所示。每种途径或方法代表对市场及其动态的不同的观点，从而为创造力提供了推动力。大多数创新型组织都非常擅长这些途径。然而，存在一条学习曲线，表明在其中几个方面建立能力是卓有成效的。但这些方法是互补的，最大的挑战不在于挑出某种方法来使用，而是把它们搭配在一起使用。

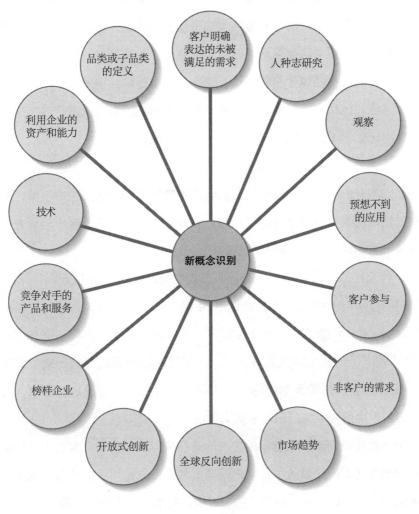

图 6-2　发现新概念

在这组方法中有些是在顾客或潜在的顾客中寻找想法，有些途径致力于在市场趋势、竞争对手、榜样企业、技术、现有的资产和能力中寻找想法。

客户明确表达的未被满足的需求

一些未被满足的需求对于产品的客户而言是可见的,如果给他们机会,他们常常能够清晰地表达出来。诀窍在于如何获取这些信息,如何让客户感知并表达出他们未被满足的需求。关于该产品有哪些用户体验问题?是什么让他们感到沮丧?该产品与竞争品类或子品类的使用体验相比如何?与产品相关的总使用体系(这个体系中可能包括其他产品和服务)是否存在问题?例如,鸡蛋的替代品属于早餐系统,这个系统中还包括很多其他产品,也涉及几个过程,包括准备早餐、摆放早餐和清理餐具。如何改进产品?这种研究帮助陶氏化学(Dow)推出了 Spiffits 一次性清洁湿巾。

有一点要注意。企业在与客户互动时,一定要区分客户说的是这一品类或子品类本身的局限性,还是因为品牌达不到他的期望而产生的不满。不满和局限性这两者很容易被混淆在一起。我们应该把焦点放在客户明确表达的针对某一品类或子品类的未被满足的需求上。

一种直接的方法是与客户进行非正式交谈。当郭士纳(Lou Gerstner)在 20 世纪 90 年代接管苦苦挣扎的 IBM 时,他利用 100 天来进行"熊抱行动",他和 200 名高管分别与 3 位顾客交谈并记录面谈的内容。这些信息引导 IBM 做出了一些基本的战略决策,即通过保持公司的团结一致、增强和利用 IBM 品牌、传递系统化的价值主张来应对客户未被满足的需求,因为许多客户希望解决系统问题而非购买电脑。

另一种可以洞察未被满足的需求的途径来自公司网站、客服电话和活跃的社交媒体网站所代表的每日客户反馈机制。企业挖掘这些数据可以让未被满足的需求明朗化,然后检查这些未被满足的需求的大小和趋势。

一种结构化的方法,被称为问题研究,可以量化未被满足的需求。首先,生成一份关于产品或服务的潜在问题的列表,然后通过询问 100～200 名受访者来确定这些潜在问题的优先级别。让受访者进行评分的问题主要是：①这个问题是否重要；②这是否是经常出现的问题；③这个问题是否存在解决方案，然后结合这些评级来确定问题的得分。一份关于狗粮问题的研究发现，买家觉得狗粮的味道很糟糕、价格太高，并且没有为不同的狗提供不同份额的食品。随后，为应对这些批评的产品就问世了。另一项研究促使航空公司改建了其客舱，以为乘客提供更大的伸腿空间。

还有一种方法是关注那些要求延伸当前产品界限的客户。例如，应一家生产计算器的日本客户的要求，英特尔开始设计微处理器。该项目形成的创新成了一个巨大的增长平台，为英特尔的发展提供了数十年的动力。惠普多年来一直使用"隔壁长凳"的工作模式，工程部门的同事明确说出一个未被满足的需求，而现有的工具无法解决这个问题，结果就可以促成新仪器的产生。

麻省理工学院的研究员埃里克·冯·希佩尔（Eric von Hippel），视客户研究为服务创新的源泉，他认为领先客户在发现未被满足的需求及新产品概念方面仿佛是一方沃土，很有挖掘潜力。[6]领先客户是比市场主体提前6个月到1年感知到需求的人。例如，非常讲究营养的人将成为健康食品领域的领先客户，办公自动化方面的领先客户应该是从技术进步中盈利的公司。领先客户可以从满足他们需求的产品中明显获益。

人种志研究

有时，客户可能意识不到其未被满足的需求。他们可能已经习惯了现有设备的隐含限制，接受了问题的存在。亨利·福特有一句名言，如果你在引入汽车之前问客户他们需要什么，他们就会回答，"一匹更快的马"。他们无法预测到功能型汽车的出现。此外，客户并不总是某些未被满足的需求的良好来源，尤其当涉及情感和自我表达的益处等方面。例如，坚固耐用的SUV的吸引力并非真正来自其功能优势，而是来自客户不愿意甚至无法描述出的买这种车带来的自我表达的益处：我的家人粗犷、豪放、喜欢户外活动（实际上很少去野外露营）。

因此，这种研究有助于我们深入了解客户，发现客户自己都未能察觉到的未被满足的需求，然后利用创造力来想象可能的答案。人种志研究可以为企业提供必要的客户洞察力和平台，以产生创造性的产品。

人种志、人类学或者沉浸式研究需要在尽可能广泛的背景下直接观察客户。通过仔细观察产品或服务的使用方式以及使用的原因，公司可以更好地了解客户的需求和动机，以生成可行的想法。例如，金融数据公司汤姆森集团（Thomson Corporation），为了改进或扩展其服务，会定期研究25～50名客户，仔细观察这些客户在使用他们的数据前3分钟和使用数据后3分钟的行为。[7] 其中一项研究发现，为汤姆森客户服务的分析师正在（费力地）将数据输入电子表格，这个发现带来了一项取消数据输入步骤的新服务。

如果这种研究对被观察对象来说过于侵扰或者过于低效，无法进行直接观察，那么人们可以利用摄像机来完成。金佰利公司（Kimberly-Clark）使用动态感应的摄像机来捕捉更换尿布的镜头，这样可以生成数百个动作过程，然后再用慢镜头仔细查看这些动作。这项研究有助于人们更多地了解尿不湿的合身程度与处理婴儿活动的双腿之间的关系。

人种志研究可以起到如下作用。[8]

- 人种志研究发现人们在清洁浴室时总是会感到沮丧，宝洁因此发明了Magic Reach——带有旋转头的长柄清洁拖把。
- 宝洁生产的Downey一漂净（Downey Single Rinse），是源于对墨西哥农村水资源供应问题的近距离观察，当水资源非常稀缺时，延长的漂洗时间就成了一种奢侈。
- 对承包商和实地家庭装修工的现场观察促进了OXO氧气锤子的发明，这种锤子带有一个能够减少振动的玻璃纤维芯和一个顶部橡胶缓冲器，避免在起钉时留下痕迹，从而为专业工具增添了一个新品。

- 天狼星公司（Sirius）花了一周的时间跟踪了 45 个人，研究他们听的音乐、读的杂志、看的电视节目。通过洞察这些人的习惯，他们开发了一种便携式卫星-无线电播放器，可以加载长达 50 个小时的音乐以便今后回放。
- 通用电气通过人种志研究发现，塑料防火夹克的购买者更关注其防火的性能，而不是价格。这引发了一种完全不同的商业模式的产生。
- 万豪酒店（Marriott）有一个由 7 人组成的多功能团队（包括 1 名建筑设计师），他们花了 6 周的时间与客人在酒店大堂、咖啡馆和酒吧闲逛。后来，万豪酒店重新设计了大堂和邻近区域，以便更适合交易业务。新的环境有更明亮的灯光和更大的社交区域，配有小桌子、大桌子和半私密性空间。
- 先知的团队到女性家里与她们一起谈论她们的内衣抽屉，由此产生的关于女性的不满的见解推动 Maidenform 公司开发出了 One Fabulous Fit 文胸。

虽然这种研究方法已经有近百年的历史了，但它在过去几年中才开始焕发新的生命，不仅对宝洁这样的包装食品公司、财捷（Intuit）这样的消费者软件公司，而且对英特尔和通用电气这样的 B2B 企业而言都是如此。宝洁已经将人种志研究制度化，让高管和其他员工与消费者一起生活，与他们一起购物，并在零售商的柜台工作。几乎宝洁的所有高管都至少有一次这样的经历，并且很多人还会定期参与这些活动项目。有一个发现证明，除了提供可操作的见解之外，这种与消费者的联系还提升了员工的工作满意度。[9] 与消费者一起购物帮助西夫韦公司了解到购物者的困惑和整体的购物体验，由此影响了西夫韦 Lifestyle 店的改进，店中所设计的照明、固定装置和物品摆放是为了支持解决方案而不是商品销售，正如卖出的是色拉而不是莴苣。

进行人种志研究并非易事，因为它不仅包括与消费者共处或一起购物这样的具体行为。研究中包含很多技巧，有些人掌握的多些，有些人少些，但是任何人都可以增强这方面的能力。人类学家格兰特·麦奎肯（Grant McCracken）谈到了两个关键技能。第一个技能是有能力注意到那些非同寻常、无法轻易解释的事物（"我很好奇那是什么"）。[10] 这一过程包含观察和解释两种行为。不断地建立并发展假设是这个过程的关键部分。例如，如果设计工程师在上网，那么他是在寻找角色模型，还是想休息片刻？第二个技能是移情，即感受另一个人的感觉的能力。比如，雷富礼于2001年成为宝洁的CEO，他是人种志研究的信徒和实践者，在与墨西哥客户交谈时，移情作用帮助他产生了一个想法：护肤品不仅能提供功能性益处，还可以带有娱乐性作用。这种护肤品可以成为人们谈论的对象，成为他们生活中的一个兴趣点。麦奎肯认为，通过积累经验和实践，人们可以学会或至少可以改善移情技能。它并非完全与生俱来的。

人种志研究经常受益于团队的使用。例如，宝洁将两人组成的搭档派往客户家中。一个人可以做笔记，另一个人可以进行观察和对话。与客户谈话时需要好奇心且能灵活应变。访谈结束并非终点。面谈后，团队收集并提炼经历，寻找见解中的精髓。这个阶段耗时耗力，在这过程中可能需要开展几次头脑风暴，以梳理出最重要的见解，并将其转化为切实可行的想法。

观察

创新可以来自于简单的观察，不需要正式的研究项目，只需要观察客户、经销商、同事或随机人员。寻找不同寻常的东西，问为什么是这样或为什么不是那样。

你可以观察自己、家人和朋友。弄清楚有哪些事情让你或者你周围的人烦心。Quicken的创始人注意到了妻子在追踪家庭财务支出方面的挫败感，并意识到图形界面可以看起来像支票簿，这样就能够在使用时减少计算机系统造成的障碍,于是他冒出了 Quicken 财务软件的想法。一个 26 岁的人从滑雪事故中恢复过来并试着恢复运动时,他试着穿滑雪鞋走路。他惊讶于这些鞋竟如此笨拙、笨重和低效。因此,他设计出了我们今天看到的高科技雪鞋,并创造了一个新的行业,使他的业务规模增长到了 1 000 万美元。[11]

观察需要提升到一个新的水平,观察之后还要进行探究。有些变革性创新就是来自于幸运的偶然事件。有人不仅观察到了,而且还有洞察力,能够发现其中的内涵。1880 年左右,一次生产中的失误导致肥皂浮了起来。这种肥皂日后演变成了宝洁的基础产品"象牙皂"。有人看到这一现象时就从中探察到了浮起来的香皂拥有象征性和功能性的益处,于是他并没有简单地纠正错误,然后就让这件事情过去了。象牙皂意味着温和与纯洁,这在碱性肥皂年代是一个意义重大的声明。它的浮动性成为这种肥皂数十年的差异点。宝洁的 SK-Ⅱ 皮肤护理系列起源于有人观察到清酒酿造厂的老年工人拥有一双年轻光滑的手。那次观察催生出了一系列高端护肤产品,这些产品吸引了一群热情的追随者。关键是能够抓住幸运时刻,识别出偶然事件背后的潜在的可能性,并准备开发和测试由此产生的产品概念。

预想不到的应用

客户实际上是如何使用产品的?产品的有些用途是否与其预期截然不同?如果是这样,是否存在一个有类似需求的核心人群?它会代表一种非常不同的价值主张吗?人种志研究可以帮助我们发现相关应用,同时我们还可以通过为客户提供一种手段(也许是调查研究仪)来让他们表达自己是如何使用产品和服务的。关键是要保持好奇心,并以某种方式与客户建立联系。

一个典型的例子是艾禾美(Arm & Hammer)的小苏打粉,其历史可以追溯到 1846 年,小苏打粉长期以来被人们用于烘烤、沐浴和清洁牙齿。1972 年,人们发现,咖啡师在冰箱里使用小苏打来清新空气,保护食物免受异味的侵扰。通过利用广告来宣传这个新用途，艾禾美创造了一个全新的业务，使原本死气沉沉的品牌一下子变为一个高增长品牌。调查显示，将小苏打粉用于这种新用途的家庭在短短 14 个月内从 1% 陡升至 57%。艾禾美利用这种气味保护属性来扩展该品牌，继而又研发出了用于水槽、冰柜、猫砂盘和地毯除臭的产品。当然还有其他除臭剂品牌，但只有一种小苏打解决方案。在过去的 10 年中，该公司又增加了一个特殊的冰箱容器和一个艾禾美小苏打瓶。

耐洁公司（Nalgene）成立于 1949 年，生产聚乙烯材质的实验室设备，如瓶子、过滤装置和储存槽等。20 世纪 70 年代初期，一些科学家开始在野营途中用这些瓶子来装水。一位高管观察到了这种瓶子，并认为它对于童子军野营之旅非常实用，决定将其商业化，耐洁的户外产品由此产生。在塑料瓶装水出现争议之后，这个产品迎来了自己的发展契机。据统计，美国人每年丢弃 380 亿个塑料水瓶，而制作这些塑料水瓶需要 1 700 万桶石油，并且它们很难生物降解，这一点变得越来越为人们所关注。[12] 耐洁的瓶子为此提供了一个解决方案，它的出现可以很好地应对人们对户外环境问题的担忧。这则案例带给我们的启示是，虽然一项沉睡的业务可能不具有吸引力，但它的存在使其有机会参与相关性趋势。回想一下纤维一号谷物品牌，当纤维消费的价值变得明显时，它就成了企业真正的资产。

客户参与的概念生成

在形成突破性概念的过程中，客户可以成为有效的合作伙伴，他们不仅能辨别出真正的需求，而且可以提出切实的解决方案，这些方案可以催生出新品。例如，乐高就是利用其客户群来开发、定制和测试新产品的。100 多名用户帮助乐高创建了乐高机器人（LEGO Mindstorms），这是一套结合了LEGO 建筑和机器人技术的乐高积木。更多的乐高爱好者参与了乐高城堡和城市模型的研发。

一种既有效又高效的接触客户的方法是使用互联网让他们参与对话。例如，戴尔有一个名为创意风暴（Ideastorm）的网站，客户可以在网站上发布创意、评论并给其他人的观点投票。客户也能看到戴尔的反应，其中可能包括"意见审核中""部分已实施"等反馈。这些创意包括背光键盘、支持像 Linux 这样的免费软件、设计噪声更小的计算机，以及拥有更多的 USB 端口等。其他许多企业也在做类似的尝试，如星巴克开创的"我的星巴克点子"（My Starbucks Idea）网站就是其中之一。

这种由客户驱动的创意网站面临的风险是，一个不切实际或不明智的想法也可能一下子引发热潮，让公司处于被动的境地。然而，这些网站有潜力利用多方视角来生成创意，激发出真正的活力和创新。另外，网站还可以帮助公司确定推出新品的时机是否已经成熟，还是仍需要更多的时间。

以客户为导向的网站还可以专注于测试和改进创意。富国银行实验室（Wells Fargo Labs）网站向客户展示了新的观点和技术，并邀请他们发表评论。财捷实验室（Intuit Labs）网站同样向客户公开实验性软件应用程序、移动软件和小型商业解决方案，并鼓励用户进行评论。波音公司邀请了大约 12 万人加入波音公司全球设计团队（Boeing's World Design Team），这是一个基于互联网的全球论坛，其中有关梦幻客机（Dream Liner）的观点可以在设计过程中不断得到调整。被网站所吸引的是那些对这一主题特别感兴趣并且能够理解和发表评论的客户，他们是波音的代表性客户。

对于 B2B 公司而言，其获得可持续差异性的经典方式是与客户合作，提供系统解决方案来应对更广泛的问题，而不是只着眼于出售产品或服务。这样，公司的价值定位会变得更加强大，并且竞争对手复制产品和服务的可能性也降低了。与客户合作的领域包括订购、物流、仓储等。例如，联邦快递（FedEx）与客户合作提供仓储服务，该服务可以存储即时需要的产品，甚至可以存放退货。宝洁与沃尔玛以及其他零售商合作，创造了高效的物流、仓储和订购系统，为那些主打低价的竞争对手设置了障碍。

非客户的需求

客户能够了解该品类或子品类，对产品有经验，并能够利用自己的有利位置来识别未被满足的需求。但该品类或子品类的非客户在这方面的潜力还未被开发。他们代表着处女地，是公司的新增长点的来源。为什么非客户不买此产品？是什么阻碍了他们，他们的购买障碍有哪些？产品中是否缺失了他们在应用过程中需要的某种特征？或者是这个品类过于复杂、价格太高，还是它太超前了？为什么他们使用电话卡而不是手机？为什么他们购买冷冻晚餐而不是类似"汉堡帮手"这样的货架主食？

在为高端自行车用户提供自行车和升级设备方面，自行车零部件生产商禧玛诺（Shimano）一直享有最高的名望和可信度，着实令人羡慕。但是美国市场中购买自行车的人的数量多年来停滞不前。有1.6亿美国人不骑自行车，为了找出背后的原因，禧玛诺与他们中的一部分人进行了交谈。这些人一般都有童年骑自行车的美好回忆，但他们现在觉得这项运动变得过于复杂、昂贵，甚至令人生畏。为了回应这些不满，禧玛诺开发并定义了"休闲自行车"的体验：宽大的座椅、脚可蹬地、倒转踏板刹车、直立把手、无须控制。藏匿式变速箱由微处理器控制，可以在三档之间自动切换。禧玛诺休闲自行车的问世，再加上人们越来越愿意使用自行车作为上下班的出行工具，休闲自行车市场迅速发展起来。2009年，针对休闲自行车骑手的杂志 *Kickstand* 发行，标志着这一子品类的诞生。

通常，特别是在新兴经济体中，问题在于价格：消费者可承受的价格和商品的现有成本之间存在差距。诺基亚在研究印度消费者时发现，即便是简化版的手机对他们而言价格也太过昂贵。[13] 如果手机只添加了手电筒、闹钟和收音机等功能组合，虽然价格依旧比较高，但容易被消费者接受。还有其他问题困扰着消费者：灰尘会影响产品的可靠性、湿气会导致手滑、阳光强烈时难以看清屏幕等。于是诺基亚开发出了一款防尘、抓力更强、拥有偏极屏的手机。但零售商不愿意出售这样的手机，因此诺基亚公司寻找了一些人，这些人愿意在自己的小摊上帮助诺基亚销售手机。到 2007 年，出售诺基亚手机的零售网点达到了 10 万家。这些都源于诺基亚找到并克服了购买障碍。

市场趋势

1997 年，汤姆森公司是多伦多的一家媒体公司，拥有 55 家经营良好的日报。[14] 首席执行官理查德·哈林顿（Richard Harrington）观察到了环境中的几个趋势，决定让公司逐渐脱离报业。他可以看到，互联网将削弱分类广告，有线电视和互联网将抢走读者。尽管公司当时的盈利不错，但他还是做出了让人意想不到的决定：从报业撤资，并将公司业务转型，开始为法律、教育、医疗保健和金融行业提供在线信息与服务。结果，9 年后，当其他以报业为基础的公司在苦苦挣扎时，汤姆森公司得以蓬勃发展。这个英明的决策就是基于理查德·哈林顿能够对当下的大环境趋势做出预测，并针对预测采取行动。

客户趋势可以成为一个品类或子品类的驱动力量。所以，"找到一支游行队伍，走在它的前列"这种说法是有一定道理的。这也是全食超市有机产品战略的一部分：它能够捕捉到人们对有机食品的兴趣大增这一趋势，并对其加以充分利用。哪些市场力量会影响目标市场的价值主张和选择？哪些趋势会产生新的未被满足的需求或使现有的需求更加明显？围绕这一趋势还有哪些空白？还有哪些未被开发的市场？市场中有一种降低脂肪摄入量的趋势，但在德雷尔推出低速搅拌冰激凌之前，没有一家公司能够成功研发出保留奶油口味的低脂冰激凌。

如果产品能够同时迎合多种趋势，那就更好了，因为这会给竞争对手带来难以逾越的壁垒。安妮食品公司用一条包装食品生产线捕获了四大趋势：亚洲风味、健康饮食、成分天然以及便利的家庭膳食。在竞争对手如云的市场中，这种组合再加上安妮食品公司饶有趣味的菜单，使其开创了一个独特的子品类。

许多公司都无法理解趋势或预测未来的事件。原因有以下几种。第一种原因是高管专注于公司管理，没有精力去思考那些只是"也许"的东西。第二种原因是，存在一种自然的认知偏见，使得人们往往忽略或扭曲与当今战略模式相冲突的信息。第三种原因是组织内的"团体思维"：如果被指出基本假设可能是错误的，这会令人很尴尬。最后一种原因是，发现和预测趋势的确很难做到。

公司如何更好地发现和利用趋势？以下是一些建议。

首先，公司组织的触角要延伸到所有的相关领域，寻找或弱或强的信号。外部监测应该上升为公司的固定条例，并辅之以内部信息系统的支撑，公司内部网络是基石。要保有好奇心。

其次，创建发现机制。德州仪器公司每周都会举办一场"思想海洋"的创意会议，以确认其业务边缘出现的新兴事物和创新。其中一次这样的会议推动了用于移动电话的低功耗芯片的出现。

最后，不仅要关注主要影响，还要关注次要影响。强生公司有一个名为"框架"的战略流程，该流程会考察当前的法规、保险范围、竞争性举措，并思考它们的内涵。新产品和子品类通常会对行为和产品产生间接影响。iPod有许多间接影响，例如，iPod驱动的扬声器影响了音乐收听和扬声器产品。

全球反向创新

全球反向创新旨在为印度和中国等新兴国家市场开发更简便、价格更低的产品,然后将其应用于美国或欧洲等发达市场。这个想法也被称为节俭式创新,主要是指对一些产品进行重新设计,新产品功能齐全,但成本只有从前的几分之一。相较之下,传统的全球性商业发展模式有一半是先为发达国家开发复杂的产品,然后再把这种产品的精简版本打入新兴国家市场。这种策略逻辑性强、效率高,却越来越不成功。

参与全球反向创新有两大理由。第一,公司在新兴市场中获得影响力的唯一方法是创新。改编版产品是行不通的。例如,被改造、简化的小型车不是印度所需要的,相反,它需要第 4 章所描述的专门为印度市场设计的截然不同的 Nano 汽车。Tata 化学品公司创造了一个使用大量的稻壳来净化水的过滤系统,售价 24 美元,预计此设备的年销售量可达 1 亿台。[15] 这样的产品不是改编版,而是完全基于印度市场孕育发展的。

第二,现实中肯定有许多公司把廉价的、为新兴市场打造的产品推向美国或类似国家的市场。问题在于有哪些公司会这样做?是像海尔家电这样的中国公司吗?还是像塔塔这样的印度公司?或是发达国家的公司也愿意参与其中?毫无疑问,发达国家也有简单、低价产品市场。人们对价格越来越敏感,因为他们面临更多的收入限制。一家英国零售商认为"浮夸不再讨巧,节俭才是潮流"。[16] 据预测,这种紧缩期将持续很长的一段时间。

2009 年,通用电气宣布未来 6 年将花费 30 亿美元创造 100 多个医疗保健创新项目,它将大幅缩减成本、增加便利性、提升质量。[17] 一个好榜样是中国本土团队为中国农村诊所开发的廉价、便携式、基于台式电脑的超声波机器。这款机器上市时定价大约 3 万美元,它为通用电气提供了一个机会,该公司之前一直在推销价格在 10 万美元以上的设备。2007 年,该产品经过重新设计后价格降至 15 000 美元,销售额在中国和美国都有所增长。现在,它已经被应用到了美国的救护车队、急诊室,甚至用于在手术室帮助放置麻醉导管。

开放式创新

　　创新活动就是建立关联,有时是在似乎完全不同的来源或观点中建立关联。组织外部的产品、技术,以及来自于组织外部的人员或其他公司的观点都有可能大大提升公司现有的创新能力。宝洁的联合发展项目(C&D)提供了一种可能的模式,该项目始于2001年,由当时新上任的CEO雷富礼主持。[18] 该项目的目标是使宝洁成为一个拥有广泛的外部网络的开放式组织,这些外部资源最终可以为公司贡献一半的新品创意。该项目在全球拥有75位技术型企业家,他们与大学、智库以及其他公司的创新资源有密切的联系。他们不仅寻找那些明显值得投资的产品,还研究市场需求,并提出创新方向。他们得到了宝洁创新中心的支持,该中心模拟家庭和商店环境,用于测试新创意。除此之外,还有一些其他的辅助机构,例如,基于互联网帮助"寻求者"匹配"解决者"的引擎公司意诺新(InnoCentive)以及宝洁支持的YourEncore网站,该网站专门挖掘宝洁和其他公司的退休人员的专业知识。

　　2008年,C&D项目平均每周可以产生2个产品概念,前后总计孵化出了大约200种产品。以下略举几例。

- 玉兰油新生唤肤系列(Olay Regenerist)。该产品上市4年后年销售额达到2.5亿美元,它的主要原料是由一家法国公司Sederma开发的有助于伤口愈合的成分。
- 速易洁除尘掸(Swiffer Duster),创意源于日本公司尤妮佳(Unicharm),尤妮佳是宝洁在尿不湿和女性护理产品市场中的竞争对手。宝洁甚至借鉴了尤妮佳的很多广告和定位创意。
- 朗白先生魔力擦(Mr. Clean Magic Eraser)。一个C&D团队注意到,在日本销售的家用海绵产品清除污渍特别有效。该产品的基础技术由德国化学公司巴斯夫(BASF)授权,并以"朗白先生"品牌引入美国。

- Nice'n Easy 染发剂（Nice'n Easy Root Touch-Up）。一家设计公司通过改进宝洁伊卡璐集团的专利刷技术为 Nice'n Easy 开发了一款染发刷，该技术以前用于男士的胡须。Nice'n Easy 染发剂被《嘉人》（*Marie Claire*）杂志评为"改变女性生活的 25 种产品之一"。[19]

为了创造外部视角，先知公司在创新实践中使用了受瑞典马尔默城市图书馆项目启发的真人图书馆，它允许游客查阅"真人书"，并与之进行 45 分钟的对话。在这家图书馆，人被当作"书籍"任人挑选，因为他们能够为当前话题带来一些相关的视角或背景知识。例如，一家针对女性客户的公司采访了一位美发造型师，想要了解构成女性气质的元素，并了解造型师所看到的趋势。一位对客户伙伴关系感兴趣的私人银行家从专业交谊舞舞蹈家那里了解到如何建立信任感。一家高级餐厅的主管与高档服装品牌专家讨论在面对主打价格战的竞争对手并且商品化趋势越来越明显的时候，他们该如何提升客户的溢价感知。真人图书馆的使用并不是为了产生解决方案或观点，而是为了提供可以作为切入点的全新视角。

榜样企业

当公司遇到问题时，寻找本行业之外遇到过类似的问题并成功解决了问题的公司，并从它们的经历中学习也许能使该公司有所收获。例如，波音公司在开发梦幻客机时借鉴了沃尔玛的库存跟踪系统，以更好地处理乘客的行李，因为对于航空公司而言，丢失乘客的行李是一个很严重的问题。另外，它在如何更好地提供让顾客满意的服务方面借鉴了迪士尼的做法。

如前所述，创意很少是全新的，重要的是如何重新构建以及包装之前的想法。例如，亨利·福特并没有真正发明装配线。[20] 实际上，他只是把从范例企业身上学到的东西集中在一起，并进行了调整和改进。他从芝加哥的肉类包装业获得了装配线的想法，并将其与 1801 年伊莱·惠特尼（Eli

Whitney）提出的组装手枪可拆卸部件的概念以及 1882 年烟草行业使用的不间断生产方式相结合。

这里的重点在于观察其他公司是如何解决相似问题的，并将其与自身情况联系起来。英国玛莎百货意识到，它的三明治业务需要大量劳动力来涂抹黄油。[21] 负责制作三明治的部门负责人观察到某个供应商在床品生产中使用了丝印技术。他借鉴这一做法开发出了类似的流程来涂抹黄油，结果玛莎百货在三明治生产这个新兴行业中获得了明显的优势。

分析竞争对手：寻找突破口

从开发新的品类或子品类的竞争对手身上也可以获得许多新的创意，利用这些创意我们可以开发出更具吸引力的新品（苹果公司的很多产品就是这样诞生的）。这种方法就是超越竞争对手，占据这一新的品类或子品类市场，甚至再开创一个新类别。哪些竞争对手在需求旺盛且风头强劲的市场取得了成功呢？如何凭借质量更优的产品来超越竞争对手的品牌所带来的优势？哪些竞争对手已经达到了健康发展的程度并拥有一定的潜力，但仍旧困难重重？如何克服竞争对手存在的局限和不足？

非常值得注意的是，有很多成功开创品类或子品类的新品其实就是来自于对竞争对手产品的改进。有时只是由于竞争对手出现时这方面的技术还不够成熟或者还不具备。苹果、Zara、美捷步和普锐斯都受益于生逢其时——计算机行业的进步帮助它们克服了各自的技术难题。赛百味利用竞争对手对健康无益的菜单，外加大力宣传杰瑞德·福格尔的生动经历，向消费者展示了快餐完全可以更健康。

根据 BrandJapan 的跟踪研究，在 21 世纪第一个 10 年里，日本最成功的品牌是任天堂（它从 2005 年的第 135 名上升至 2008 年和 2009 年的第 1 名）。任天堂就是采取竞争对手驱动策略的典型代表。索尼的 Playstation 和微软的 XBox 都着重呈现优质的图像，这也是面向男性青年的动作类游戏制胜的关键。任天堂却没有把重心放在这一领域，而是专注于提高玩家的参与度，将玩家的范围从年轻男性拓展至各类家庭成员。对于这样的消费者群体而言，最关键的是要为其提供一系列易上手的参与性游戏，游戏种类也不局限于动作类，甚至可以包含一些学习工具类游戏。任天堂的目标之一就是让母亲从游戏的批评反对者变成参与者和拥护者，另一个目标就是让全家人都参与其中，这样，游戏不再仅仅是男孩们的休闲方式。正是任天堂的竞争对手为它留下了这样一块巨大的空白市场。

有时竞争对手的实力可以激发企业做出新的选择。当朝日打着"不再是淡啤、不再是老年人啤酒、不再传统"的口号推出朝日超爽干啤时，麒麟拉格啤酒的实力反而成了它转型路上的绊脚石。类似地，由于早先厢式货车的概念和界定非常明晰，所以当克莱斯勒推出小型商旅车作为竞争品打入市场时，确立子品类的定义就容易了很多。

技术引发新创意

技术发展可以激发出新的创意。这种情况所面临的挑战在于如何开发或激发出潜在的、未被意识到的且未被满足的需求。在朝日超爽出现之前，人们对于干啤并没有未被满足的需求。然而，朝日公司凭借朝日超爽及一系列品牌打造活动，开创了这一新的子品类。麒麟一番榨和宜家也是如此。

1991 年，百科全书的市场规模约为 12 亿美元。《不列颠百科全书》(*Encyclopedia Britannica*) 与《世界大百科全书》(*WorldBook*) 的售价均为 1000 美元，双方激战正酣。2 年后，微软推出了英卡塔 (Encarta)，也就是比上述两种略逊一筹的《芬克与瓦格诺百科全书》(*Funk & Wagnalls*) 光盘版，售价只有 100 美元。3 年内，这款百科全书的市场份额就增长到了 20%，而纸质百科全书行业的规模缩减到了 6 亿美元。传统企业上门推销书的方法从优势变成了一种负累。光盘版的百科全书是技术赋能的新的子品类。这种方法的关键是能够发现新技术的潜在应用，有时也许是借助某种创造性思维。2009年，微软关闭了英卡塔，但它在将近20年的历程中战绩不俗。

一种新技术诞生的初衷往往与其最后开创出来的新的商业领域并不相同。挑战在于识别出有前景的技术进步，在初始范围以外的应用领域不断测试其可能性。正如先前提到的，从20世纪80年代中期到90年代，英特尔主业的驱动者是微处理器，而微处理器的诞生是源于一家日本公司要求微软为他们意欲打造的计算器设计内部结构。这项技术最初的商业应用看起来没有什么前景，但还是有一定的吸引力，所以微软决定拿到它的所有权。当IBM在1981年选定英特尔8086用于其个人电脑时，微处理器带来了意想不到的效果，微处理器行业"腾飞"了。闪存是英特尔在90年代的主要业务，最初也是不被看好，直到后来人们越来越相信它可以被用来取代耗能较大的磁盘驱动器。但最后，它真正被应用在了移动计算领域。在这20年间，英特尔至少有两大产品（闪存和微处理器）都是被意料之外的应用所带来的，这些应用也都是在技术出现很久之后才有的。

对于由技术驱动的新品而言，时机尤为重要。不成熟的新品可能会失败，而就在几年后，技术进步带来的类似的新品却可能大获全胜。苹果牛顿电脑体验了"早产儿"的失败，而苹果许多其他的产品却收获了正确的时机所带来的成功。关键在于密切关注技术发展，运用直觉来判断技术进步何时足以克服现有的障碍。市场也要做好准备，尤其是当这一技术会彻底改变消费者习惯的时候。

利用企业的资产和能力

对于一个新的品类或子品类而言，如果想要拥有价值，获得可持续发展，就需要打造难以复制的资源和能力基础。如果企业现有的资源和能力可以被利用，那就意味着无须再开发它们，只需要改进和调整就可以，这样，风险也能大大降低了。这个过程首先要识别出企业现有的优势与能力是什么，可以从营销、分销、制造、设计、研发或品牌等多方面予以考虑。例如，奔驰在2010年设置了一个款式设计部门，这个部门利用其在款式设计方面的专业技能为直升机、游艇、手表、室内装饰及其他行业提供款式设计服务。

迪士尼拥有代表家庭乐趣和美好回忆的强大品牌，还有许多围绕米老鼠等各种角色的子品牌，另外，它还拥有主题公园以及《狮子王》这样的电影。迪士尼在运营方面也做得很出色，它在主题公园方面获得的成功成了别人眼中的业界典范。迪士尼将品牌优势与运营能力结合起来打造出了与众不同的迪士尼游艇新品，从而创造了一个新的游艇子品类。

当一种突破性技术被发现的时候，往往很难看出哪种应用会成为大赢家。积极的做法是通过探索广泛的应用来利用这项技术。位于南非开普敦的Freeplay集团发明了一种设备，并将其投入市场。这种像手电筒一样的设备里面有一个碳化钢弹簧，当使用者转动转轴时它就可以发电了。[22] 它的原理是内部弹簧弹起的时候会产生电流。这种技术进步催生了一系列需要独立电源的产品，包括收音机、全球定位系统、地雷探测器、净水器和玩具怪兽卡车。

还有一种方式是将一种行业中的资源与能力应用于其他行业。如果运用得当，随之而来的新品会成为该公司的独特产物，很容易为其构筑优势地位。例如，3M的光学机构分支将从3M旗下其他公司学习到的洞察力和技术加以应用，打造出更节能、更柔和的显示器，使得光线可以集中射向用户。宝洁也会定期检测能否将一个行业的技术用于其他领域。例如，佳洁士炫白牙贴就是结合了公司研发部门的薄膜技术、洗衣部门的漂白技术以及佳洁士自身拥有的关于口腔问题的知识和分销资源。其他在这些方面没有能力的公司就很难模仿这种产品。

跨部门和行业来利用资源优势与能力可以很容易，因为这些不同的部门之间可能就一墙之隔。然而，部门间的壁垒有时也会很大，这时就需要采取积极的举措或激励措施来鼓励信息分享。联合利华有一个创世纪项目，鼓励员工将实用的科学突破用于联合利华的所有生产线。[23] 其中的范例是应用于Radiant清洁剂和洁诺（Signal）牙膏的去黄增白剂。

品类或子品类的定义

另外一个获得新创意的方法是观察品类或子品类是如何被定义的，研究一下这些定义是否可以引发一个新的概念。大部分品类或子品类的定义都包含一定数量的价值主张，例如为产品提供新的服务、系统化的优点、功能设计、更优质的产品、新一代产品、分享顾客感兴趣的话题（如婴儿护理）等。在第8章，我们将描述18种用于定义品类或子品类的价值主张。

分析优先级

概念生成阶段的结果并不一定是一个可以应用于市场的概念。确切地说，生成的概念可能有一定的前景，却不成熟；或者发现了某个有潜力的领域，却难以生成相应的概念。如果市场动态可以继续增长，或者部分竞争壁垒可以被消除，那么某种有前景的趋势、有潜力的技术发展、新兴的应用以及其他的市场动态最终可以成为一个新的品类或子品类的核心。关于这个产品的概念也许只是发现了一个有潜力的市场机会。然而，无论市场变化的本质是什么，它都界定了一个值得我们持续关注与分析的信息需求领域。

问题在于有数十个这样的信息需求领域，它们都具有战略不确定性，这就意味着我们需要无休止地进行信息收集与分析，这一过程势必会耗费大量的资源。一家出版公司也许与卫星电视、生活方式、教育趋势、电子阅读、社会技术、人口地理迁徙以及人们的阅读兴趣都有关系。另外，这些领域又可以各自细分为若干个子领域，每一个子领域又可以激发无止境的研究。例如，对电子阅读的研究可能涉及供应商、技术、读者的反应、竞争策略和作者试验等。除非规划出清晰的优先等级，否则整个研究过程会非常复杂，难以控制。

对企业来说，重要的是发现有哪些信息需求领域，并按照优先等级给它们排序。有些领域应该拥有高优先级，而其他一些领域只需要适度的关注即可。企业所花资源的数量以及采用的监测分析的形式要依据各领域对企业战略的影响力以及它的紧迫性而定。

影响力。一个在财务、公司资产、能力和策略等多方面对企业有重大影响的待分析领域有多大可能产生新品？例如，电池技术会给混合动力汽车市场或者潜在的汽车制造商带来重大的影响。一个信息需求领域有时也会存在潜在的风险。市场有多大可能会发生改变，以至于企业现有的新品和策略将来在某个重要的细分市场失去相关性？例如，小型酿酒厂的兴起会对主流的大啤酒企业产生相当大的冲击。

紧迫性。问题或策略存在的不确定性的紧迫性与所涉及的趋势或事件在规划期内发生的可能性密切相关。一个近期内发生概率较低的不确定性领域，其优先级也较低。在趋势或事件变得明朗之后，企业需要制定出对应的策略，推出新品或制定新战略。其中一个关键变量就是企业在现实中可以获得的反应时间与理想中所需时间的比例。如果企业可以获得的反应时间不充裕，那么就要更好地预测新兴趋势与实践，以便未来的战略可以及早启动。

图6-3展示了一种划分优先级的方法。当潜在的趋势与事件的紧迫性和潜在影响力都很高时，企业应该安排专门的人力和预算，并制订回应计划和策略。如果紧迫性和影响力都很低，那么低水平的监测就足够了。如果影响力很低但紧迫性很高，那么这个领域值得较高程度的监测和分析。

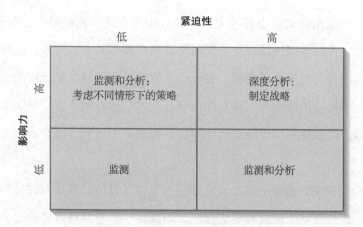

图 6-3　信息需求领域的优先排序

如果紧迫性低但是影响力很高，那么这个信息需求领域需要更深层次的监测和分析，要考虑到偶发情况的策略，但未必要加以制定和实施。那些非常少见但潜在影响力巨大的事件往往会被忽视。历史上的金融危机都是始于几乎不可能的事件，却真真正正地发生了。意识到某事件紧迫性的小幅度攀升，或者识别出一个正在兴起的趋势都有助于企业做好准备。如果事件发生的可能性在上升，那么应急策略应该就位。

识别出信息需求领域并对它们进行优先级排序的目的并不在于积累海量的信息。这个过程应该避免描述性的、重点不明确且效率低下的行动。相反，企业应该重点关注有可能开创品类或子品类的市场动态。根据这一原则，分析对象应包含现有的产品、市场策略，以及围绕这些产品的潜在的机会和风险。

> **要点总结**
>
> 企业组织如果能够采用不同的概念生成模式和创新思维，那么它就有可能开创新品，并给市场带来变革性影响。这些概念生成模式包括识别出客户明确表达的未被满足的需求、人种

志研究、观察、预想不到的应用、客户参与、了解非顾客不购买的原因、分析市场趋势、进行全球反向创新、采取开放式创新、学习榜样企业、超越竞争对手的产品和服务、抓住技术进步带来的机会、充分利用企业的资源和能力,以及研究那些经常被用来定义品类或子品类的价值主张。对于市场而言尚不成熟的概念或趋势,应该按照它们的影响力和紧迫性来进行优先级排序。

| 讨论题 |

1. 列出你所在行业中最明显的5～10个未被满足的需求。针对这些需求产生新品的可能性有多大,按照可能性为这些需求排序。它们潜在的市场规模有多大?

2. 哪些新兴的趋势会给百思买、苹果和美捷步带来冲击?对相关的信息需求领域进行排序。

3. 哪些范例企业可以给无印良品带来创意?哪些可以给惠蒂斯带来创意?

BRAND RELEVANCE

第 7 章
评 估

> 比起机会稀缺，一家伟大的公司更有可能因为机会太多消化不良而消亡。
>
> ——戴维·帕卡德（David Packard），惠普公司创始人
>
> 所有人都后悔自己在冠军马上下注不够多。
>
> ——理查德·萨苏利（Richard Sasuly），作家，赛马界权威人士

要想打造能够开创新的品类或子品类的产品,关键在于对概念的前景有准确的评估,并能够将想法付诸实施。赛格威(Segway)的案例很好地诠释了实现这两点并非易事。

赛格威思维车

狄恩·卡门(Dean Kamen)是一位在医疗设备领域非常成功的发明家。他的发明之一iBot是会爬楼梯的轮椅,这个产品为2001年赛格威思维车的诞生打下了基础,后者远比前者更加令人激动人心。这款思维车是一个直立、双轮的载人移动器,"司机"只需前倾或后倾身体就可以实现加速与刹车,它的最高时速可达12公里/小时,充电完成后最远可续航17公里。这款车的核心运行机制被称为"动态平衡",它包含6个陀螺仪、2个倾斜传感器以及1个双核电脑系统,使得车子可以在1秒钟内完成100次调整。

赛格威思维车在2001年前景很好。其中一位主要的支持者甚至公开预言赛格威思维车的销售额会以最快的速度达到10亿美元,这款车会变得和互联网同样重要。史蒂夫·乔布斯也预言这种车带来的影响力堪比个人电脑。[1]卡门自己预言说这种车"对汽车的冲击就如同当年汽车对马和马车的冲击一样"[2],他打造了一个年产量达50万辆的大型工厂。[3]当时,这家企业的估值为6亿美元。人们预计最初13个月的销售量为5万~10万辆,之后还会持续增长。但最终结果是,赛格威思维车在接下来的7年里总共售出了约3万辆。[4]

为什么？

并非因为赛格威思维车的风头不够强劲。这款独特产品的宣传攻势异常强大：网络节目和主流杂志都有专门的广告，甚至在很受欢迎的电视剧《欢乐一家亲》（Frazier）中也有植入。名人们也都纷纷使用它。很少有产品能够像赛格威思维车一样获得那么多的公共活动关注。由于这款产品如此独一无二，且能很好地回应人们对环境问题的担忧，因此它有很多自我表达方面的优势。2003年，赛格威车主在芝加哥组织了一场名为"赛格威节"的活动，以庆祝赛格威给他们带来的生活方式。

另外，也不是因为赛格威不能兑现承诺，或者赛格威思维车的性能不佳。我们很少听到关于赛格威思维车的质量或性能问题的报道。该车早期版本的一些设计缺陷很快就得到了纠正，而且对其销售也没有造成什么影响。

真正的问题在于，首先，客户未被满足的需求被高估了，而产品的局限性被低估了。这款车最初的目标客户群是那些能够从比步行更快中获益的公司员工——赛格威思维车的行驶速度是人步行时的3倍，所需的体力却少很多，例如邮递员群体，但邮递员其实只有5%的时间靠步行送信，而且他们在尝试过赛格威思维车后并不满意，因为开这款车时双手都被占用了，无法在路上随时调整邮件。这款车在雨天也没有应对方法。警察和保安对于这款车的续航旅程感到不满，所以赛格威思维车在这一消费群体中的销售量也比预期低很多。像山地自行车这样的替代选择价格更便宜，也不用担心充电的问题。其他一些目标购买者则发现换用这辆车对其原有的工作方式和流程改变太多，所以难以接受。

其次，赛格威思维车还存在大量的顾客接受度问题。从2002年起，赛格威在亚马逊网站开始启动面向大众的销售。其中一个问题是，根据建议，客户在使用这款车之前最好经过4小时左右的培训。但对于亚马逊的直销模式来说，这一点很难做到。而且，美国有些州和城市禁止赛格威思维车驶上人行道，理由是这有可能对行人尤其是残疾人构成危险，其他一些地方的人行道限速 8 英里/小时。还有，赛格威思维车重达 80 磅的车身也是一个问题，特别是考虑到它每次充电后的续航里程数。赛格威缺乏一个核心客户群，以便让使用体验广而告之并获得明显的社会支持。最后，对那些不习惯使用这种陌生的交通工具的人而言，它的存在价值不明显。赛格威思维车的销售量从没达到过成功的"临界点"。

最后，赛格威在市场营销方面也存在很多问题。这个企业留不住高层管理人员，特别是在分销对于成功尤其重要的阶段，一直缺乏顶级销售人员。也许还有一些策略上的错误。赛格威起先推迟顾客销售，后来又选择亚马逊作为销售渠道可能是个错误。如果赛格威和某家实体零售商合作，例如某家汽车经销商，或类似于好市多、家得宝、西尔斯这样的大型零售商，它也许会创造出更好的用户体验证明。

但赛格威并没有放弃。它在 2004 年推出了另一款用于运送高尔夫球的思维车，2005 年推出了配有 Leansteer 的第二代生产线产品，这些车可以依靠人体的倾斜角度来操控。它将销售市场扩大到约 60 个国家，并开发了赛格威社交网络，用户可以在网上比较使用记录与体验。赛格威目前没有明显的竞争对手，接下来它计划与通用汽车合作开发四轮车。但毫无疑问，赛格威之前的乐观预期仍未实现。

卡门并没有感到气馁，他的下一个尝试是生产通过燃烧牛粪来供能的净水盒。[5] 这个设备的配件由卡门的企业设计，质量可靠、售价低廉，如果它能够得到推广，那么每年由于饮用不洁净水而死亡的人数有望得到大幅度降低，据估计目前这一人数每年多达 500 万人。卡门从赛格威思维车的失败中汲取了教训。未来，他计划建一个大型工厂来处理产品的生产与分销问题。

这一案例带给我们什么启示？评估在哪里出了差错？首先，市场研究应该更具深度。赛格威可以进行人种志研究或者更系统的市场测试，这样，它对于邮递人员和保安人员的过高估计就会降低。其次，分销是任何新品推向市场的关键，回想起来，它也许有必要借助连锁店来展示产品、教授使用方法和提供服务。再次，市场营销方面人才的缺乏是销售额不尽如人意的主要原因。人才的作用经常被忽略。最后，过分热情和广泛的宣传也有缺点。如果赛格威能够基于评估制订一个比较低调的计划，覆盖未来10年的逐步发展，那么它凭借着思维车的性能、质量以及知名度很有可能成为一个大赢家。

评估：挑选最佳创意

如果企业组织保持一种开放的态度，那么会有许许多多的创意浮现；如果企业组织有意识地进行激励，那么新概念和想法就更数不胜数了。任何企业的资源和容错率都是有限的，所以很关键的一点就是对这些创意进行认真"修剪"，识别出那些最有可能改变市场格局的想法。苹果公司在1997年乔布斯回归后赢来了转机，宝洁在2000年雷富礼出任CEO后也有了新的发展，这两个案例中部分原因都是他们做了一个严肃的决定：把关注点聚焦于最有希望的新品及其市场，停止对过多创意的追逐。

为什么有这么多的新品，尤其是那些具有革新性的新品最后却以失败告终，原因之一就是它们没有获得长远发展所需的投入，没有得到所需的改进，也没有得到成功所需的市场营销。当资源覆盖太多项目时，即便不是所有也有大部分项目无法得到足够的资金支持，于是失败比例攀升。集中火力无疑是确保企业获得成功的关键因素。

梳理这些创意需要进行大量的评估，能够做出正确评估的重要性愈加明显。当然，企业面临的风险不仅在于为那些没有希望的创意注资，还在于错误或过早地终止了原本有潜力的创意。后者往往不易为人所知或容易被人遗忘，却有可能是企业最大的损失。

如果一个想法是错误的、不够成熟的、不符合企业文化而无法被实施或者没有所需的关键资源和能力,那么企业支持这个想法给自身带来的风险可能是巨大的。据报道,20 世纪 90 年代美国电话电报公司的亏损高达 500 多亿美元,原因就是它尝试的 3 个行业最后都溃不成军。这 3 次尝试分别为:与美国计算机服务公司(NCR)合作生产电脑、与麦考蜂窝通信公司(McCaw Cellular)合作生产移动电话、与 TEC 和第一媒体公司(MediaOne)一起进军有线宽带行业。[6] 英特尔曾因尝试进入虚拟主机业务领域而损失了 10 亿美元。评估过程应该是专业且客观的,企业应尽可能避免错失良机或者选择那些有极大风险的创意。

从根本上来说,企业在进行评估时需要问以下 3 个问题(见图 7-1)。

- 有市场吗?
- 我们能够竞争并胜出吗?
- 市场领先地位可以持久吗?

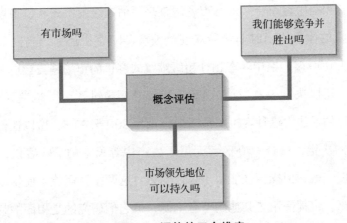

图 7-1　评估的三个维度

每一个问题都很难回答。进行评估选择的领导层需要对各种情况做出预测,包括复杂和动态的市场、不确定甚至还未崭露头角的创新、企业自身不足带来的影响、客户对新品的反应(也许会与其对现有产品的反应大不相同)以及竞争对手对于新的品类或子品类的反应。

有市场吗：机会真的存在吗

是否真的存在能够改变人们的购买内容并创造出新的品类或子品类的实质性创新或变革性创新？对于创新究竟属于渐进性创新、实质性创新还是变革性创新的辨别是问题的核心。新的品类或子品类所拥有的客户数量值得这次投资吗？品类或子品类的收入增长前景如何？这是一时的热潮还是更持久的趋势？它会增长为一个大的市场吗，还是始终是一个小众市场？

预测市场很关键。产品需要有一个值得投资的市场。如果没有这样的市场，投资就是无意义的。对宝洁许多次失败的市场行为（包括一些非常显著的失败）的分析表明，导致失败的主要原因之一就是这些投资对应的市场太小。[7]

曾有一项预测戏剧性地改变了两家航空公司的命运。[8] 20 世纪 90 年代中期，波音和空中客车合作进行市场调查来预估超级喷气式客机市场。超级喷气式客机的体积比当时非常受欢迎的波音 747 客机还大，当时 747 的销量超过了 1 000 架。空中客车预计超级喷气式客机的市场销售量也可以超过 1 000 架，所以决定投资生产 A380，投资总额超过了 100 亿美元。然而，波音经过评估后认为这种客机的预期销售量为 250 架左右，所以他们做出了截然不同的决定：投资 100 亿美元用于生产中等尺寸的 787 客机，这款客机飞行速度一般，但操控性能很出色。当然，这两家公司除了使用联合市场调查的数据，也都使用了其他的信息来源，但它们研究的是相同的趋势、相同的顾客和相同的市场环境。

这个故事生动地诠释了市场评估可以给企业的战略选择带来多么大的影响，由此产生的战略反过来又会大大影响该企业的成功以及该企业的性质——它的人员、体制和文化。另一个结论是：对于相同的数据，即使数据来自于同一项调查研究，不同的企业对此也会有完全不同的解读。为什么？部分原因是两家企业对于不同的可能性给予了不同程度的重视。有的航空公司，例如新加坡航空、迪拜航空认为长途飞行更有发展前景，而有的航空公司，例如美国西南航空和欧洲航空公司则更看好短途飞行。还有一部分原因在于"确认偏误"（confirmation bias）。空中客车目睹了波音747的成功，可能存在一种"机身嫉妒"。另外，空中客车背后的国家联盟中像法国这样的核心成员国认为对大型客机进行投资能带来更多的收益。波音有可能发现了大型客机存在的问题，也许已经计划要生产小型客机了。因此，双方都可能为了支持自己偏爱的策略而对信息进行了过滤和重新诠释。

趋势评估

评估的最终目的是评价产品及其相关的品类或子品类。然而，由于新品在某种程度上会受到市场地位或市场趋势的驱动，所以对趋势的评估也应被纳入企业的整个评估过程之中。这是一个实实在在的趋势，还是很快就会衰退甚至崩塌的热潮？这个趋势可以持续下去或者能够继续增强吗？对企业而言，非常关键的一点就是能够正确评估促进新品发展的趋势及其相关的品类或子品类。

如果企业错过了一个重要的趋势，可能是非常有害的。经典自行车品牌施文（Schwinn）在1985年公开表示山地车只是一阵风潮，结果给自己的市场地位乃至整个公司的健康发展都带来了灾难性的后果。

如果把一个不存在或者很微弱的趋势错判为很强，后果可能会更糟。一个"海市蜃楼"般的趋势也许会持续相当长的一段时间，吸引大量本可以用于其他有生产力的领域的投资。

以下是一些关键问题。

推动趋势的因素是什么？ 推动趋势的力量与来源是预测趋势强度的一个重要指标。不同于一时的热潮，趋势有稳固、坚实的基础。推动趋势的更有可能是人口分布（而非流行文化）、价值观（而非时尚）、生活方式（而非某个时尚群体）或者技术（而非媒体）。[9]因此，趋势背后有实质性的支撑物，它可以持续存在；一时的热潮背后没有实质性的支撑力量。考虑Twitter和Facebook兴起背后的力量。费丝·波普康（Faith Popcorn）评论说：热潮与产品有关，而趋势是关于驱使顾客购买的因素。她还指出，一种趋势（往往很强大、很宽泛，平均能够持续10年）是不可能被开创或改变的，它只能被观测。[10]

早期的销售增长是否仅仅是过分宣传所产生的泡沫？产品在短时间内获得过快的增长可能只是热潮，尤其是当热潮与时尚或未被验证的技术相关的时候。一个典型的热潮就是CROCS缤纷橡胶鞋，它一下子就变得随处可见了。公司的股价2007年蹿升至每股75美元，但仅仅18个月后又下跌到1.2美元。[11]CROCS如果还能推出其他的设计新品，它也许可以继续存活下去，但仅凭标志性产品无法维持其市场地位。Yugo汽车最初取得的成功也只是基于炒作，并没有实质性的支撑力量，所以它最终的失败也是人们意料之中的。

这一趋势在主流市场中的接受程度如何？许多具有强大吸引力的趋势虽然起初势头强劲，但是在可预见的将来只能局限于小众市场。其他的一些趋势会冲进主流市场，产生更大的影响力。关键企业要明白，如果新品想进入主流市场，决定因素是什么？或者说有哪些因素会阻止新品的进入？是人们内在的习惯、产品过高的价格，还是产品使用过程中的困难？有什么例子？

趋势是基于言语还是行动？一件事情不会仅仅因为被重复多遍就成为事实。彼得·德鲁克㊀认为，真正的改变是人们做的事情，而热潮只是人们议论的话题。[12]这句话的含义就是趋势需要有数据作为支撑的行动和实质内容，而不仅仅是捕风捉影的念头。

这个趋势在不同的品类或行业中体现出来了吗？如果答案是肯定的，那么这可以称得上是一个大趋势，例如可持续发展、电子技术以及健康饮食。

㊀ 彼得·德鲁克的著作已由机械工业出版社出版。

这样的趋势始于小市场群体，但之后发展迅猛，势头几乎蔓延到所有的商业运营领域。如果企业忽略这种大趋势，情形就会非常危险。然而，这些趋势也许会很难被解读，因为它们在不同的情况下往往会呈现出不同的形式。另外，这种趋势同样也会吸引竞争对手。因此，在这种情况下，企业拥有高度差异化的新品以及品类或子品类就变得格外重要了。

的确，但是……

有些趋势虽然是真实的，但如果不慎重考虑，容易被夸大。例如：

● 的确，互联网的接入和使用正在快速发展，但是……

有相当大比例的人群仍然没有意识到网络的必要性，他们中有部分人甚至对技术存在直接的敌意。

● 的确，人们可以也愿意在网上对比商店产品的价格，但是……

许多人对自己喜爱的网站很忠诚，不使用价格对比服务。

● 的确，健康饮食和锻炼的潮流表现强劲，但是……

重口味食品，例如巧克力、冰激凌、高脂肪汉堡仍旧占据了重要的甚至不断增长的细分市场。

● 的确，手机是多媒体市场营销的平台，但是……

在2009年，约有一半的美国手机机主只使用手机来打电话，不用它们发信息或上网。

这个趋势是基于对未来创新的预测吗？ 1960～1970年，《商业周刊》《财富》《华尔街日报》刊登过人们对于重大新品的90多次预测，对这些预测的分析能够很生动地诠释出预测未来的产品能否成功是多么困难。[13]在人们的预期中，55%的增长都没能真正实现。原因多种多样：有的是对于技术的过高评估（如三维立体彩电、防蛀牙疫苗）；有的是高估了消费者需求（如双向有线电视、四声道立体音响、脱水食品）；有的是没有考虑成本壁垒（如SST超音速运输机——一种超音速飞行器，可以在人行道上移动）；还有的是忽略了政治因素（如海洋勘探）。除此以外，有些预测无法实现是由于消费者需求和偏好的改变，例如自助卷烟式香烟、小雪茄、苏格兰威士忌和民用波段无线电。对于无支票社会，也就是无须纸质支票这一趋势的预测，则比现实至少提前了50年。

即使趋势是真实的，它也不一定能成为新的品类或子品类成功的基础。这个趋势是催生新的品类或子品类的真正力量吗？或者它只是不相关的力量？Zipcar受益于城市生活方式的趋势，健康之选受益于健康生活的趋势，无印良品受益于天然和回归自然的趋势，全食超市受益于天然和有机食品趋势，赛百味受益于减肥、减重趋势。所有这些产品都是对真实趋势做出的回应。然而，绿色环保的概念却无法支撑起赛格威，因为这不是大众运输工具关注的核心。

乐观偏见

新品评估的风险之一就是乐观偏见——认为顾客对于新品会与新品的拥护者一样兴奋和赞叹。拥护者往往会提前数月甚至数年就开始关注这个新品的特征及其潜在的优点，所以早就形成了对新品的"理性"判断：这个进步是变革性的，所以它可以开创新的品类或子品类。抛开这种乐观的态度，转而从普通顾客的视角进行研究并非易事。站在普通顾客的角度，他们可能每天接受海量的不同的信息，要做出艰难的预算决定。正如赛格威的案例所诠释的，顾客对于新品可能没有那么兴奋和激动，也没有那么在意。

有许多心理原因和职业原因使新品的拥护者信心满满。一方面，创新也许与个人或团队的职业生涯紧密相关。成功可以加速事业发展，而一次失败，甚至一次过早的退出，都可能让他们止步不前。除了职业动力之外，还有个人内心的力量。为一项创新摇旗呐喊本身就很激动人心并充满意趣。相比之下，经营现有的业务倒显得有些无趣。也许更重要的是，变革性的新品可以成为拥护者身份的一部分，它的成功不仅是职业成就，也是个人成就。

由于拥护者与相关团队对产品的推进和成功的迫切需要，信息被过滤了。有利于新品的信息被接纳，而不利于新品的信息则被歪曲、被无视——"确认偏误"在起作用。有难度的决定被延迟，甚至变得不客观。当然，一个严谨、客观的评估程序可以降低风险，但是过分乐观的可能性总是会存在。

因此，价值主张可能会被高估或仅仅是海市蜃楼。例如，一站式金融服务的愿景在20世纪80年代初次尝试时收获的顾客远少于预期，当20年后重新推出时结果还是如此。顾客需要的是来自所有金融服务提供商的优质服务，这些服务是否出自同一家没有那么重要。那些概念构想者只看到了理论上的优势，却忽视了实施的困难以及顾客兴趣的缺乏。

悲观偏见

由于判断错误而扼杀有潜力的项目给企业带来的风险，可能远大于给一个即将失败的项目开绿灯的风险。一个大型商业平台的可能性也许就因为一次错误的"行不通"的决定而丧失殆尽。另外，将资源投资给失败项目的管理层会为此承担责任，但是那些让良机在自己眼皮子底下错失的管理层却往往不易被发现。例如，尽管时任通用汽车CEO的罗杰·史密斯投资机器人和IT方向的决策很明显是错误的，但他犯的其他错误，例如没有对克莱斯勒的小型商旅车做出回应，或者扼杀了电动汽车业务，却没有那么引人注目，但这些错误其实一样糟糕。悲观偏见可能是基于悲观做出的预测，不认为企业有能力通过创新来改进产品、解决产品现有的缺陷、找到合适的应用或者合适的市场。无法适应完全不同的方式可能是另一个原因。

一个非常有代表性的案例可以说明扼杀项目带来的风险，那就是宝洁汰渍的故事。宝洁在1946年推出的这种合成洗涤剂改变了人们的洗衣方式。

研发过程花了十几年，但在最后 5 年却彻底失去了资金投入——这个项目被终止了。然而，它并没有消亡，研发在继续不为人知地进行，因为有一位科学家一心致力于项目研究及成果的实现。直到 1945 年，当产品终于到达实验阶段，宝洁高层才了解到情况。值得称赞的是，这次他们意识到了这款产品的革新潜力，于是改变了之前的路线，做出大胆的决策，对工厂进行大力投资来生产这一产品。他们将正常的测试时间缩减了 2 年，以在竞争中赢得先机。如果 5 年前他们真的终止了这一产品，那么宝洁现在可能只是一家肥皂生产商。

有时，产品缺陷会被误认为是致命的缺点。例如，Mint.com 在融资过程中遇到了很大的困难，因为当时人们普遍认为不会有人愿意向独立网站提供个人金融信息。然而，这一判断最终被证明是错误的。该公司指出，网站被设计成了只读系统模式，没有资格的人无法挪走资金。他们还开诚布公地表示，网站的安全性有史以来从未打过折扣，尽管曾有人企图对网站发起攻击。后来该公司找到了更多维护安全的方法，例如通过使用 VeriSign 和 Hackersafe 等第三方品牌。

正如汰渍的例子所诠释的，产品有可能仅仅由于概念有缺陷就被过早地放弃了。能够细化和改进的可能性也很容易被忽视。从 20 世纪 60 年代的丰田到 90 年代的现代，汽车产业中有不计其数产品存在某种缺点的例子，还有很多产品甚至当时受人耻笑，这些产品都险些在评估过程中被扼杀，但幸运的是它们都生存了下来，经过不断改进很多产品最终还成了市场领导者。

企业对于市场规模的评估可能太过依赖于由各种存在缺陷的产品所组成的现有市场。电子阅读器（或称 e-reader）面世已经十多年了，却一直未形成气候，部分是由于电子阅读器获得的书很有限，设备本身也很笨重。亚马逊在 2007 年 11 月推出了 Kindle，它使用 Whispernet 系统，可以快速下载书籍，并且待机时长可达 30 个小时，还能给读者带来一种类似纸质书的阅读体验，受到市场的热捧。一年之内，Kindle 的销量就超过了 100 万台，并使得早期的产品都失去了市场相关性。

正确的应用未被发现，预测被建立在错误的基础之上，在这种情况下一个好的创意有可能被扼杀。英特尔开发 80286 微处理器的经历告诉我们，在寻找技术的正确应用时很容易犯错，尤其是当配套技术不稳定的时候。在 1978 年开始的研发阶段，英特尔预想出了 50 多种微处理器可能的应用。[14] 但最终成为英特尔主业基石的个人电脑却并不在这 50 个应用之列。这一点也不难理解，当初应用如此之多，人们很难预测到大量的辅助技术和软件程序会取得长足发展，并且最后帮助个人电脑成为黑马赢家。从中我们可以得到的教训是，培育新技术突破是值得的，即使最终应用还不确定。

新品如果被投放到错误的市场，也会发出强烈的失败信号。联合果汁（Joint juice）公司由一位整形外科医生创建，他有一个突破性的创意：将能够减轻关节疼痛的葡萄糖胺制造成液体形式。[15] 最初产品瞄准的目标市场是中青年运动员，于是产品在内容、包装、分销和广告方面都围绕职业运动员给出了多种选择。问题在于，该产品真正的市场人群应该是老年人，这些人急需低卡路里、价格适中的产品，但他们的购物渠道完全不同。将精力放在错误的市场最终导致了企业的失败。

有时也许是由于人们不愿意改变传统的行事方式，所以很可能不假思索地就被放弃了那些带来全新视角的产品。有一个关于非常优秀的跳高运动员的故事，他本来完全可以进入俄勒冈州立大学田径队，但他跳高的方式与众不同，而教练坚持让他用传统的"俯卧式跳高"方式，这样一来他几乎无法再取得任何进步，最后教练只好放弃，任由他用自己的方式跳。几年后，他在上大四的时候，用自己的"福斯贝里跳"（Fosbury flop）获得了奥运会金牌，仅仅 5 年后，他的跳高方式就成了赛场上的常规跳法，而世界纪录也提高了 5 个百分点。[16] 数以百计有前途的网球运动员都半路夭折，因为教练强迫他们练习单手反手击球，直到克里斯·埃弗特（Chris Evert）和吉米·康纳斯（Jimmy Connors）的出现，才使得双手反手击球成为一种常规打法。所以，如果你在头脑风暴会议中想出了一种新颖的方法，请一定想想福斯贝里跳和双手反手击球的例子。

"市场太小"的问题

市场需要达到一定的规模才能支撑一家企业。一个过于小众的市场也许有潜力和可持续的差异性，却往往不可行，部分就是由于其运营和营销成本过高。但是忽略小型市场也会给企业自身带来风险。将众多小众市场结合起来可以形成一个规模可观的产业。在微市场年代，许多重要行动都发生在小的细分市场群体中。如果企业避开这些小型市场，也许它就失去了在某商业领域的活力和盈利能力。

另外，许多大的商业领域最初规模也很小，这种状态甚至会持续很多年，然后才逐渐发展壮大。避开小型市场就意味着企业日后必须克服竞争对手的先行者优势，或者完全与某一品类失之交臂。可口可乐公司很多年来都抵制瓶装水和其他饮料，因为它觉得这些产品相对于可口可乐集团来说市场太小，现在回想起来这个判断是错误的。微软办公软件也扼杀了许多处于萌芽状态的新尝试，因为高销量使得这些新想法显得微不足道。结果，许多高技术创新都在微软以外的公司生根发芽，白白浪费了微软那么多出色的工程师。菲多利公司的政策明文规定避免任何无法在几年内获得高销量的产品，于是其创新和测试创意的能力也受到了很大的限制。

问题的关键是可能拥有较高的客户关联度以及可持续差异性的小众市场能否发展成一个更大的市场。这一过程并不容易，因为这样一来小众市场所代表的品牌及其新的品类或子品类可能会在走向主流市场的过程中失去特殊性。但是有些品牌做到了，如耐克、星巴克和索贝（Sobe），当然也有不少企业在尝试过程中遇到了许多问题，如斯纳普（Snapple）和Gucci。品牌要想成功，需要在扩张过程中很好地保持自己的特色及优势。这无疑是很有难度的。

潜在的市场也许会很大，但由于现实中存在的障碍，真正能形成的市场规模可能很小。或许是经济障碍。例如，许多不发达国家的人都需要电脑，但资金缺乏和技术不到位都使得他们无法购买电脑。也或许因为技术还未成熟，需要一段时间来培养顾客需求，例如电动汽车的电池。又或者顾客改变的比预期要慢。例如，人们对于电子银行的需求，它真正实现的时间比预期延后了很多年。另外，有一些阻碍因素使得价值主张很难转化为真正的行动。例如，人们赞同低脂少盐食物这一想法，可他们不愿意牺牲食物的口感。或者价值主张无法令人信服。一种用量能减少一半且泡沫很少的清洁剂在墨西哥遭遇了滑铁卢，因为消费者不相信用量一半且没有泡沫的产品可以洗干净衣物，这种根深蒂固的观念很难被改变。

测试和学习

企业对于任何新概念的评估都应该让目标客户群了解这些新概念，以便在不同情境下对概念加以评估，例如在市场调查中、在实验室里、在模拟家庭或商场环境中、在试用体验或者试验性市场中。一个不断进行"测试和学习"的项目有助于企业在测试概念的同时引导新品不断优化。食品类产品，如朝日超爽、麒麟一番榨、惠蒂斯麦片燃料、德雷尔低速搅拌冰激凌和健康之选等，在验证其潜力的过程中口感测试都起到了很重要的作用。如果产品在这个测试中无法通过，那么企业就还需要做更多的努力。

潜在顾客的反馈很重要，但不是决定性的，部分是由于产品的呈现方式对顾客的观点会产生影响。在新品尚未被完全开发出来的时候，与之配套的概念没有相应的营销活动。这个时候测试者可能还无法全面认识和欣赏新品的价值主张，所以会指出产品存在的一些缺陷或提出一些反对意见，而这些负面因素到了真实环境中也许就没么明显了。

反之亦然。新品在一个有限的环境中看上去也许充满了吸引力。例如，新可乐可能是当代最具灾难性的新品了，在正式发起这个产品之前，它在口感盲测中很成功。没有贴商标的时候它表现得很好。问题就在于到了市场上，它被贴上了商标。当"真正的"可口可乐品牌被发现的时候，新可乐就从口感测试的赢家变成了输家。㊀

对于创新性很强（如赛格威）的产品，顾客评估起来并不容易。一方面，他们可以理解这个产品的概念，但另一方面，研究显示，他们不太可能继续关注并真的购买这种与现有产品迥然不同的产品，相较之下，他们还是更有可能购买一款与现有产品差别没那么大、优点也更容易理解的产品。对于这种创新性较强的产品，最有用的反馈来自于那些早期使用者或者意见领袖，他们通常对新概念有兴趣、有感觉；或者来自于测试阶段的用户真实的使用体验。

市场测试之后就要开始在小范围内进行推广。这意味着企业运用其市场地位来进行市场验证和产品优化。也就是说，企业对可行的创意继续完善，替换不可行的创意。许多零售商，例如无印良品、Zara、百思买、全食超市在开始几年发展都比较迅猛，它们的创始人在此期间不断尝试不同的想法和不同的产品呈现方式。其他企业，从包装食品业到服务业公司起初都特意在小范围市场尝试，目的就是测试和改进新品及其市场地位。事实上，几乎所有的突破性创新都是随着时间一步步演化而来的，管理这个过程对企业的成功而言很关键。

了解价值主张

也有许多新品未经过真实的顾客测试就成功地定义了品类或子品类。史

㊀ 人们认为传统口味的可乐才算地道的"可口可乐"，所以集体抵制新可乐。——译者注

蒂夫·乔布斯就以不测试任何新想法而闻名。iPod、iPhone、iPad 都没有经过测试。他对于价值主张有很清楚的概念，这来自于他对什么是可能的、竞争对手有什么以及市场需要什么这些问题的了解。特德·特纳（Ted Turner）也从未测试过 CNN 的概念，但是多年前他就知道一个覆盖全国有线渠道的新闻网站一定可以获得迅速发展。他知道人们重视新闻，如果可以不用等待早新闻或者晚新闻，他们会很认可这种模式。

这种对于价值主张的信心往往伴随着对目标市场的深入了解，或者以这种深入了解为基础。例如无印良品、全食超市这样的大型零售商对于目标市场人群都有着亲近感，并理解这些群体背后的价值驱动力和能量。企业号租车公司对于自己的目标客户群——那些车子正在修理的车主以及保险公司要面对哪些问题非常了解。朝日公司也对自己的目标客户群感同身受，他们年轻、时尚、思想开放，希望能够找到一种不同于"父辈"啤酒的其他选择。

对于竞争对手及其产品缺陷的了解也能够促进企业价值主张的执行。我们之前介绍过的 Mint.com 是一家提供免费金融管理服务的网站，服务内容包括做预算、报税、管理投资、记账。它的产生就得益于该公司认识到了竞争对手 MSN 投资频道（MSN Money）和 Quicken 的不足。[17] 这两个竞争对手都要求用户对自己的开销进行分类，这个过程很耗费精力，因为它们给出的类别不够确切。另外，它们的程序在安装时很麻烦，之后必须要输入很多的信息。与它们相反，Mint.com 有精确的分类程序，基于网络，建立的账户过程非常便捷，而且服务是免费的，企业的收入来自于把客户推荐给金融机构。

我们能够竞争并胜出吗

如果对企业真正创立一个可靠的、有表现力的新品并将其推向市场的能力做出过高的评估，那将是一个致命的错误。如果企业是在自己的核心业务方面冒险尝试，那么失败的后果尤其严重。这就引出了几个关于产品的问题。产品符合企业的策略吗？这个策略与企业的核心业务协同吗？企业会支持这种尝试吗？即使能够获得企业的支持，其他企业是否也都可以开发出这样的产品并推向市场？

这符合企业的策略吗

如果新品与企业现有的策略相吻合，那么它的舒适度会很高。策略本身就可以衍生出开创新品的举措。例如，提供替代能源的新品符合通用汽车的策略方向，因为通用强调开发和节约能源。麒麟公司需要对朝日超爽进行反击，因此开创麒麟一番榨或类似的计划对它而言是必要的。有时产品并不是事先计划的，但正好符合企业的策略，可以与其他产品使用相同的企业资源和能力。或者，新品正好针对相同的市场，这样，企业对新品的支持无须对原有的计划做出太多改动。

当产品或服务不在企业的策略范围内，并且代表的不是延伸，而是对策略的补充时，接受标准就会提高。例如，当英特尔要进入微处理器市场时，它当时的能力是不够的，还需要基于复杂的微处理器原理打造自身的设计能力。这样，接受新方向的决定就难多了，因为这个决定不仅是适应在现有的业务中开创新的子品类的产品。事实上，英特尔必须制定出新的策略，接受其必须培养新能力的事实。

企业高层最重要的决定之一就是是否要对策略外的新品进行投资，因为其成本、投入、风险可能都很大。这样的决定可能会占用很多资源，并且使原有的核心策略转向，甚至使企业陷入困境。当然，这也有可能为企业开发出一个全新的增长平台，这个平台对于企业很重要，甚至关系到企业的未来。还存在第三种可能性，就是它会加速企业策略的改变，因为这时企业正好到达了安迪·葛洛夫（Andy Grove）所说的"曲折拐点"——外部竞争环境发生重大改变，导致现有策略不再适用。[18] 1984年，当存储器开始商品化时，英特尔决定放弃这一业务，这就是一个典型的曲折拐点。

企业如何确定自己是否面临曲折拐点呢？葛洛夫提出了一些建议。首先，观察最可怕的竞争对手的身份何时发生变化。[19] 如果你只有一颗子弹，你会射向哪个竞争对手？你会调转枪头吗？其次，调查数据而非情感，因为衰退的企业总是有一些情感势能。它们关于销量、价格、市场份额和利润的数据是怎样的？最后，考虑"策略不和谐音"，当战壕中的管理者不顺应企业的策略行动，而是别有用心的时候，"不和谐音"会产生。

这会产生协同作用吗

一个渴望开创新的品类或子品类的新品，如果它可以和企业现有的业务分享资源与能力，那么企业对它的接受门槛会降低，这个新品也会更具吸引力。如果一个新品能够使用企业现有的分销系统，或者充分利用已有的品牌资产，操作风险会减少很多，新品也会获得非常有意义（即便不是决定性）的优势。另外，这个新品还可以增加企业的资源与能力。例如，如果一个品牌被用于新品，那么该品牌可以获得能量并加强自身相关因素。

亚马逊的Kindle就提供了许多的协同作用。亚马逊是市场领先的图书零售商，在这样的背景下，电子书本来是一个威胁。但通过占据领先位置，亚马逊参与了电子书市场，不仅营销Kindle，还开展了销售电子书的业务。这些举措给亚马逊品牌增添了活力，受到了消费者的认可，进一步巩固了其"购书必去之处"的品牌形象。

如果新业务和企业已有的市场没有什么关联，那么企业就不得不为其开发新的和不熟悉的资源、能力及策略。例如，赛格威缺乏分销渠道，它着力打造这部分优势却以失败告终，这一失败在某种程度上也是其销售惨淡的原因之一。进一步分析，协同作用有时也会转化为负面因素，这通常发生在新品汲取并蚕食现有品牌或业务的能量，或新品占用核心业务所需要的资源时。回想一下20世纪80年代的汽车产业，很多企业把核心业务的资源移向他方，结果自己给自己挖了陷阱，局面很难恢复。

1978年创立的家得宝是一家成功的家居装修店，商品种类繁多，员工都是训练有素、工作尽心的DIY达人。1991年，他们决定通过设计展示中心（EXPO）连锁店模式来打入高端家装市场。这里就几乎不存在任何协同效应，因为新举措针对的是完全不同的市场、生产的是具有完全不同的功能的产品、使用的也是全新的品牌。费力挣扎20年后，家得宝最终在2009年关闭了这些店。经济下行促使家得宝终于做出了这个艰难的抉择。

缺乏匹配度会降低成功的可能性，但也会让成功变得更加可贵，因为企业在这个过程中拥有了更多的新能力和更宽泛的业务范围与顾客群，从而变得更强大。维珍在还是一家唱片公司的时候在航空业领域取得的成功，外加独特的策略与个性，为其带来了大量的策略选择。

企业会支持这种努力吗

新品要想获得成功，企业要有投入的意愿，它必须提供资源、容忍风险并给予支持和指导。这需要资源也需要意愿，尤其是当企业遭遇一定的挫折并需要做出创新时。有些企业资力雄厚，但是过于吝啬，事业一遇到困难，资源就被撤回了。一种情况是经过理性评估后判定一个概念不够成功，因此不值得进一步投资；还有一种情况是一遇到困难就打退堂鼓，这两种情况之间只有一线之隔，但本质不同。

企业的投入取决于很多因素，包括投资资源的可获得性、企业内部相互竞争的替代方案、希望获得资源的人的政治权力以及用于分配资源的过程。第11章将会探讨企业需要有客观、覆盖全企业范围的资源配置过程，以确定哪些项目和业务应该被投资或撤资,并中和大型业务单元的经济和政治权力。

通常来说,关键问题在于企业是否拥有先行者优势,即规模效应、先发制人的位置或地位,以及是否存在忠实的客户群。另外,这也取决于新品面向的市场是主流的还是小众的,企业的投入是否足够让这个新品取得早期市场引领者的地位。如果该新品有潜力具备先行者优势,那么企业很有必要为之进行足够的投资,以充分发掘这种潜能。

新品可以被开发出来吗

我们能开发出来这个产品吗?其他企业呢?这真的可行吗?例如,把核电站建在海洋中也许会面临建造困难,并且相关的创新似乎也不可能完成。的确,不能因为一个概念有缺陷、不足或者还需要创新就扼杀它。然而,企业应该对所需的创新及其成本有一个现实评估。如果相对于回报而言,成功的可能性太低或者成本太高,那么这个概念就应该被搁置。

即使问题可以得到解决,企业能否真的实现这个新品也有很多不确定性。也许是所需的资源和能力还不存在,或数量不足,而要发展这些能力或者资源又很不现实。也许是克服困难的同伴很难寻找,或者难以合作。又或许是合适的人员、体系、文化和结构与当前的企业组织不匹配。例如,数字动画公司皮克斯的成功就是源于它有一支独一无二的团队,融合了不同的文化、不同的人,而这样的团队在其他大多数电影企业中都无法生存。

新品可以被推向市场吗

即使企业可以研发出这种产品,该产品能被成功地推向市场吗?要实现这一切,企业需要完成许多事情。新的品类或子品类需要获得可见度,被清楚地界定、完善地表达。新的品牌需要在新的品类或子品类中获得可信度、需要获得有效的分销渠道以及忠实的客户群。企业的指导计划对于产品、品牌、品类、子品类以及市场策略来说应该具有长远的眼光。这一切无疑都是不容易的。

即使企业完成了品牌打造任务，市场可能仍然是微小的。赛格威思维车和宝洁的奥利斯特拉都做对了很多事情，但是在企业有能力克服产品缺陷之前它们都没有被市场所接受。索尼开发出了从很多角度而言最好的VCR格式的播放器，依靠的是它的主打技术，却未能说服市场，最终还是败给了VHS格式。企业在支持一个概念时，必须在决策过程中考虑到不好的后果。

市场领先地位可以持久吗

对于新品而言，最大的风险在于竞争对手会马上跟进，带来完全可以媲美甚至更优质的产品。有几个维度可以用来评估竞争对手新品的威胁，包括增长环境的吸引力、竞争对手企业的内部策略以及进入壁垒。

增长环境的吸引力

企业往往会以为竞争对手看不到相同的机会，部分是因为竞争战略情报很难获得，还因为竞争对手的关注点可能在企业内部而非外部。一个新概念会消耗团队的精力，并且围绕它会有许多难题和不确定性。然而，如果目标市场看起来似乎会有非常吸引人的增长，那么很大的风险是，有很多竞争对手基于同样的信息输入和同样的分析方式得出同样的结论。

在各种被炒热的市场中都存在过度拥挤，从铁路到飞机、从广播电台到设备、从电视到电脑和电子商务等。在互联网泡沫时期，曾一度有至少1 000家与旅游相关的网站，30多家健康美容网站。行业销售额通常不够这么多竞争者共同瓜分。一个关键问题是，被吸引的竞争对手的数量和能力是否会造成市场过度饱和，引发价格战，从而使市场环境变得恶劣？

在下列情形中，过分拥挤现象更容易发生。

- 市场及其增长率非常明显，尤其对相邻市场的企业而言。
- 早期对市场的高预测和实际的销售增长被视为一种证据，进一步确认了市场会出现高增长。
- 早期在分销渠道或品牌忠诚度等方面困难不明显或者很不起眼，消费市场热情高涨，很难熄灭，这种热情的扩散往往会借助新闻媒介、风投行业的宣传等方式。
- 一些潜在的市场参与者知名度较低，他们的意图未知或难以确定。

竞争对手的策略

对竞争对手进行分析应该可以辨别出它们中有哪些最有可能参与进来——一般是具备所需优势及能力的竞争者。但也有一些参与者能够找到策略绕过资源优势方面的需求。例如，有的企业绕开了对固定分销渠道的依赖，转而使用互联网宣传。

一个值得关注的问题是，快速跟进的企业是否可以在前期市场领导者的基础上打造自身的实力，消除之前企业的先行者优势。测试和学习流程的结果可能都很明显。因此，后来的竞争者可以省去很多时间和资源投入，它们可以将重点放在如何对产品进行延伸和改进上。最终的风险就是，企业在一个健康发展的市场中建立了自己的地位，而后来跟进的竞争对手却带来了明显质量更高或成本更具优势的新产品。许多行业都发生过这样的事，例如电子消费品行业，在美国市场中日本和韩国企业本来是后来者，但它们却凭借着一贯的低价策略以及产品的不断改进占据了市场领先地位。同样讽刺的是，这些日本和韩国企业中的一部分企业进入中国市场并成为早期市场领导者，最后却发现自己输给了后来快速跟进的中国企业。

关键问题在于竞争对手是否有动力和资源来打入新的市场领域。如果市场策略有问题，或者资金不易获得，那么即使产品的前景诱人并且企业自身能力可及，它们也许仍旧会放弃这次机会。这往往是时机问题。如果竞争对手的关注点在别处，企业又有运气和洞察力采取策略主动进入一个新的品类或子品类，那么该企业独领风骚的地位可以更稳固，时间也会更久。企业在做决策时，往往会忽略或低估竞争对手的行为，但实际上这些行为对企业的战略能否取得最后的成功至关重要。

回想一下克莱斯勒小型商旅车的案例。它在15年内都没有什么重要的竞争对手，截至2009年，其销量已达到1 250万辆。竞争对手都有意避免向这一领域投资。通用汽车把资金投到了机器人上，福特投到了卡车和金牛车上，并且这两家企业都在进行多元化经营。另外，它们都在厢式货车方面获得了盈利，所以沉浸在利润流会源源不断的幻想中，不愿结束这部分业务。日本汽车生产商则为了应对进口限额，纷纷生产利润率更高的汽车以打入高端市场，例如雷克萨斯、英菲尼迪和讴歌（Acura）。无论是美国本土还是来自日本的竞争对手，小型商旅车都没有成为它们的发展重点。这些都是克莱斯勒赢得15年竞争的最重要的原因，作用远胜于它本身在车身设计、不断创新及开发忠实客户群方面的能力。

进入壁垒

分析竞争对手的反应，关键元素之一就是确定新品是否可以带来足够的竞争壁垒，使得企业投资新的业务领域在一段时间内是值得的。竞争壁垒可以来自于企业的资产和能力，也许来自技术、分销、产品设计、营销观点、项目活动、品牌等方面。品牌往往是核心，因为产品或服务可以被模仿，品牌却无法被复制。我们在第9章将主要研究潜在壁垒。

不仅仅是做或不做：概念组合

企业评估之后的决定不应仅仅是简单的"做"或"不做"，也就是说，这个决定不应该导致企业要么全心致力于实现概念，要么将这个想法就此扼杀。事实上，"做"的决定更多的是意味着这个概念进入到流程的下一个阶段。整个流程包括产品开发、实验室测试、现场试验和市场导入，目的是要降低风险。一开始就投入太多资源可能会导致浪费，例如以不明智的方式在有缺陷的设计上投入大量资源。风投公司都知道比较谨慎的做法是不能让企业一下子有太多预算，要分期分批进行资金注入。

反过来，"不做"的决定也许会使一个好的创意夭折。问题在于时机的选择。也许现在的市场和技术还不成熟，但假以时日，市场和技术可以到位，如 iPod 出现之前的 MP3 播放器，以及普锐斯出现之前的混合动力汽车都是如此。对于有希望的创意，企业应该有一个评估流程给予它们持续的关注与投资，以便弄清楚并解决相关的难题，而不是立即停止投资，完全放弃这个想法。这样做的目的不是给不做艰难的决定找理由，而是能够对有潜力的概念背后的变化做出回应。

回想一下我们在第 6 章探讨的信息需求领域，我们可以通过发展趋势、技术、应用、细分市场或其他新的品类或子品类的驱动力来辨别它们，并且按照其紧迫性和行业影响力来排出优先次序。如果发现了一个有希望但并不成熟的概念，企业比较谨慎的做法是把它与某个信息需求领域联系起来，让专门的团队进行积极的分析或只是保持持续的关注。

企业在不同的发展阶段都应该有概念组合，因为在现实中随着概念向市场导入阶段的推进，需要有一系列决策过程，而每一个阶段的决策都会造成损耗。除了控制损耗，概念组合在各个阶段还有助于最大化利用企业资产，能够使其覆盖创意实施的不同阶段。如果太多的项目集中在同一个阶段，例如市场导入阶段，那么营销团队可能会疲惫不堪，而研发团队又无所事事。

要点总结

评估基于三个问题。第一个问题是这个创意"有市场吗",取决于对潜在的趋势背后的力量的评估,了解"乐观偏见"和"悲观偏见"两种偏见,确定一个小的细分市场是否有可能发展成主流,持续进行测试和学习策略并了解价值主张。第二个问题是我们能够竞争并胜出吗?涉及企业是否有能力支持这一创意,这一部分是基于这个创意是否与公司的策略相匹配,是否能产生协同效应,以及企业是否有资产与能力来实现这个新品并将其投入市场。第三个问题是市场领先地位可以持久吗?这是为了确定是否存在过度拥挤状态,预测竞争对手的策略并评估进入壁垒。

讨论题

挑选两个概念,一个仍在酝酿阶段,另一个已经比较完善,然后针对这两个概念分别思考如下问题。

1. 回答以下三个与概念评估有关的问题:

   有市场吗?

   我们能够竞争并胜出吗?

   市场领先地位可以持久吗?

2. 决定这个概念是否能够成功的两三个关键问题和不确定性领域是什么?

BRAND RELEVANCE

第8章
定义和管理品类或子品类

> 收获结果的途径是发掘机会,而非解决问题。
>
> ——彼得·德鲁克
>
> 预言未来的最佳方式是创造未来。
>
> ——艾伦·凯(Alan Kay)

开创一个新的品类或子品类是打造品牌相关性领先地位的途径，这样可以让竞争对手失去比赛资格或者被边缘化。这一策略的关键在于对品类或子品类的定位与定义，并对其加以积极管理，这种管理也许意味着企业要进行持续的创新和市场推广。如果企业可以成功做到这些，很有可能竞争对手不仅暂时而且会永久性地被排除在外。Saleforce.com 和希柏公司（Siebel）都是其中的典型，它们用清晰的描述性标签为自己的品类创造了清晰、鲜明的定位（等同于品牌），并且在很长时间内对品牌感知进行管理。通过这些做法，它们将潜在的竞争对手置于不利的境地。

Salesforce.com

马克·贝尼奥夫（Marc Benioff）曾是甲骨文公司（Oracle）的职员，他于1999年创立了 Salesforce.com，这家公司被认为开创并引领了一个全新的软件品类——服务性软件（SaaS）。这种软件通常被称为云计算，因为软件并不在企业的电脑中，而是在网络上或者"云端"。[1] 企业软件，也就是专门针对企业或组织而非个人的软件，无论是来自甲骨文公司、微软还是IBM或其他商家，过去都要被安装到企业的电脑里，还要根据客户的情况定制应用，定期进行维护和升级。所有这些操作对于企业来说都具有一定的破坏性，并且人力、物力成本也极高。一个大型企业软件有时需要 6～18 个月来安装，并且需要公司投入很多资金对整个 IT 基础设施进行升级，更不用说后续对软件的持续维护及升级所需的费用了。

贝尼奥夫的想法是维护和升级网站都在外网完成，将软件"租借"给公司，按人和月来收取费用。他认为，对于企业软件而言这样的创新就相当于零售业的亚马逊，使一切变得简单、便捷、随时可得。和亚马逊一样，对于任何已经拥有资质的用户，它是全天候不间断开放的。而且由于基础设施费用是由许多用户一起承担的，所以升级和运营外部软件的费用也比其他软件要便宜很多。

曾作为甲骨文经理人之一的贝尼奥夫发现了企业软件传统的销售和使用方式中存在的成本及其他问题，他花了3年左右的时间来思考这个难题并一直在寻找合适的应用。销售自动化软件（sales-force-automation，SFA）似乎是个合适的选择，因为它被现有的供应商们广泛使用，这些商家可以利用它来管理整个流程，从销售初始到销售合同再到顾客关系。其中最著名的是希柏系统（后文会有进一步说明）。SFA和其他企业软件一样有许多的成本问题以及各种风险，它仍有发展的空间。SFA在传统软件世界打造出了自己的价值主张后，Salesforce.com开始将精力投向云计算这一新品类。

当时面临着重大的开发问题。第一，这个理想的系统，必须易于操作、界面简单，规模可以达到几百万用户；第二，它必须非常安全可靠，足以打消顾客对于失去重要软件操控权的顾虑和担忧。要同时做到这两点是很难的，事实上，这个想法最开始简直就是个不可能实现的梦想——背后没有任何实质性软件支撑，只有一个能这样做的信念。当然，Salesforce.com也不是从零开始，它有甲骨文公司的数据库以及Sun公司的Java编程语言做支撑。当务之急是要有合适的目标来吸引合适的开发人员，使系统能够真正快速、简单、从开始就正确以及快速（快速非常重要，所以值得提及两次）。"快速"这个目标的灵感也许来自谷歌的第三条指导原则——"快比慢好"。

关键任务之一是能够让一直以来习惯于操控自己的软件和数据的用户信服——新的系统是安全可靠的。首先，打消他们的安全顾虑更多的是源于用户自己的经历：他们都曾经在网络上使用过电子邮箱或其他敏感服务。另外，可以用"多租客"这一概念来进行比喻，一起租公寓的人可以用锁来保护私人空间，同时还能享受客厅的公共设施。但可靠性就没那么简单了：尽管内部系统也存在可靠性问题，尽管公司向客户承诺有遍布世界的多重数据备份网站以及创纪录的新客户，最初人们对于依靠云端还是感觉不太适应。

2005年，Salesforce.com开始走下坡路，可靠性问题突显出来，整个公司的核心受到威胁。危机带来的结果之一是完全透明化，公司决定通过一个"信任网站"（http://trust.salesforce.com）来描述数据是如何受到保护的、它们会受到哪些恶意的威胁、公司怎样进行维护，这个网站还告知用户新的安全技术与举措，给出实时的系统性能信息，包括交易量和速度。用户可以看到关于计算机正常运行时间的统计，根据2009年的统计数据，正常工作的时间比例达到99.99%。之后，Salesforce.com逐渐发展，拥有了更广泛的应用，包括顾客关系管理（CRM）。然而，人们对于应用范围和种类有更高的需求，Salesforce.com无法全部实现。因此，Salesforce.com推出了基于网络的运营平台。这个平台给所有人，无论是顾客还是开发者，提供了在线开发应用的方式，Salesforce.com成了一个服务型平台（platform as a service，PaaS）。例如，摩根士丹利利用它打造了一个招聘平台，其他一些公司利用它开发了会计软件，这些平台或软件全都连接到Salesforce.com平台，它们之间的关系变得更加密切。平台解放了大量的程序开发者。为了使自己的产品更加易于获取，Salesforce.com开创了AppExchange解决方案市场，在这里软件开发者可以展示他们开发出的应用。《商业周刊》称之为"商业软件中的eBay"。[2] 截至2008年，已有超过450个合作用户在AppExchange上推出了800多种应用。

Salesforce.com最初被定位为一个活跃的黑马竞争者，它努力引入新的计算方式——云计算，并将之推广给用户，这些用户之前使用的都是如希柏系统软件这样的非云端的传统企业计算软件。这种黑马身份可以激发出Salesforce.com自身的能量并稳固其品牌定位，也曾被苹果、维珍航空等其他品牌加以充分利用。一路走来，Salesforce.com有多次精彩的举动，并最终达到了目的。2000年2月，在旧金山莫斯科恩召开的大型希柏用户集团会议上，Salesforce.com雇人在大厅中四处张贴"拒绝软件"和"软件已过时"的标语。伪装的电台记者也制造了一些噱头。一个广告用老式的双翼飞机（希柏）和现代喷气式战斗机（Salesforce.com）做对比，其他广告则着力将"云"和"超级简单"关联起来（见图8-1）。当然，事实上Salesforce.com只是换了一种方式提供软件，但是"软件终结"的信息很生动地传递出一点：它代表的是新一代软件。这个微小善战的公司最终超越行业巨头的故事让人着迷，许多主流媒体，例如《华尔街日报》《福布斯》等都对此进行了大篇幅报道。

图8-1　Salesforce.com公司的广告

希柏系统

1993年，在Salesforce.com创立的6年前，同样来自甲骨文公司的汤姆·希柏（Tom Siebel）创立了希柏系统软件公司，这家公司成了新品类——客户关系管理（CRM）软件的驱动者，从那时候开始，软件用户购买的内容从单个软件变成了一个系统。

客户关系管理是指提供一整套应用于管理客户关系的集成软件，包括客户获取、客户反馈、客服中心、咨询、产品支持、客户服务、会计服务以及辅助性的信息数据库。希柏成为CRM行业典范的关键要素是它与700多家公司达成了同盟，一起处理种类繁多的企业数据与软件，也就是说，希柏的客户可以拥有一个很广泛的软件和数据系统。希柏成功的另一关键是20世纪90年代的计算机和软件技术进步使得CRM产品得以实现。1993年，希柏把包含400多家小企业的碎片化、单独化的软件行业整合成了一个完整的系统解决方案公司。希柏的营业额从1996年的800万美元增长到2 000年的10亿多美元。它在2002年的市场份额达到45%，2005年以56亿美元的价格出售给甲骨文公司。一个改变行业的理念得到了完美的实施。

一点题外话。汤姆·希柏喜欢贝尼奥夫的云计算创意，并且提出要实施这一想法。然而，他感兴趣的只是希柏系统无法提供服务的小型企业市场，并不想把这个业务拓展到最主要的大企业客户群。因此，贝尼奥夫决定自立门户。这是一个我们再熟悉不过的结局，成功的领头羊公司拒绝接受创新，因为这有可能改变该公司主营的盈利业务。

贝尼奥夫，一位拥有多变性格的高管，他喜欢穿夏威夷花衬衫、做瑜伽，对社会活动也有自己的看法。20世纪90年代中期，他在一次休假期间与一位印度大师交流并深受这位大师的影响，下决心开创一家公司，把社会活动的特征整合到公司业务中，其结果就是著名的"1/1/1"项目。

Salesforce.com 将 1% 的股权和利润投入到社会活动中。借助先前的经验，其中一款软件是将网络引入资金不足的学校，并教会这些学校的学生如何使用互联网。另外，员工时间的 1%（事实上是每年 6 天）也被用于参与社会活动和社会事业。最后一个 1 是指 1% 的软件安装是用于帮助那些非营利性组织更加有效率并发挥更大的社会效能。在贝尼奥夫看来，"1/1/1"项目不仅是在做公益事业，而且提升了品牌，并且帮助员工拥有更高远的目标。

对 Salesforce.com 或任何一家有社会意识的企业而言，参与这样的社会活动会给顾客带来什么影响？一些顾客也许对此并不在意，或者无视这些活动，但许多顾客会很正面地看待企业的这种社会意识，对该企业的品牌认知也会随之受到影响。还有一些顾客，他们会把是否参与有效的社会活动作为定义企业的方式，会把那些在这方面没有采取任何举措的企业排除在自己的选择之外。这样的顾客的数量以及他们这种想法的强烈程度会决定支持社会活动是否会影响对品类的定义。

Salesforce.com 在定义新品类方面起到了积极的作用。该公司把云计算和 SaaS 租用服务描绘成新一代软件，并展示了其在企业计算中的应用。新一代软件被描绘为黑马，正如 Salesforce.com 这个品牌一样，笼罩着必胜的光环。通过定义新品类，Salesforce.com 成了典范，成功地在品牌和一种全新的看待和使用软件的方式之间建立了关联。Salesforce.com 不仅代表一个新的品类，它还是一个企业组织，有自己的价值观，有关系密切的一系列应用，还有许多强大的子品牌。

Salesforce.com 在第一个 10 年里销售额就达到了 10 亿美元，成了云计算行业的领头羊，它拥有 6.5 万名顾客以及 100 多万租用用户。Salesforce.com 还是一个思想引领者，一直努力站在行业的前沿，被视为行业引领者以及云计算方面的典范。它每 6～8 周就会举办一次"推新活动"，介绍公司的最新并购、最新合作、最新产品，并谈论行业的未来走向以及公司在未来所扮演的角色。

正如我们在第 1 章中提到的，当开创新的品类或子品类时，营销策略的制定者除了管理品牌之外还有一个新的任务：他们需要定义并积极管理这个品类或子品类。这个任务往往被忽视。然而，在不断变化的市场环境中，品类或子品类的定义非常重要，挑战就在于如何成为市场变化的驱动者。我们先要给品类或子品类下定义，搭建起管理它们的平台。为此，我们将讨论和说明 18 个用于定义品类或子品类的维度，为下定义这个艰难的过程提供一些基础。最后，我们将提出一些评价和建议，探讨如何管理品类或子品类，包括如何充分利用潜在的实质性创新和变革性创新。

定义新的品类或子品类

管理一个品类或子品类，与管理一个品牌一样，第一个任务是定义。具体来说，就是要找到 1～5 个最能代表其特质的关联属性。这个用于定义的关联属性的集合往往是从更大的集合中挑选出来的。正如第 1 章所描述的，这个关联属性集合应该能够将目标品类或子品类的独特性体现出来，能够吸引顾客，实现功能上的，如果有可能，还包括自我表达和情感上的益处，并能驱使顾客做出购买决定。属性集合对品类或子品类的界定越清晰越好，尤其是当这个品类或子品类还没有名称的时候。在这个过程中，企业应该着力强调这个品牌是最相关的选择，并为其他想获取相关性的品牌树立进入壁垒。

尽管界定新品类或子品类的属性集合可能包含 5 个属性，但其中有 1 到 2 个是最独特的，也是形成这个定义的最核心的部分。所以，当威斯汀酒店推出"天梦之床"时，酒店行业一个新的子品类形成了，这个子品类指的是地段好、质量优的酒店，但真正让这一子品类与众不同的是顾客在酒店的睡眠体验以及酒店中床的舒适感和美观性。类似地，"W 酒店"包含好几个属性维度，但其中最独特的是其拥有的鲜明的当代设计风格以及用户群。

从属性集合中挑选出少数几个属性，或许仅仅是一个，用它（们）来定位这个品类或子品类。这其中必定会囊括那些能够反映实质性创新或变革性创新的关联属性，因为正是这些创新定义了这个新的品类或子品类。关于定位，可以回想一下我们在第1章中所说的，它能够指导产品的短期宣传策略，还可以根据目标人群的不同而进行调整。所以，普锐斯对于重视功能的消费者可以着重宣传其省油性能，而对于那些重视环保的消费者可以强调这款车的自我表达性益处。

基于一组关联属性来诠释品类或子品类，具体做法可以参考我们目前为止所谈到的这些新的品类或子品类。有些界定是通过典型的范例产品，但这一品类或子品类没有自己的标签。其他一些品类或子品类有清晰的名称和描述语，却没有广泛接受的范例产品。标签很重要，因为一旦产品获得了成功，它将影响品类或子品类的形成。

范例产品驱动的品类或子品类如下。

- 普锐斯——混合动力汽车、混合动力技术和混合动力协同驱动、环保、省油、具有有吸引力的外观。
- 百思买——受用户喜爱的电子消费品零售商、像顾问一样专业的销售员、选择多样、绿色再循环活动、奇客小分队。
- 企业号租车公司——为汽车正在维修的车主提供租车服务的公司、店面无处不在、"送车上门"、重服务、与保险公司建立关联。
- 全食超市——天然、有机、支持运送天然有机食品的系统、对于健康饮食的激情、可持续发展。
- 无印良品——简约实用、天然用料、持久、产品价值、贴近大自然、低调。
- 德雷尔低速搅拌冰激凌——冰激凌、低脂、奶油味、选择多样。

- 斯奈克威尔士——低脂、曲奇、饼干、健康享受。
- Salesforce.com ——云计算、活跃的小公司、对销售能力有帮助的软件、社会活动。

有标签或描述语的品类或子品类，可能有也可能没有范例企业。

- 汽车共享——城市生活方式、省钱、环保、便利。
- 小型商旅车——内部空间宽敞、轿车一般的感受、家庭生活和家庭活动。
- 快时尚——时尚、每周有新品、超低价、年轻。
- 高纤维——纤维含量高、有活力、健康。
- 健康冷冻晚餐——采用蒸技术、有趣的菜单、健康的原料。
- 健康快餐三明治——低脂、减重、便捷、营养意识。
- 柴油汽车——续航能力强、清洁、关注环境的驾驶员。
- SUV——时尚、舒适、续航能力强、户外生活方式。

管理品类或子品类的关键步骤是选择核心或者最重要的属性。最核心的相关属性有哪些？品类或子品类潜在的特性与益处有哪些？这个品类或子品类有自己的个性吗？如何区分它与其他的品类或子品类？它如何与顾客相关联？该品类或子品类传递出的情感优势、自我表达优势和社会优势分别是什么？能够定义该品类或子品类的1个、2个或5个特征是什么？

接下来我们讨论18个潜在的关联属性和维度（见图8-2），它们一般是定义品类或子品类的基础。当然，除了这18个维度以外还有其他的维度，但成功的新品大多是基于这里面若干个维度或属性的组合。并且，在大多数情况下，新品就是其中几种属性的组合。一个强大的并渴望开创新的品类或子品类的新品几乎不会只建立在一个属性之上。

有了这个用途广泛、以属性为基础的品类或子品类定义列表，想要开发新品的人都可以从中受益。正如我们在第6章所提到的，这一组选项集可以提供一个起点。企业可以在现有的背景下评估这个列表中的各个维度的可能性。有的也许不适合当前的情况，有些可能有前途或者非常有前途。在任何情况下，这个列表都有助于激发出新的创意。

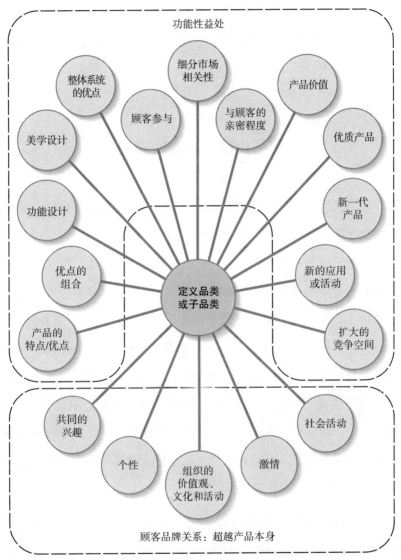

图 8-2　定义品类或子品类

图 8-2 中的第一组是驱动价值主张的功能性益处。第二组从功能性益处进一步延伸，主要纳入驱动顾客关系的因素，例如品类的个性、共同的兴趣、激情和社会活动等。每一组都提供了定义品类或子品类时"必备"的部

分。没有了这些与品类或子品类相关联的属性，品牌就不会被考虑，也就失去了相关性。

必须要强调一点，尽管这个属性集合是用来定义品类或子品类，但这些特征全部可以被是用来品牌定位。如果存在范例品牌，品类或子品类会融入品牌的愿景或定位中。但我们在这里主要讨论的是定义品类或子品类而非品牌。

新品传递的功能性益处

每一种新的品类或子品类都需要有一个价值主张。这个价值主张能够一直提供有助于定义品类或子品类的功能性益处。如果品牌缺乏这种益处，那么这个品牌就不属于该品类或子品类，也就不会被人考虑。沃尔沃汽车长久以来拥有安全方面的功能优势，它的设计和品牌定位都强有力地打造了其在安全性维度上的可信度。对有些人来说，沃尔沃汽车就是"更安全的汽车"这一子品类中的典范。亨氏（Heinz）番茄酱在倒出来的时候流动非常缓慢，因为这种酱料非常浓稠。对于一部分人来说，它定义了浓稠、优质的番茄酱子品类。能够定义一个品类或子品类的功能性益处包括产品的特色或优点、优点的组合、功能设计、审美性设计、基于系统的解决方案、顾客参与、为特定消费群体量身打造、增加顾客亲密度、有价值或者质量优势、新一代产品、新的应用或活动以及扩展的竞争空间。

特色或优点

有时某一种特色或优点会非常强大，甚至可以定义一个品类或子品类，市场中一般人都不会再购买没有这一特色或优点的品牌。英国航空多年来是唯一提供商务舱的大型航空公司，商务舱为顾客提供了更舒适的空间，因此为一些商务旅行者定义了一个新的子品类，这些旅行者不会再考虑在这方面无法与之媲美的其他品牌。威斯汀的天梦之床也一样，它为其连锁酒店开创了优质床这一子品类。通用磨坊的纤维一号或者纳贝斯克的斯奈克威尔士都由一个明显的属性来定义——高纤维以及无脂肪，这一点非常重要，会影响顾客的购买决定。

这一属性对于品类而言也可以代表新的内容。达能是一家于1919年创立于欧洲的公司，1942年开始在美国经营，它是一家被定位为健康食品供应商的酸奶企业。1950年，达能把果酱放在杯底，改变了整个酸奶行业，该产品加入了一个特色鲜明的、新的、有价值的优点，从而定义了一个新的子品类，使得原有的其他品牌都失去了相关性，起码在一段时间里是如此。由此，达能焕发出了更大的活力，并且大大扩展了其潜在的顾客群。

一个具有决定性的属性可以来自另外一家公司，或者与其他公司相关。Nike Plus是一种内嵌芯片的跑鞋，这个芯片与iPod相连，使用者可以记录并分享自己的锻炼数据。在最初的3年里，Nike Plus跑鞋的鞋主们就记录下了数以亿计的英里数，耐克在跑鞋市场的市场份额也从48%上升至61%。部分是由于该产品进一步挖掘了iPod的潜力和顾客群，部分也是由于它找到了一个可以让顾客产生共鸣的概念：一款可以"辅助锻炼"的跑鞋。无独有偶，耐克同时期还在不断强化一个信息：耐克想要给每一个运动员带来灵感和创新。它不仅把目光停留在企业本身，同时还一边寻求技术进步一边用心打造品牌的市场合作。耐克的这些做法对其他企业很有启发意义。有太多企业的视野都很狭隘。

问题是产品在一个方面有很强的优势也许意味着在另一个方面存在不足。这种情况一般出现在那些开创低价格新品类的品牌，也就是那些主打价值维度的品牌中。这类品牌自然而然就会在质量、可靠性或特性方面存在某种缺陷。20世纪70年代丰田的经历及之后现代汽车的故事表明，这种假设是可以被消除的，但是也许要花比较长的时间。在这期间，子品类生存会比较吃力，而且竞争对手拿缺陷做文章的现象可能会一直存在。当然这种现象不仅仅存在于价格维度。多年来沃尔沃汽车主打安全特色，但其设计样式一直被认为不够时尚，让车主在驾驶沃尔沃汽车时无法拥有优越感。

优点的组合

一个新的子品类可以通过结合多种优点来定义。一个可接受的品牌需要有一个优点集合。宝洁的许多变革性创新之所以能够实现，都是得益于它将不同业务单元的属性结合在一起的能力。例如，汰渍冷水高效能洗衣液就有三种优点：它可以用冷水洗、洗衣高效且不含染料和香精。正如我们在第7章提到的，安妮食品公司提供的包装食品主导亚洲风味、便捷、有趣、天然、高品质，从而开创了一个有多重优点的子品类。

有多重优点的子品类也驱动了牙膏市场的发展。20世纪50年代，佳洁士在高效清洁的基础上又增加了防蛀牙功能，从而开创了一个子品类，并维持了数十年强大的市场地位。到了1997年，牙膏市场变得非常碎片化，有数不清的额外的功能、口味或是包装，选择之多让人觉得眼花缭乱。高露洁推出的全效牙膏通过把几大优点结合在一起开创了一个新的子品类。最突出的是，它能够提供长效清洁以及保持口气清新，牙膏中的抗菌成分能够在两次刷牙期间一直保持活性，抑制多种口腔细菌的生长。这一新的子品类使得高露洁全效牙膏后来者居上，超过了佳洁士。

联合品牌可以带来很大的优势。福特在1983年推出了福特探险者埃迪·鲍尔版（埃迪·鲍尔是美国知名的户外服装品牌）汽车，销量达100多万辆，这款车体现了多种优点的结合，成为SUV子品类中的典范。它一方面具有福特探险者本身的特色与质量，另一方面又拥有埃迪·鲍尔品牌所传递出的皮质的舒适感、时尚感，此外还强化了这一品牌与户外活动之间的关联。

恰当的功能设计

是否存在这样的可能：一种新品并没有使用任何新技术，却能和之前的产品有质的不同？普利茅斯捷龙就是这样。我们在第 4 章曾讲到这款车，它的出现取代了之前的厢式货车，无论在视觉上还是功能上都有明显不同。从功能方面来看，它提供了更多的内部空间，空间的使用也比厢式货车便利很多。我们会在第 9 章详述雅马哈自动演奏钢琴 Yamaha Disklavier，这是一款能够根据数字化内存信息来自动弹奏乐曲的钢琴，功能与之前的自动钢琴不同。Kindle 无线阅读设备、李施德林杀菌口香片、赛格威思维车、佳洁士 Spinbrush 系列电动牙刷等都实现了新的不同优点的结合，因此能够定义新的品类或子品类。

包装上的创新也可以用来定义新的属性。优诺推出了管状包装的 Go-Gurt 酸奶，方便儿童吮吸，由此开发了一个新的业务，目标市场、价值主张、竞争对手都与传统包装酸奶不同。结果，它的出现改变了整个酸奶市场的份额分布，优诺借此超越了达能。还有 L'eggs 蛋袜，这款长筒袜被放在白色鸡蛋形状的塑料容器中，外加开辟了诸如超市这样的新的购物渠道[⊖]，所以 1970 年它一经推出就震荡了整个长筒袜行业，并开创了新的子品类。后来，好时（Kiss）巧克力也利用简单的包装创新开创了一个新的子品类，并在该子品类中独占鳌头数十年。

具有吸引力的美学设计

新品也可以不拘泥于功能，从审美的角度来开发品类或子品类，从而实现产品潜在的自我表达和情感优势。捷豹汽车一直沿用这一策略，与那些看起来雷同的竞争对手相比显得与众不同。其他汽车看起来似乎都用了同一个

⊖ 之前长袜一般只在百货店内销售。——译者注

风洞,造型也相差无几。W 酒店有独特的外观和感觉(这种独特性也传递到了客房),非常吸引时尚前沿的旅行者。半透明的苹果 iMac 让人意识到即使是电脑也可以展现出设计风采,随后苹果公司推出的其他产品也都证明了设计可以成为一种持续的价值主张。史蒂夫·乔布斯曾说:"外形设计是人工创作的灵魂。"[3] 丑得有特色同样也可以奏效,可爱的大众甲壳虫汽车成了大众文化的一部分,吸引了大批粉丝,在 20 世纪 50 年代中期到 70 年代中期共销售了 2 100 多万辆。

选择在设计上独辟蹊径需要企业对于设计有真正的激情,并且为设计团队提供强有力的支持。开创这样的企业文化并提供基础支持是许多企业获得成功的关键,例如捷豹汽车、W 酒店和苹果公司,对于其他以设计为主要驱动力的公司来说更是如此,如迪士尼、拉尔夫·劳伦等。因为有时候在公司内部设立一个设计基地比较困难,所以有一种方法是和专门的设计公司或独立设计师合作,这样一来,企业在有需要的时候可以获得最优质的设计师。当然,外包管理起来有难度,但如果安排得当也可以获得成功。

设计如何赢得客户的信任和关注是企业面临的另一大挑战。使用拥有独立品牌的个性设计师使得塔吉特(Target)得以突破其只关注实用性的企业形象,开创了专门售卖设计师生产线服装和其他物件的零售店子品类。2004 年,著名设计师艾萨克·麦兹拉西(Issac Mizrahi)推出了塔吉特平价服装系列,包括针织衫、衬衫、长裤、半身裙、连衣裙和钱包,在市场上反响极佳。著名建筑师迈克尔·格雷夫斯(Michael Graves)为塔吉特开发出了成套的烹饪器具和其他餐具。

从元件到系统

一种经典的改变市场的方式是从元件到系统。这个想法主要是通过发掘产品或服务所在的系统来进行横向的认知扩展。开发基于系统的新品是一个大型、普遍且越来越常见的举措，因为客户越来越希望拥有系统解决方案以及相应的可靠的一站式企业服务。竞争对手出售的临时性产品，即使更优质，其地位也会越来越不利，甚至最后彻底失去相关性。西尔斯为家居改善工程提供一站式服务。Kindle 电子书阅读器与亚马逊相连，因此下载书时只需要几秒钟的时间。如果 Kindle 孤军奋战，其吸引力就会大打折扣，并且市场地位也会很脆弱。

软件企业通常会把不同元件的程序结合在一起。我们前面已经研究过希柏如何成了客户关系管理领域的开创者，它将各种客户联系程序一体化。我们也了解了 Salesforce.com 如何从一套致力于销售人员管理的程序开始不断发展。1992 年，微软把 Word、Excel、PowerPoint 整合，开发了微软办公软件 Office。这样一来，客户的购买内容与之前大不相同，主要竞争对手的相关性都被削弱直至最后消失。15 年后，微软又将其办公软件针对不同的细分市场进行了调整，提供了几个不同的版本——标准版、小型企业版、专业版、程序员版，这一招杜绝了那些试图寻找小众市场并开始反击的竞争对手。

荷兰皇家航空公司（KLM）的货运业务盈利空间变得较低。[4] 针对此现象，荷兰航空发起了"生鲜合作伙伴"活动来为顾客、进口商、零售商提供系统解决方案，这些顾客之前都有过很糟糕的经历，感觉心灰意冷，因为他们永远不清楚哪一个物流环节能够对运输过程中发生的问题负责。"生鲜合作伙伴"活动提供了一个从生产到定点送货之间不间断的冷链，服务分为三个层次——新鲜常温、新鲜冷藏和新鲜冷冻，所有服务覆盖从源头到送货的全过程（即在从卡车到仓库到飞机，再从下飞机到仓库到卡车再到零售商整个过程中保持特定的温度）。客户包括从泰国进口兰花和从挪威进口三文鱼的公司。

B2B 公司通过为物流系统增加服务和价值来提升产品、创造差异性。例如，联邦快递率先使用了包裹追踪系统，并将自身的软件系统与企业用户已有的系统相融合，这样用户就可以对自己的货运情况进行控制和管理。西麦斯（Cemex）是一家混凝土公司，它发现顾客会花很多钱以使购买过程可控，因为混凝土很容易腐坏。[5] 因此西麦斯开发了电子系统，使得驾驶员可以根据交通情况来做出实时调整，还可以更改客户的时间表。由此，它可以在几分钟内交付产品，并动态地处理更改后的订单。它满足了一个未被满足的需求，随之产生的全新的业务模式使其从一个地区型企业一跃成为全球第三大混凝土制造商，业务遍及 30 多个国家。

客户参与

大多数品类或子品类与客户之间的互动都是被动的。然而，我们有机会开创品类或子品类让客户成为积极的参与者，这种参与可以成为品类或子品类定义的一部分。

零售商通常服务于客户。但在一家自助式冷冻酸奶甜品店，客户可以自己操作机器，可以按照自己的心意来用添加各种口味的配料。有 50 多种配料可供任意搭配，甚至还包括热巧克力糖浆。一切都由你做主。在这里，酸奶不再是特定大小、单一配料，而且也不用再等着服务员来制作。地方性的先驱者主导了当地市场，并从之前发展停滞的品类中开发出了一个增长迅速的子品类。

可特食品（Kettle Foods）凭借全天然的加工过程、超凡的可持续性以及客户参与带来的各种奇特的口味开发出了一个极具差异性的子品类，5 年内它在优质薯片品类的市场份额翻了一番，到 2010 年，市场份额已接近20%。最初，可特食品公司让顾客品尝 5 种不同口味的产品，并且使用一个"渴望量表"来打分。市场反响非常热烈，可特食品公司因此展开了把顾客的反馈用于开发新口味的尝试，由此带来了数十种新口味，包括全焗烤口味的薯片和泰式辣味薯片。这个活动给产品线带来了巨大的活力和权威性，如果只是工厂自发的产品线延伸，效果是不能同日而语的。它在产品制作方法、口味和可持续的投入方面定义了一个新的子品类。

任天堂在2006年推出了Wii，这一产品可谓客户参与产品的最高版本。Wii遥控器可以探测到三维空间里的运动，用户借助它可以跳舞、打拳、弹吉他等。用户甚至还可以跟世界另一边的用户打网球比赛、棒球比赛。2008年，即Wii才刚推出2年，其销售量已接近3 000万台，基本达到了索尼PS3和微软Xbox销售量的总和（3 340万台）。

按照市场需求推出新品

比较常见的过程是品类在不断成熟的过程中逐渐细化为若干个子品类，用以满足之前服务不周或者根本没有覆盖到的用户。这个过程对企业而言是很有意义的机会，企业可以识别出未被满足的需求、探索这一需求的潜力并确定是否有方法来开创有吸引力的新品。

由PowerBar开创的能量棒市场最终细化为许多各不相同的子品类。最初，它的目标客户群是运动员，他们在马拉松等高体能运动中需要这样的食物。这种能量棒主要针对男性，能量棒最主要的是产品体积很大，而且口感黏糊糊的。女性，尤其是那些日常很少做高体能运动的女性，对这个产品及其定位都没有什么兴趣。结果，PowerBar的竞争对手Cliff bar专门推出了针对女性的能量棒，起名为Luna bar，其口味、质感和原料都是专门为女性打造的。Luna开创了一个新的子品类。经过一年的努力，PowerBar做出了回应，推出了更好的女性产品。这款名为Pria Bar的产品比Lunabar更小巧，卡路里含量也更低。尽管Lunabar独霸市场一年多，但Pria Bar通过对这一子品类进行改进而获得了成功。

企业找到新的市场的关键是不要只把目光聚焦于最主要的用户——"市场上的大蛋糕"身上。相反，企业应该去研究那些需求未得到满足的客户群，那些认为现有的产品有缺陷、不够理想甚至令人厌恶的人群。这就是任天堂成功的关键,它的目光没有只停留在构成市场主力的年轻男性身上。

专注细分市场的战略,不仅能够使企业占领市场,还可以催生出强有力的品牌以及界定清晰的品类或子品类。目标专一的企业会比产品五花八门的企业更具可信度。例如苏第斯(Shouldice)医院只做疝气手术,威廉姆斯-索诺玛只做烹饪器具,雷蒙公司(Raymond Corporation)只做升降叉车,In-N-Out汉堡连锁店只做口味不打折扣的大汉堡。如果你想要最好的产品,那你会去光顾那些既专业又富有激情的商家。另外,如果品牌专注性强、人们对产品也很有热情,那么忠实的用户和品牌之间的纽带会更加强烈。如果缺乏专注策略,苏第斯医院患者的重聚以及哈雷摩托车主的激情都不可能产生。

顾客亲密度

所有的企业都很重视顾客。然而,有一些企业产品能够和顾客产生密切的关联,客户参与度之高和热情之大催生出了新的子品类。对这些企业而言,顾客亲密度是一个战略选择。一些地方性的五金商店就营造了这样的亲密感,他们为顾客提供爆米花和个性化服务,即使在与家得宝或沃尔玛这样的"大腕"竞争时仍旧可以成功。诺德斯特龙通过为顾客提供个性化服务以及优质的购物体验来建立顾客关联,这样顾客的需求不仅可以得到满足,还可以收获愉悦。苹果商店为苹果产品增添了活力,苹果公司丰富多样的产品打造了以体验为基础的客户关系,苹果商店围绕这些多样化的产品营造出了非常友好、专业的氛围。丽思·卡尔顿(Ritz-Carleton)酒店提供了由文化、培训和奖励体系所支撑的个性化服务。

星巴克意欲打造除了家和办公室以外的第三场所,让人们觉得舒适和安全,人们在这里可以品味一天中最美好的时光。当然,一旦建立了这样的顾客关系,消费者的期望也会逐渐提高。所以星巴克不得不担心如何维护客户关系的问题，它要精心挑选新添加的咖啡和食品种类，以此来提升而非削弱顾客体验。

亲密关系的营造也可以借助于双方共同的兴趣爱好。Etsy 开发了一个网站，为那些能工巧匠们搭建了一个平台来展示他们自己的作品，而潜在的买家也可以在网站里挑选产品。该网站充分挖掘了人们对于真实、手工打造、独特、非大批量流水线产品的渴望。这个网站提供的不仅是商品市场，还是一个社区之家，人们在这里可以交流思想、组成小组、发布活动通知以及参加各种论坛。加入的人越多，该网站的优势越显著。

超低价格

大量的新的子品类都来自于产品以超低价格进入市场的公司，超低价的实现往往是由于产品特征更简单、质量打折扣或者产品的生产外包给那些成本较低的地区。克莱顿·克里斯坦森是哈佛大学著名的市场策略研究者，他与同事一起研究了这种现象。[6] 他们发现主要有两种类型的顾客。第一种是现有顾客，他们不需要功能多样、质量上乘的产品，喜欢更简约、更便宜的产品，哪怕质量打了折扣。还有一种顾客是那些认为其他产品太过昂贵，新品价格适中、值得购买的人。

采用这一模式来吸引顾客的企业有很多，它们吸引了那些原本因为价格因素而退却的顾客。塔塔 Nano 是一个非常典型的例子，这款车在各个方面都降低了成本。一次性相机也开辟了一个新市场，如一个世纪以前的柯达·布朗尼。20 世纪 70 年代早期，西南航空公司开始采取新的运营方式，目标不仅是那些想寻求低价航空的顾客，还有那些想要放弃汽车乘坐飞机的人群。后者是之前的航空公司都没有关注过的顾客群。先锋（Vanguard）的低成本指数基金将许多新买家吸引到这一行业中。服装零售商 Ross 和 T. J. Maxx 都是充分利用过季的产品，让那些原本从来不买大牌的顾客也有能力购买此类产品。在这种情况下,那些面临价格障碍所以无法购买的顾客得到了关注,他们之前一直被已有的企业所忽略,因为那些企业更倾向于把注意力放在主流客户群,也就是最能给它们带来利润的顾客身上。

优质新品

与创造低价新品相反的另一个极端就是推出优质或者超优质的子品类。每一个人都会被最优质的产品或服务所吸引。另外,成为最高端子品类的一部分也意味着该产品的质量和使用体验都胜人一筹,顾客也可以从其中获得情感和自我表达的益处,因为他们知道自己购买和使用的是最佳产品。

新加坡航空公司推出了比头等舱更高级的舱位,他们对大型A380客机进行了改造,专门配置了12个超级豪华的座椅,并为乘客提供由名厨精心设计的奢华套餐。三得利在高端麦芽啤酒品类得以领先,就是因为它使用来自捷克共和国的欧洲香型啤酒花开发出了比尔森啤酒。它的广告词有"啊!幸福的回味",以及"金牌啤酒的香气、浓醇与回味"。梵豪登(Van Houten)拥有高级巧克力品类已有180多年,它依靠的是获得专利的可可配方打造出的"天鹅绒般的丝滑口感"的高端巧克力。阿玛尼在阿玛尼银座大厦有一个会员专属休息室,会员在这里可以享受到真正的奢华与清净,为会员提供了一个至纯的商业氛围,是一种终极独家体验。

在低价品类中也可以有优质的子品类。星巴克开发的速溶咖啡Via就是将目光瞄准了这一产品巨大的市场潜力,之前这一领域一直被雀巢口味之选(在美国之外被称为"雀巢咖啡")所占据。星巴克打造的关联性让人们相信Via可以是一个优质品牌的产品原型,其质量可以超越其他的现有产品。宝洁的玉兰油品牌将高端护肤品的优点带给大众市场。灰狗巴士(Greyhound)在2006年推出了闪电巴士(Bolt Bus),主要针对年轻的职业旅行者,车上配有皮质座椅、宽大的伸腿空间、免费无线网络以及座椅背后的电插座,目标是打造优质巴士品类,一改公共巴士只能是劣等交通工具的形象。

品牌打造通常是开创优质子品类的关键要素,因为品牌代表了必要的可信度,并且有助于社会和自我表达益处的实现。

新一代产品

新的品类或子品类最有吸引力的地方就是它带来了新一代产品,从而使得市场上原有的品牌和产品要么过时了,要么明显处于劣势。新一代产品的优势是它有潜在的新闻价值,人们会谈论这种产品,而且它具有可信度,宣传语让人信服。

有新一代产品的企业面临的挑战之一是如何说服消费者,让他们相信购买新一代产品的风险很小,即使有风险也都可以由活动和过程来控制。企业越是强调产品的突破性差异,改变消费者对差异性和风险的认知就越困难。Salesforce.com 为软件用户提供了新一代软件,可以实现多种功能,但是它也必须应对人们对于云计算的安全和可靠性风险的担忧。

另外一个挑战是如何在混乱的市场中宣传自己的新产品。这里有个很好的例子,夏普和三星当年都推出了新一代电视机。三星从 1999 年之后一直是平板电视市场的领先者,2007 年它又推出了新一代液晶电视——Luxia 电视。这款电视的屏幕后面有很多 LED 灯,为用户带来了更好的清晰度和亮度。它的屏幕寿命更长、能耗更低、屏幕更轻薄,这些优势都使得将价格提高 50%~100% 变得非常合理。2010 年,夏普推出了有望成为新一代产品的电视,它的创新点在于在传统的三原色技术的基础上又增加了第四种颜色——黄色。这项技术被命名为四原色技术(Quadpixel),被用于夏普 Aquos 四色技术电视中,可以显示出 1 万亿种色彩,远胜于之前的产品。有了 Quadpixel 和 Aquos 这样强有力的品牌,以及夏普的四原色技术,夏普的技术进步非常易于传递,其产品定位为新一代产品也更加可行。相比之下，三星的 Luxia 品牌故事太繁杂，导致 Luxia 品牌处于弱势。所以夏普面临的最主要的挑战在于让顾客意识到产品是新一代的，而非仅仅做出了渐进性创新，后者只能获得品牌偏好度优势，而前者却足以开创一个新的子品类。

聪明或者幸运的品牌能开创一系列新一代产品。20 世纪八九十年代，英特尔每 3～4 年就推出新一代产品，它面临的挑战是如何为它们命名。后来的解决方案是根据创新程度的不同：那些有明显突破和相应冲击力的新品被赋予新的名字。所以有了 86 系列、奔腾（Pentium）系列、赛扬（Celeron）系列、志强（Xeon）系列和安腾（Itanium）系列。其他产品则被命名为某新一代产品的衍生品，例如奔腾 DX、奔腾 4F 和奔腾至尊。

新的应用或活动

开发基于活动的品类或子品类可以开拓市场，并为驱动品牌赋予可信度和相关性。另外，一个应用或活动通常能够促进客户参与并提供自我表达和情感益处。竞争对手如果与该活动或应用不相关，也许就会被排除在顾客的考虑集之外。

以下的几个例子中，子品类就是由某个新的应用或活动定义的。绘儿乐（Crayola）有高质量的蜡笔和其他儿童绘画工具。然而，它将品牌和目标品类的价值主张重新定位于色彩乐趣和儿童生活中的创造力以及为视觉表达提供途径，与原有的艺术工具品类完全不同。奥维尔·雷登巴赫尔（Orville Redenbacher）推出了微波炉爆米花，它的定位来自于将影院里的感受带到家庭活动中。林赛（Lindsay）橄榄尝试将其品类从橄榄转化为社交体验，这种体验让人感觉到享用橄榄比吃胡萝卜、芹菜等其他食品更有乐趣、更有滋味。拜耳制药（Bayer）开发出了新的小剂量的阿司匹林子品类，定期服用拜耳 81mg 可以预防心脏病，它充分利用了人们想要预防心脏病的心理诉求。

扩大竞争空间

企业有时可以扩大品类或子品类的范围,把可能会重视自己产品的非顾客以及处于劣势的竞争对手纳入其中。回想一下西南航空公司的典型案例,它开启了休斯敦、达拉斯和圣安东尼奥之间的线路,并声称要与汽车竞争,从而开创了新的品类,这个品类包含全新的维度:旅行消耗的时间和精力。再回顾一下第 2 章提到的迪吉奥诺冷冻比萨,它通过纳入快递比萨来重新定义竞争空间。有了"这不是外卖,而是迪吉奥诺"这样的口号,原本微弱的价格优势一下子变得非常可观。

高乐士(Clorox)的碧然德(Brita)是一个水过滤产品,其客户群本来只局限于那些想要提升自来水水质的群体。然而,它把自己的品类扩大,包括那些瓶装水用户,也解决了巨大的能耗和一次性水瓶带来的问题。它的理念就是只需要使用碧然德过滤器和可循环利用的容器来取代瓶装水。这样顾客不仅可以省很多钱,更重要的是对环境产生了积极影响。碧然德的用户不会再使每年 380 亿只塑料瓶的废弃和填埋问题变得更加严重。碧然德发起了 FilterForGood.com 网站,专门讨论一次性塑料水瓶对社会带来的危害以及过滤水的优势。

顾客-品牌关系:超越产品本身

先前提到的方法都涉及新品在某一方面的功能性益处。这的确是常见且合理的方式。然而,品牌及其驱动的品类或子品类也可以完全或部分由品牌-顾客关系来界定,这种关系完全超越了产品或服务本身,包括共同的兴趣、个性、激情、组织的相关属性以及企业的社会活动。上述这些都无法影响产品本身,却无疑会影响顾客关系。这样一来,品牌被模仿的难度也大大提高，远远胜于仅提供功能性益处的新品。竞争者可能会因此失去相关性，因为它们缺乏与顾客在这些方面的互动，也因此显得无法认同顾客的价值观和兴趣爱好、不善于创新，甚至是不能够推出高质量产品。

共同的兴趣

新品可以嵌入到一个对顾客而言意义远超产品本身的更大的活动或目标中。如果品牌能够表明自己对（顾客感兴趣的）某个活动或目标有浓厚的兴趣，那么这种共同的兴趣可以形成顾客关系的基础，并且可以改变人们购买的内容。顾客可能会决定购买那些与其目标和价值观一致的公司的产品，如果不是这样的公司就不再考虑。一个合理的想法是有共同兴趣的品牌可以带来更优秀的产品，因为它们更专业、更懂关怀，但也有一个原因是人们喜欢与他们兴趣相同的人。

帮宝适为自己品牌所在的品类进行了重新定位，除了作为尿不湿品牌，它还与婴儿护理建立了关联性。帮宝适创建的网站是品牌的亮点。网站分很多板块，包括怀孕、新生儿、婴儿发育、婴幼儿、学前幼儿、我和家庭等，每一个板块都有许多的讨论主题。例如，在婴儿发育板块，有57篇文章、230个论坛、23种寓教于乐的活动。这些营销战术助力帮宝适在这片"喧嚣"的市场中脱颖而出。帮宝适对于婴儿护理这一更大领域的了解与参与意味着这家企业不仅关注产品本身，也意味着无论它推出怎样的产品，一定会是适合婴儿的。

霍巴特（Hobart）是食品服务行业的器具生产商，其客户包括餐厅和一些机构。霍巴特一直是行业中质量和可靠性方面的领先者，它决定不再宣传搅拌器、烤炉以及其他器具的最新的产品特色，而是成为思想领袖，关注各种与顾客有关的问题，如聘用、培训、留住好的员工、保证食品安全、提供诱人的就餐体验、降低成本以及应对员工内盗等。霍巴特出版的顾客杂志在其中扮演了很重要的角色，这本名为《智者：给食品专业人士的金玉良言》的杂志为人们走近业内专家并寻求专业建议提供了平台。霍巴特网站上刊载了100多篇专业论文，并在核心行业展览的演讲中分享自己的理念，就连公司广告的重心，也从产品调整为了发行物。这样的举措改变了人们对食品器具品类的观念，更使霍巴特在此品类保持领先地位十几年之久，直到最后被更大规模的企业收购。

凯撒（Kaiser）是一家医疗保险和医疗服务一体式公司，旗下有32家医院，14 000名医师。凯撒将品牌和子品类由医疗保健行业重新定位为健康行业。因为有研究发现，医疗保健通常让人们想到烦琐的程序、保险、疾病、缺乏自控、盈利和贪婪。相比之下，健康行业却让人想到自控、健身、健康、幸福、有能力以及目标制定。因此，之前那些充满同情心的医生给心怀感激的病患提供医疗服务的照片都被换成了新的宣传画面，在这些画面中成员积极主动管理自己的健康状况：他们健身，主动了解预防性知识，使用安全可靠的在线软件"我的健康管家"来获取记录、联系医生并监控活动参与情况等。原本很久没有起色的印象分一下子提高了，甚至是那些与医师质量有关的评分也是如此。

一个品类可以将重点从产品改变为生活方式。第4章谈到的Zipcar租车公司定义了一种新的现代城市生活方式，而它的租车车队就成了其中必不可少的一个环节。类似地，第3章的无印良品也利用自己的实用性产品、价值观、露营地、环保活动以及自己对物质主义和鲜亮外表的拒绝定义了一种全新的生活方式。

个性

与品牌一样，品类或子品类也可以有个性。这一个性可以是鲜明的、持久的、可辨识的，并且往往在内涵上是很丰富的。如果一个品牌缺乏个性，就很容易被排除在人们的考虑集之外。这种个性往往，但并非总是来自于范例品牌。

在前面讨论过的案例中，我们已经看到了许多有个性的品类或子品类。朝日超爽就是其中之一，它的个性是西方的、年轻的和现代的，与麒麟啤酒"父亲的品牌"这样的定位形成了鲜明对比。这种个性成了干啤子品类的一部分。顾客购买产品功能的同时也在购买其个性。Zara 快速和时尚的个性带来了功能性表达益处。有些人开始只光顾有这种个性的商店，其他商店因此开始显得过时。土星汽车给人的感觉是务实、勤奋、有自己的价值观，这种个性特征帮助定义了新的子品类。赛格威作为一个品牌定义了思维车这一新的品类，它的个性代表了喜爱尝试新事物、不会被过去束缚脚步的人。重点是这些品牌代表的品类或子品类之都呈现出个性特征，并且为顾客与品类或子品类之间的关系也带来了相应的影响。

激情

有些品牌不仅具有个性，而且对自己的产品以及所在的品类或子品类拥有强烈的激情。如果这种激情非常明显，而且对于顾客或潜在顾客而言很重要，那么这种激情也可以成为定义品类或子品类的一部分，其他品牌很难模仿。想要获得相关性的品牌必须拥有这种激情。例如，全食超市对于健康食品（尤其是天然和有机食品）非常有激情。相比之下，一般的超市只关心仓储、货物陈列、结账、存储货架等其他因素，对食品本身却没有什么兴趣。苹果公司对于外形设计以及使用的便捷性充满了激情。苹果的用户是非商务型的，他们往往充满了创意，甚至有艺术家气质，愿意独辟蹊径。无印良品对自己的价值观——适度、自制、亲近自然——很有激情。

顾客不仅欣赏品牌的激情、活力以及相关的自我表达益处，还会认为这样的品牌能够实现创新、提供最优质的服务。事实上，这样一来品牌就成了顾客所珍视的价值观践行的典范。对于全食超市、苹果公司和无印良品的顾客而言，情形无疑就是如此。

组织的相关属性

品类或子品类可能只包括某些有特定特征的企业组织所支持的品牌。在这种情况下，竞争对手就面临着另一个相关性门槛。产品的某种属性或优点并不难模仿，然而企业组织却很难被复制，因为每个组织都有自己的价值观、文化、人员、策略和活动。并且，与产品不同，组织相对是恒定的。企业组织并不会处于持续和让人眼花缭乱的改变状态。挑战在于如何让顾客的购买对象从某种产品变成具有某个特定属性的企业组织。

有很多组织属性可以影响品类或子品类的定义，其中最主要的包括全球（如Visa）、质量上乘（如凯迪拉克）、以顾客为中心（如诺德斯特龙）、参与社区与社会事务（如雅芳）、有正确的价值观（如无印良品）或关爱环境（如丰田）。这些都是与顾客相关的。也许同样重要的是，它们比产品和属性方面的关联性更经得住竞争对手的反面宣传。

企业的社会活动

企业以可持续性运营为目的的社会活动与努力也可以定义品类或子品类。通常有这样一群消费者，他们对于社会性品牌非常忠诚，这些顾客值得企业去争取，因为对于这些顾客而言，只要有关注社会的品牌，他们就不会再考虑没有这样特点的品牌。例如，美体小铺（The Body Shop）通过宣传自己对第三世界的生态和劳动者的关注赢得了许多追随者。本杰瑞（Ben & Jerry's）通过各种方式支持环保事业，吸引了许多具有共同关注点的顾客。菲多利阳光谷物混合薯片（SunChips）通过对太阳能的利用以及可降解的包装打造了明显的差异性。麦当劳叔叔之家（Ronald McDonald House）和雅芳乳腺癌防治活动（Avon Breast Cancer Crusade）都坚定无误地传递着各自企业的价值观。"惠普之道"则包含企业对员工、消费者、供应商和社区等所有与企业相关的人的承诺。

社会活动和环保活动可以从三个方面给品牌带来影响，并将竞争对手品牌排除出局。首先，许多人从根本上都想与值得信赖的人建立联系，他们认为社会活动反映了企业的价值观。例如，可特食品和Salesforce.com都是凭借着其引人瞩目的活动赢得了人们的尊重与欣赏。越来越多的人支持那些在社会事务与环保事务方面有所作为的企业。

其次，强大且明显的社会或环保活动也能帮助消费者实现自我表达的益处，尤其是对于那些对此类事务非常热心的核心消费者群体而言。毫无疑问，丰田普锐斯的许多车主都获得了这种自我表达的益处。事实上，日本美体小铺公司CEO就选择驾驶普锐斯，用这样的方式为自己和公司代言。普锐斯成了数十个环保活动的旗舰产品，凭借这一点，丰田无论在日本还是在美国都取得了社会活动可见度方面的领先地位。

最后，社会活动可以为品牌注入活力，使原本无趣的品牌焕发生机。普瑞纳宠物救援从2005年发起之日起共救助了30万只宠物，这一点比宠物食品更能引人关注。

最基本的一点在于企业参与社会活动可以影响产品销售额和顾客忠诚度。2009年一项针对十几个国家6 000人的调查发现，认为自己对于社会事业的支持会影响自身购买习惯的人群比例远超50%。另外，有83%的受访者认为如果可以帮助世界变得更美好，他们愿意改变自己的消费习惯。当然，真正的行动也许不如说得这么响亮。但是，这些人数量众多且不断增长这一点是显而易见的，这也说明广为人知的活动可以影响人们定义相关选择的方式。另外，针对此目标问世的许多新产品都取得了成功，这也说明这些数字背后存在巨大的机会。[7]

品类与子品类：复杂性和动态性

尽管偶有例外，但大多数情况下产品品类或子品类的定义与品牌一样，是多维度与复杂的。考虑一下 TiVo、赛格威、iPhone、无印良品或企业号租车公司。在每一个案例中，品牌及其品类或子品类都包含多种驱动元素。有这样的复杂性存在，如果企业还坚持只关注一个元素或者把整个品牌的概念归结为一个单一的想法，那这就是错误的。能够保持持续差异性的本质也许会错失。另外，尝试简化产品品类或子品类也许会导致错失关键的界定元素。

因此，多维度的品类或子品类定义更为理想。如果只有一个优势，竞争对手很容易攻克壁垒并使品牌优势弱化。但如果是多维度、复杂的概念，竞争对手就很难跨越障碍，因为壁垒是多重的。

另外我们可以注意到一点，品类或子品类的定义会随着时间的推移而改变。那些能够成功阻碍其他品牌加入竞争的品牌通常都会进行持续的创新。它们的产品于是成了移动的标靶。例如，苹果继 iPod 之后又推出了 6 款不同的播放器产品，由此提升了模仿者的竞争门槛。

管理品类或子品类

定义品类或子品类、确定最优先考虑的产品关联属性以及制定定位策略，这些只是企业迈出的第一步。要想在市场中获得成功，品类或子品类必须得到积极的管理。类似于打造一个品牌，我们同样需要打造品类或子品类的可见度，向市场宣传它最积极的相关属性，营造忠诚度并使用创新来使品类或子品类保持活力。有一些观察和建议反映出管理品类或子品类在两个方面是独特的：第一，这一过程的对象是品类或子品类而非品牌；第二，管理品类或子品类需要的是实质性创新或变革性创新。

打造支持行动的企业文化

执行，执行，还是执行。再好的理念，如果不能良好并不懈地执行，最后也会失败。企业面临的第一大挑战是要尽早执行。这意味着要整合合适的资产、能力、人员、过程和组织，以此来满足最早的使用者，不能够有缺陷或者错误地执行。

第二大挑战是在相当长的时间内维持执行方面的优势，有时这比第一点更难。关键是要积极宣传、开发并营造支持行动的企业文化与价值观。美捷步、无印良品、H&M、宜家和企业号租车公司都有强大的企业文化，并用积极和有效的方法使企业保持强劲和鲜活。如果企业从属于某个企业集团，那么企业文化问题尤其困难。土星汽车所营造的有力的价值观最终却因为通用公司的优先考虑和价值观而被终止了。健康之选曾经有很强的企业文化，但总公司把重心一度放在康尼格拉公司上，从而损坏了这种文化，直到后来健康之选复兴，企业文化才被重新塑造。

成为典范

如果有可能，品牌应该争取成为品类或子品类的典范，也就是在人们心目中最具代表性的品牌。一旦品牌获得了典范身份，品牌策略及其相关品牌打造行为就可以起到打造品类或子品类并发展其相关属性的作用。

品牌典范的另一个重要属性是它不仅自然而然地拥有了与新的品类或子品类的关联，而且拥有了可信度与权威性。当新的品类或子品类出现时，任何品牌都应该尽力获得相关性。成为典范意味着相关性方面的障碍都被清除了。没有这种典范的身份，创建关联性和可信度也许是一个非常费力的过程。

品牌如何才能成为典范？我们在第2章中讨论了一部分。第一，成为思想领袖和创新者。不要原地静止。创新、改进和改变使得品类或子品类更有活力、品牌更有趣味，其典范的身份更受人关注。迪士尼是主题公园的典范，它一直在创新。第二，在销售额和市场份额方面成为早期市场领先者。如果可以成为行业典范并充分利用这一角色的影响力，那么不在市场份额方面领先几乎是不可能的。第三点也是最重要的一点，推进品类或子品类而非品牌的进步。品类赢了，品牌也就赢了。

当品牌成为典范，品类的打造也会得到品牌的支持。品牌资源、活动和平台可用来讲述关于品类或子品类的故事。这意味着企业要投入大部分精力来描述品类或子品类的特征、优势，促进顾客对该品类或子品类相较于其他品类或子品类的忠诚度（而非针对品牌的忠诚度）。例如，品牌打造的目标看上去是鼓励顾客购买无麸质蛋糕，而不是购买贝蒂妙厨（Betty Crocker）。当然，贝蒂妙厨是唯一制作无麸质蛋糕的品牌。

有时可能很难解释为什么要把打造品牌的资源大部分或全部转移到品类或子品类的打造上，因为后者给销售带来的影响是间接的。另外，如果竞争对手能够获得同等的相关性，那么为打造品类或子品类投资可能会无形中促进了它们的销售额。

然而，正如我们在第1章提到的，对于消费者而言，品类或子品类从本质上可能比品牌更有趣、更可信以及更有意义。拥有一个高质量的雪橇——无论是什么品牌，都彰显了主人的一种自我身份。乘坐头等舱本身可能比在某一航空公司乘坐头等舱更重要。

制造话题

新品类或子品类通常包含实质性或变革性创新。这往往意味着它值得谈论，甚至有新闻价值。所以，赛格威思维车、雅马哈自动演奏钢琴、Zipcar租车公司都获得了很多的免费宣传。这些产品看起来都很有意义、有必要也很新颖的价值主张。有机会将人们的这种反响升级为坊间议论,甚至产生轰动效应,最终都可以为品牌打造提供动力。

在社交媒体时代,被谈论就是一种力量。某人在Twitter上评论某新品类或子品类的信息可以被快速复制。只要关注者传播,一个拥有几百名粉丝的人完全可以在几周内把信息传递给几百万人。而有些关注者自己又有很多关注者,因此他们有能力影响和接触到许多其他的人。关键就是能够以恰当的话题针对恰当的人群来引发人们展开对话。

开启对话的方式之一是讲类似于如下的话题。

- 突出的特征或优势。塔塔Nano 2 000美元的超低价成为人们议论的主要话题。
- 某个理念背后的人以及他们是怎么为这个理念赋予生命的。美捷步、普锐斯、土星和谷歌都有有趣的关于发展的故事。
- 技术是如何发展的。象牙皂的故事就是人们如何在生产错误中发现了这种肥皂,宝洁SK-Ⅱ的故事讲到人们发现清酒厂的女性双手的皮肤多么嫩滑。这些都是很有说服力的故事,从而加强了产品的核心相关因素。
- 有趣的应用。故事也可以来自使用方法。赛格威思维车和小型商旅车可以怎么使用?
- 创新背后的文化。美捷步在美国的24小时客服热线反映了其亲近顾客的企业文化,Nano汽车的单根雨刮器说明了其"成本+功能"的文化。

用兴奋、活力和可见度来打造一个品牌也有不利之处。正如我们在Yugo汽车和赛格威思维车案例中所看到的,这样有可能会夸大新领域的实际能量。或者像亚马逊的Kindle阅读器一样,这会吸引许多竞争对手,这些竞争者也希望能够通过获得相关性来得到成长机会。有时企业最理想的做法是将目标指向当前非主流群体并获得可见度。企业号租车公司就是一个好例子。由于它的核心客户群是保险公司和那些车辆正在维修的车主,所以很多年来一直未引人注意。美捷步也拥有有限的可见度,因为它更重视在线顾客,并且依靠口碑而非主流媒体来打造商业上的成功。

培育拥护者

实质性创新或变革性创新有潜力赢得一些早期使用者,这些人不仅被产品本身所吸引,而且有一种所有权方面的满足感,因为是他们"发现"了这种产品,或者说他们是为数不多最早发现这种产品潜力的人。这些高度忠诚的追随者成了产品的宣传者,他们无论在短期还是长期内都可以非常有影响力。克莱斯勒货车对家庭生活方式如此有益,以至于粉丝称它为神奇货车并一直在谈论它。

为了培育拥护者,企业有必要发起试用体验,让潜在的忠诚用户来试用新品。像无印良品、宜家、星巴克、Zara、H&M、百思买和全食超市这样的零售商都在自己的实体店中展示自己的价值主张和个性特征。雅马哈Disklavier提供了很多展台供人们欣赏和试弹。

为了能充分发挥倡导者的影响力,企业应该支持他们以及他们的活动。无印良品的设计大赛不仅涉及竞赛者,还关乎那些与无印良品企业文化有关的人。有些企业成功地打造了自己的社交网络,如土星经销商论坛、苹果用户群以及许多基于网络的社交群体,都为倡导者群体提供了能量及活动机会。

管理创新

品类或子品类一旦成功,就会成为竞争对手追赶的目标,它们也渴望获得同样的可信度。如果品类或子品类是静态发展的,那么这种可能性就会增加很多，竞争对手就更有可能获得相关性，它们甚至可以通过增加额外的特征或优势来超越原有的预期。

品牌所面临的挑战在于持续创新。如果品牌成了典范，自然会进行关于品牌的持续创新，这些创新也可以成为品类或子品类的一部分。这样该品类或子品类就成了一个移动的标靶，竞争对手很难获得相关性。品牌创新驱动品类或子品类的定义不断演化，获得相关性的难度也会不断上升。

克莱斯勒正是通过不断创新做到了这一点。每两三年它就会有重大创新，一次次提升竞争门槛。例如，驾驶座旁边的移动门改变了品类的参数。威斯汀酒店继天梦之床之后又推出了天梦淋浴房以及配套的香皂和香波，也提升了竞争门槛。

要点总结

在开创新的品类或子品类的过程中，市场营销战略专家在定位品牌的同时也要定位好品类或子品类，不仅需要给品类或子品类以名称、描述，也要对其形象进行积极管理。而营销战略专家往往会忽视这一关键职能。

在定位品类或子品类时，企业可以采用价值主张中最主要的功能性益处，例如企业可以通过增加产品的特色和优点、优点的组合、功能性设计、美学设计来提升产品，可以提供基于系统的新品或客户参与的新品，也可以锁定目标客户群，还可以培养顾客亲密度、创造有价格优势的新品、质优的新品或者新一代产品，使新品和新的活动或应用同步，以及扩大竞争空间。品类或子品类也可以基于超越功能性益处的顾客关系来定义，例如共同的兴趣爱好、个性、激情或社会活动。每一个维度都为品类或子品类的定义提供了一个潜在的必要元素。

> 管理品类或子品类需要采用实质性创新或变革性创新，有必要打造利于执行的企业文化，如果可能的话，利用品牌的典范身份来打造品类或子品类、培育拥护者、制造话题、管理创新，从而让它成为一个不断移动的标靶。

讨论题

1. 研究一家企业产品组合中的各种产品。相关的品类或子品类是如何被定义的？哪些品牌是其中的典范？哪些品牌处于品类的边缘？哪些品牌虽然属于相关的品类或子品类却未能获得相关性？为什么？

2. 挑选一个品类，例如汽车或快餐。有哪些新品开创了新的子品类？这些子品类是如何被定义的？

BRAND RELEVANCE

第9章
打造竞争壁垒：维持差异性

> 要始终选取竞争对手无法复制的策略。
>
> ——吉姆·麦克纳尼（Jim McNerney），波音 CEO
>
> 当我不知道是战是和时，我总是选择战斗。
>
> ——纳尔逊勋爵（Lord Nelson）

使成功长久的关键是打造竞争壁垒。品牌开创新的品类或子品类可以生成新的市场空间，让竞争对手不再被考虑、竞争力减弱或彻底失去相关性。问题在于，这种状态可以维持多久。答案是：视竞争壁垒而定。雅马哈Disklavier自动演奏钢琴的故事不仅是一个好的子品类故事，而且诠释了竞争壁垒的本质。请你边阅读下面的故事边寻找雅马哈钢琴打造的壁垒。除了基于技术打造的壁垒之外，还有许多其他强大的壁垒组合。

雅马哈Disklavier自动演奏钢琴

19世纪末自动钢琴就问世了，它的问世主要建立在之前数十年大量的发明以及钢琴材质的进步上。[1]事实上，自动钢琴打孔纸卷上的穿孔可以追溯到纺织工坊里的自动化工艺，这也是日后第一批计算机穿孔卡片数据输入的原型。技术进步一点点积累，终于自动演奏钢琴的时机成熟了。后来，这一概念不断发展完善，在20世纪20年代达到顶峰。在历史上大放异彩的1924年，这种钢琴共计销售了30万台，一举成为家庭娱乐系统的中心，并在整个钢琴市场获得了50%的市场份额。然而，仅仅6年后，随之而来的留声机、收音机以及经济大萧条就彻底扼杀了这一产业。

半个多世纪后，雅马哈钢琴将自动演奏钢琴的概念重新引入市场，只是这次换成了电子版本。1988年雅马哈Disklavier（见图9-1）一经问世就开创了一个新的子品类。这款钢琴弹奏和播放都与传统的雅马哈钢琴大同小异，唯一不同的是它多了一个外部数字控制系统，可以事先录制并在之后回放钢琴演奏曲,无论顶级钢琴师还是初学者都可以使用这一功能。1992 年,这款钢琴做出了重大升级的第一步:电子控制器成为内嵌设备,这样整个钢琴完全一体化了。Disklavier 是变革性创新的产物。

图 9-1 雅马哈 Disklavier 自动演奏钢琴

和从前的自动演奏钢琴一样,雅马哈自动演奏钢琴的问世改变了整个行业,一方面它可以让那些没有时间或天分学习钢琴的人在家里也能听到谢尔盖·拉赫玛尼诺夫(Sergi Rachmaninoff)、乔治·格什温(George Gershwin)或艾尔顿·约翰(Elton John)的演奏。餐厅、酒店、酒吧或商场无须聘用专人也可以让钢琴弹奏出美妙的乐曲。每当这一切发生的时候,雅马哈钢琴都受到无尽的关注。雅马哈钢琴软件图书馆里面有大量的唱片，用户可以播放事先录制的顶级艺术家的现场演奏。后来，用户还可以通过Disklavier收音机直接从网上下载现场音频，还能从Disklavier自动演奏钢琴音乐商店下载歌曲。

雅马哈自动演奏钢琴也给专业人士带来了很多便利。使用钢琴的回放功能，作曲者或编曲者都可以研究改变作品的音调或节奏带来的多种选择。声乐家或者乐师可以预先将伴奏录好，这样方便后期的练习。练习也不再需要现场的伴奏团队。

教师同样可以受益于这种录制和回放功能，尤其是低速回放功能。回放学生的练习可用于讲解演奏技巧或分析演奏中存在的不足和错误。对学生而言，与背景音乐相连可以使他们的音阶练习更实用、过程更轻松。另外，如果一只手的演奏可以由钢琴进行，那么另一只手配合演奏练习也可以更有意义。对学生早期试练录音也提供了一个参考，作为学生日后提高的对比。还有，最新的模式还可以让用户把不同地方的两台钢琴连接起来。一端的教师和另一端的学生可以互相看到、听到彼此的演奏。这样一来，顶级艺术家完全可以远程辅导世界各地的学生。另外，举行钢琴比赛时，比赛选手可以在不同地方的Disklavier钢琴上演奏。

如同最早的自动演奏钢琴一样，Disklavier的问世源于几十年间的数十项创新，而且也得益于计算机技术和相关设备的进步。时机很重要，但直觉和投入同样重要。

1979年，日本冈山大学（University of Okayama）的研究人员研制出了最初的原型。雅马哈公司看到了其中的潜力，成了第一个合作者，一起针对这个概念做进一步开发。除了技术事务以外，一些重要的受到专利保护的知识产权是在其他公司名下。雅马哈美国公司的特里·刘易斯（Terry Lewis）对这个概念非常看好，他在1986年决定展开行动，尽管当时在雅马哈并没有人支持他的行动。他的成功很关键的一步是从那家持有专利却没有计划或能力开发专利的公司手上购得了部分知识产权。后来为了得到剩下所需的知识产权，也为了能够让产品最终可以实现，他又雇用了一位名为韦恩·斯坦克（Wayne Stahnke）的发明家。这些努力最终带来了1992年Disklavier（Mark Ⅱ）钢琴的问世。

刘易斯执掌雅马哈自动演奏钢琴Disklavier 20多年，在他最初做出开发决策、后来争取到公司的支持并随之引领产品早期发展的过程中有许多的有利条件。首先，雅马哈有能力开发产品并支持一个产业。它在钢琴市场享有盛誉，在美国有强大的分销渠道并且在消费者电子产品领域有自己的研发团队。其次，当时的雅马哈钢琴业，和整个大行业一样，都处于低迷期，市场没有活力，盈利状况也不尽如人意。针对儿童的钢琴课竞争对手如林，家庭娱乐系统在不断发展。凭借各种应用，Disklavier有能力复兴雅马哈乃至整个钢琴行业。再次，尽管时代变迁，但自动演奏钢琴曾经的辉煌还是提供了成功的明证，也让类似的设想更加可信。

除此之外，还有另外一个重要的考虑。雅马哈自动演奏钢琴并不会蚕食雅马哈传统原声钢琴的销售额，相反，它是一个增值业务。这一事实在克服公司内部障碍方面很关键。Disklavier无疑扩大了市场。这款钢琴超过一半的家庭购买者并不会弹钢琴，说明之前自动演奏钢琴的悠久传统是购买决定的重要驱动因素。而且，将近2/3的购买者已经有了钢琴。也就是说，这种钢琴的目标市场是高端、年长的非专业人士，与声学钢琴的目标客户群——年轻家庭——大不相同。

雅马哈随后也在不断改进自己的产品，最终将自身打造成了主导市场的领先者。2000～2007年，它连续获得《音乐视角》（*Musical Merchandise Review*）⊖评选的"琴商之选"奖项。2000年，雅马哈自动演奏钢琴的销售额超过1亿美元，占全年钢琴业销售总额的15%。据报道，雅马哈声学钢琴在随后的10年里也一直维持50%左右的市场份额，将第二名远远甩在身

⊖ 美国知名乐器评论杂志。——译者注

后。与它最接近的竞争对手也没有生产新的钢琴，而是带来了系统的升级，给现有的钢琴增添了数字功能。

雅马哈钢琴为竞争对手制造了多重重大壁垒。第一重壁垒是雅马哈品牌本身。雅马哈以其悠久的历史传承、在音乐会舞台上的表现以及持续的领头羊位置，在任何与钢琴有关的领域都拥有可信度。因此，在购买自动演奏钢琴这样的高端产品时，消费者所面临的质量和可靠性风险也大大降低了，而且消费者也知道雅马哈不会因为其电子功能而让原有的声学核心功能打折扣。这个品牌不仅意味着质量和性能，对一些人而言，雅马哈作为音乐会演奏钢琴的传统在添加录制功能后得到了进一步强化。因此，这款钢琴带来了许多自我表达益处。对于另一些人而言，儿时用雅马哈钢琴练习演奏的回忆也为这款钢琴增添了怀旧情感特色。

第二重壁垒是雅马哈有强大的分销渠道，钢琴可以陈列在社区中，供大家随时弹奏。雅马哈的售后服务体系也让消费者感到放心。更重要的是，这些都可以吸引源源不断的消费人群。与一个强大的分销系统竞争是很有难度的。

第三重壁垒是雅马哈对于数码电子产品的精通，这意味着它可以在企业组织内设计出有相同文化、价值观和目标追求的一体化产品。电子产品研发团队提供创意，帮助企业及时了解整个数码世界的创新。雅马哈公司出品了便捷式单键盘电子琴、Clavinova 电钢琴、DX7 音乐合成器以及虚拟和声合成技术，每一个都是有突破意义的新品。雅马哈研发团队推出的新一代自动演奏钢琴无疑更让这个品牌成了一个移动的标靶。其他任何钢琴企业都无法望其项背。竞争对手生产的升级产品在实力上完全无法与雅马哈钢琴相媲美，而且因为它们要与多家生产商打交道，所以也做不到像雅马哈一样对钢琴设计如此专注与精通。

最后一点是雅马哈在设计、生产、物流和营销方面都享有规模经济优势。由于成本可以被分摊到很大的基数上，所以预算也可以更多一些。雅马哈有大型研发团队、专门的生产线、高效的仓储及货运、健康的分销机制以及全国性市场活动（如用户培训）等。从经济成本上来说，竞争对手都很难做到上述这一切。

打造竞争壁垒

开发新的品类或子品类的目标就是能够产生一段没有竞争或竞争大大减弱的时期，从而为企业带来高额的利润以及能够打造重要市场地位的强劲势头。这个初期阶段可能持续数月、数年甚至数十年。接下来有可能进入第二阶段，这一阶段竞争会产生，但是企业稳固的市场地位仍旧可以保持业务的健康发展，企业有能力利用这个业务板块来继续打造其他新的品类或子品类。

第一阶段能否成功或者能够持续多久，主要取决于品牌壁垒能够在多大程度上隔绝竞争对手或至少将竞争对手置于弱势地位。要实现这个目标很难，因为在许多情况下，潜在的竞争对手有能力匹敌任何新的品类或子品类，或模仿任何决定性的差异。企业的应对方法是提高相应策略的成本，使其成本高昂，或者减少回报，让竞争对手望而却步，不再尝试获得相关性，或至少在一段时期内不再尝试。另一个策略是开发出所需回应时间较长的产品或策略，以便为巩固自身的市场地位赢得时间。

如图 9-2 所示，有四种不同类型的竞争壁垒。第一种是投资壁垒，即从经济或者技术角度而言，开发新品对于竞争对手而言不再有吸引力甚至不可行。第二种壁垒是自我优势，拥有强大的优势或优势组合，以此来驱动品类或子品类的发展。第三种壁垒是建立顾客关系，使之超越产品本身的功能优势，这种关系可以基于多种维度，例如共同的兴趣爱好、个性、对于品类或子品类的激情、企业参与的社会活动等，这种关系也有助于界定哪些品牌会被消费者考虑，哪些会被排除。第四种壁垒来自于品牌与品类或子品类建立关联，也许是品牌典范的身份，这样产品自然就主导了消费者的考虑集。

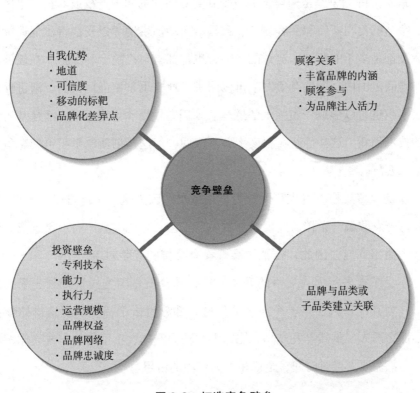

图9-2　打造竞争壁垒

投资壁垒

竞争对手在投资时必须要给出合理的解释，要进行投资回报率研究。高额投资的提议往往很难得到积极的回应。这样的投资不仅对未来投资回报率有消极的影响，而且增加了风险，把资源从其他投资机会上剥离。投资壁垒可以来自于产品专利技术或能力、执行力、运营规模、品牌权益、品牌网络或品牌忠诚度。

专利技术或能力

最强大的竞争壁垒来自于拥有受到绝对保护的知识产权或专利带来的创新。宝洁的奥利斯特和品客薯片、雅马哈自动演奏钢琴以及德雷尔低速搅拌冰激凌都是多年的研究和测试的产物，也都拥有自己的专利保护。在任何合理的时间范围内，即使竞争对手可以跟进，耗资也是相当巨大的。渐进性创新的累积也可以形成一道强大的壁垒。丰田普锐斯和塔塔 Nano 都是基于大量的技术创新，这些创新在程度上各不相同，但这些创新的累积也使竞争对手很难匹敌。

仅是投资规模本身也可能成为一道壁垒，因为这些资源可以用于别处。例如，开发麒麟一番榨需要很昂贵的生产工艺，其他啤酒厂商不愿意或者没有能力做出回应，因此，一番榨品牌没有直接的竞争对手。CNN 和 ESPN 也都享受了很多年无人竞争的霸主地位，部分就是因为投资开创一个新频道，并为其配备人员是一个庞大的任务，部分也由于相同的观众群体使前景不那么诱人。重新开发产品，比如混合动力汽车、小型商旅车或迷你轿车等，也都需要大量对时间、金钱和人力资源的占用。

将想法付诸实施：执行力

如果说实现可持续性差异性有什么要点，那就是执行力，或者实现承诺的能力。这种能力的缺乏也解释了为什么构思良好、价值主张诱人的产品最终失败——没有执行力。执行力往往被低估。再好的策略，执行不好，最终还是会失败。

能够基于预期始终如一地推出新品需要企业组织的投入、资产和能力，这些都可以打造出重要的竞争壁垒。宜家的设计和外包能力对于其实现预期很关键。

执行力需要基于合适的企业文化和价值观，因为它们可以提供实现预期的动力。美捷步聚焦于 WOW 体验，无印良品的文化和愿景都激励企业组织保持其优异的执行力。

制造新品或实现新服务的细节会为人所知，但这并不意味着它们很容易被复制。诺德斯特龙在其百货商店提供高水准的顾客服务，围绕这一核心推出了很多服务活动和产品。它的成功促使其他许多商家纷纷效仿，但都注定会失败。竞争对手总是在一个或多个关键元素上无法与其匹敌，例如佣金回报制度、受过专门培训的人员陪同顾客逛店、员工有权处理顾客事宜（诺德斯特龙处理顾客问题的一条规则就是"没有固定规则"）、顾客满意度优先的文化和价值观以及让顾客开心的传统。有一个经典的故事是说诺德斯特龙根本不卖轮胎，而一位顾客却成功去那里退掉了轮胎并拿到了退款。当然，这个故事很可能是虚构的，但它明确了一点：像诺德斯特龙一样运营，背后一定有一个非凡的企业组织。

运营规模

先行者优势可以为企业带来早期市场份额。市场份额方面的领先者可以享受规模优势。所有固定成本，例如与企业、制度、员工、广告、促销和活动相关的费用，都可以被分摊到一个较大的基数上，由此可以产生大幅度降低成本的组织结构，随着时间的流逝，累积效应愈发明显。另外，规模也可以引发经验效应：企业组织积累打造产品或实现服务的经验，在这个过程中由于知识越来越深入，企业的能力得以增加，运营成本得以降低。

地方规模在零售业中尤其重要，例如，像宜家、Zara、亚马逊、麦当劳、沃尔玛、全食超市、星巴克和赛百味这样的零售商，它们很快在入驻地发展成很大的规模，从而打造出竞争壁垒。它们在物流、仓储、后台支持、管理、广告，以及也许是最显著的品牌辨识和品牌认知方面都有规模效应。

这一切至少会让竞争对手在尝试进入市场时处于劣势。这些竞争对手要打的是一场硬仗，因为它们的运营成本要高很多，而且它们会发现最好的位置已经被先行者占据了。

如果先行者优势可以带来可观的规模效应，企业一开始就应该大规模扩张，以迅速获得规模效应及相关优势，并且让竞争对手的可乘之机变得很小。快速扩张说起来容易做起来难，因为企业组织内部可能会抵制，抵制的原因是他们认为"赢家"的判断有可能是错的，还认为竞争对手可能会反击。然而，当朝日推出干啤、克莱斯勒推出小型商旅车时，它们的确都做到了一开始就扩大生产投资，由此获得了早期市场的成功，这也是它们能在子品类市场占据主导地位的关键。

有时也存在网络效应，功能性益处随着用户群的增长而增长。例如，易趣的功能性益处就是基于它有非常非常多的用户。因此，卖家在这个平台上可以接触到更多的买家，反之亦然。据估计，一般来说在市场中领先的企业占60%的市场份额，第2名占30%，第3名占5%。在拥有网络效应的企业中，最大的企业占95%的市场份额，其拥有的市场规模之大令竞争对手很难模仿和跟进。

品牌权益

品牌权益往往代表最强大的竞争壁垒。新的子品类中最先获得影响力的品牌，也就是市场早期的引领者，它有更多的自由开创品牌关联属性，操作的时候竞争对手更少，有能力定义新的品类或子品类，能够将自身品牌与品类或子品类相关联并强调品牌所拥有的创新。结果可能是一个强大的、有可见度、有活力的品牌，率先启动最有效的定位策略。

品牌的力量，究其根本来自于产品或服务的成功，而这种成功部分取决于品牌策略：应将其打造成一个独立的新品牌吗？还是打造为现有品牌支持的品牌？还是应该使用现有的主品牌来开创一个副品牌？

开发新的品牌来支持可以定义新品类或子品类的新品，这个品牌可以象征"全新"的感觉，可以拥有全新的关于其优点的故事，不加阻碍地发展自己的个性。对于意欲革新市场的产品，例如无印良品、Zipcar或者赛格威思维车，新的品牌就像一张白纸，往往是更加理想或者必要的。当有充分的资源以及有新的、引人入胜的故事可以讲时，或者当既有的品牌无法适应新品时，需要有新的品牌来突破原有的迷阵。

然而，如果把既有品牌作为主品牌，那么品牌打造行为可以更节约、更可行，随之产生的品牌力量也许会更强大。既有的主品牌提供了可信度和可见度。如果没有朝日、麒麟和普利茅斯这些主品牌，朝日超爽、麒麟一番榨、普利茅斯捷龙小型商旅车也许都无法获得当初的成功。

另一个选择是开创新品牌，原有的品牌给予支持。例如通用磨坊支持的纤维一号、丰田支持的普锐斯、苹果支持的iPod、能量棒支持的Pria Bar。在每种情况下，支持者都给予新品可信度，否则新品可能会沦落为无名企业的无名产品。

如果主品牌想要在开创新的品类或子品类方面产生影响，尤其在竞争对手如林的背景下，根本的一步是将来自其他企业的品牌作为主品牌或合作品牌。宝洁在食品塑料包装技术方面取得了进步，于是考虑利用印象之美（Impress）这个品牌将产品推向市场。然而，理性的分析表明，回报可能需要很长时间而且结果充满了不确定性。于是，宝洁转向了业界领袖佳能（Glad），这个品牌在高乐士旗下。他们提出，可以将这项技术或宝洁其他的创新以佳能品牌的名义进行市场营销。双方组建了合资企业，宝洁占20%的股份，企业的品牌有新的佳能密封保鲜膜和佳能加长抽绳垃圾袋（宝洁开发的一种可伸长、更结实的垃圾袋）。由此产生的新的子品类受到品牌的保护以及分销渠道的支持，如果宝洁只是单枪匹马地做，这一切是不可能的。

无论是开创新品牌、用主品牌来开发副品牌，还是用既有的品牌来支持新品牌，最理想的结果都是品牌能够成为业界典范，可以定义新的品类或子品类并与其建立关联。品牌典范可以打造出巨大的竞争壁垒，在很多方面挫败竞争对手，竞争对手自身的品牌造势活动最后反而帮助了新的品类或子品类，由此帮助了范例企业。像谷歌，还有其他范例品牌，如舒洁（Kleenex）、施乐、V8引擎、绘儿乐、邦迪、Jell-O果冻、勃肯（Birkenstock）等在各自的领域能力如此强大，都为竞争对手打造了难以逾越的壁垒。成为典范的标志就是人们都用这个品牌来称呼这一品类或子品类，就像人们常说的"谷歌一下"。

品牌网络

如果企业可以围绕其品牌来打造关系网络，那么竞争对手所面临的挑战就更有难度和更加复杂。苹果长期以来都受益于其难以复制的支持性网络，因为这个网络在很大程度上是由参与者掌控、由品牌和产品培育的。一直以来苹果的用户群都充满了活力。当iPod、iPhone和iPad出现时，每种产品都有庞大和积极的应用开发人群，他们不断地开发并分享自己的想法，进一步优化产品。这些产品也有新一代的用户群，他们利用社交网络来为产品和品牌带来连续且有意义的提升。

更大的愿景是品牌是由用户、活动、产品、影响因素、经销商和其他成分组成的网络的核心。如果企业能够在品牌外产生网络节点，激活这些节点并将它们与品牌连接，那么品牌会变得更强大和更富有活力。因此雅芳通过"为乳腺癌行走"活动与社区组织以及癌症研究组织建立关联。有许多企业在Salesforce.com的平台上编写可用于该平台的软件，还有许多企业参与到其组织的社会活动中。帮宝适与关注健康养育婴儿的组织相关联。在上述每一个案例中，品牌都得到了提升。竞争对手要赶超的不仅是品牌打造行为，还要努力超越品牌网络，而后者的难度要高很多。

品牌忠诚度

最早对品牌产生忠诚的顾客往往也最有可能购买，因为他们有需求、有兴趣甚至愿意冒险。竞争对手如果没有这样的顾客，或者获得这种顾客的成本太高，它们就会觉得很难打造出自己的忠实客户群。忠诚可以来自于产品某个突出的优点、吸引人的品牌个性或者能够引发共鸣的价值观。另外，忠诚也可能源于更换品牌的成本，例如软件产品的学习成本。小到糖果，大到汽车、酒店，还有一种很容易被低估但同样非常强大的产品忠诚度的驱动因素——人们的使用习惯以及对品牌的熟悉程度。

是积极增加销量，还是在谨慎行事、改进产品的同时减少投资和风险，企业往往要在这两者之间做出选择。前一种积极的做法会影响未来顾客对品牌的忠诚度，尤其是当竞争对手也非常积极并且有能力复制这种创新的时候，这种方法更可取。与这个品牌有关联的人越多，忠诚度的驱动力自然也就越大。然而，如果产品在改进中，并且对于竞争对手而言存在天然的壁垒，那么后一种"保守"的做法也许更合适。

由于品牌忠诚度有长期的战略重要性，提升并维护这种忠诚度对企业而言是很有必要的。最根本的就是能够兑现关于品牌的承诺，但除此之外企业还可以做很多。例如，忠诚度活动可以用以增加顾客亲密度。例如，一家新的自助式冷冻酸奶店可以提供能够靠积分换取免费甜品的会员卡，以此来增加当地人对品牌的热情以及建立与品牌的连接。另一种方法是管理品牌与顾客接触的方式以及顾客与品牌互动的次数，确保这些经历可以增强顾客忠诚度。当顾客方面出现问题时，这也意味着重要节点的出现，因为这些情形所带来的有可能是顾客关系的进一步巩固，也可能是关系的进一步恶化。社交技术的出现意味着顾客满意度方面的两个极端都有可能被多重放大，尤其是顾客非常不满意的情形，很快就会在社交媒体上赢得关注并且炸裂开来。

拥有强大的优势

许多新的品类或子品类是由极具吸引力的优点所界定的,这些优点吸引了顾客,并为随之而来的顾客忠诚度提供了基础。除了拥有自己的技术和功能以外,如何才能够具备这样极具吸引力的优点呢?有四种方法:传递地道感觉、打造明显的可信度、成为移动的标靶、找到品牌化差异点。

传递地道感觉

一个品牌如果可以传递出真实的地道感,并且能够把竞争对手描绘为机会主义者,那么这个品牌就可以打造出很强大的竞争壁垒。人们一般都倾向于对真实可靠的品牌产生忠诚,会痛恨那些跟风模仿甚至造假的品牌。我们在第1章中讲到,朝日超爽干啤在1986年取得了非凡的成功。不到2年,麒麟推出了干啤,在产品品质上完全可以和朝日超爽相媲美,但却很明显是对朝日这个打破麒麟淡啤酒的统治并后来居上的小啤酒厂家的模仿。这家一心专攻淡啤酒的企业并没有把心思真正地放在干啤市场,自然而然麒麟啤酒在真实度考验中败下阵来。事实上,朝日啤酒除了清新的口感,还拥有"西方的""年轻的""酷的"等多种关联因素,这一切意味着麒麟仅仅做出"地道的口感"是远远不够的,总体上很难超越朝日。

地道意味着真实、原创以及值得信任。真实意味着产品能够实现人们各方面的期望,它不会令人失望。原创意味着产品并非临摹品或伪造品。它也许不是先驱,但的确是最早实现优秀品质的产品。值得信任意味着新品背后的组织或个人对产品表现出兴趣和忠诚,甚至是激情,他们尽全力打造真正的产品和服务。

最终赢得并持久保有地道感意味着品牌实现了所有的价值主张、不打折扣。首先,企业应该有高标准,并且按照这些标准来培育人员、文化和制度。"真实的品牌"背后的企业是不会得过且过的。2010年最值得信任的品牌是亚马逊、联邦快递、Downey、好奇和汰渍，所有这些品牌都在始终如一地实现自己的承诺。[2]

有一种名为施利茨（Schlitz）的啤酒曾经和百威一起占据市场领先地位。但为了降低成本，施利茨啤酒的酿造工艺打了折扣。结果，啤酒在保质期内就失去了味道，品牌一败涂地。即使它用回原始配方，并且在"超级碗"比赛现场展示现场品尝等都无力回天。问题在于施利茨再也无法克服这样的负面事实：比起产品质量、品牌和消费者，它更在乎成本和利润。这时候再想谈质量，就变得很可疑。地道品牌并不一定需要直接聚焦品质，因为这就是最基本的前提。

主打真实地道感的品牌背后一般都有一个组织，这个组织的传统、价值观和活动都让人们相信它做出的承诺一定可以兑现。这样的组织特征有助于打造真实可靠的品牌形象。我们在第8章提到，谷歌的指导原则使它能够为用户提供一个干净、迅捷并且功能强大的界面。再回想一下无印良品的案例，它的价值观和生活方式的宣传如此强大，以至于地道成了它的标签之一。捷蓝航空（Jet Blue）重视安全、关爱、有趣、正直以及激情，而所有这一切都有展露出来。[3]

2009年，澳大利亚的调查显示，文化传统也是地道感的来源。[4]如果品牌背后有个与主题相关并引人入胜的故事，那么品牌的真实地道感就会更强。亨利·福特"让每个人拥有一辆汽车"的想法、丽思·卡尔顿酒店提供顶级服务的叙述、Salesforce.com对"云"的构想、赛百味宣传的杰尔德的经历——所有这一切都强化了它们各自品牌的真实地道感。

如果品牌以创始人的名字命名，则其背后的故事可以更加鲜活。本杰瑞冰激凌、奥瑞可（Oreck）真空吸尘器、泰德·特纳的泰德蒙大拿烧烤餐厅（Teds Montana Grill）都有各自积极的发言人，传递出每个品牌的目标和愿景。另外，如L.L.Bean、奥维尔·雷登巴赫尔（Orville Redenbacher）爆米花、艾迪·鲍尔（Eddie Bauer）服装店、毕兹咖啡（Peet's Coffee）以及 Newman's Own 咖啡，虽然创始人不在了，但是品牌一直沿用他们的名字，讲述着他们的故事。还有一些像维多利亚的秘密（Victoria's Secret）这样的品牌，其创始人神秘莫测，但也有自己的故事。

地道感还可以源于物品原产地的传统。例如，俄罗斯的伏特加、瑞士的手表、法国的香水、丹麦的奶酪、日本的电子产品、阿根廷的牛肉、新加坡航空公司等。或者，地道感还可以来自于一个地区或地方性的联想。例如来自佛蒙特州的本杰瑞冰激凌、来自缅因州的缅因汤姆、来自波士顿的三姆啤酒、来自加利福尼亚州的嘉露葡萄酒以及来自纳帕县的罗伯特·蒙大维（Robert Mondavi）葡萄酒，这些仅仅是其中的几例。每一个品牌都因为地名联想而增强了其地道感，其他没有这种联想的品牌就需要跨越更高的门槛。

打造明显的可信度

品牌需要赢得"有能力实现强大优势"的消费者感知。可信度可以来自于品牌之前在市场上的良好记录。然而，让消费者印象更深刻的则是品牌有非常明显的资源优势、能力和策略。这些都是品牌真正的实力，很难被复制。麒麟公司的宣传让人相信它有复杂、昂贵的麒麟一番榨生产工艺。土星汽车通过展示其在斯普林希尔的工厂、工人以及经销商向人们证明了企业的品质与文化。百思买有远近闻名的奇客小分队，德雷尔有低速搅拌技术。

支持价值主张的运营方式也能够带来可信度。当消费者了解了 Zara 和 H&M 的独特运营方式，也就更加相信它们"每周上新品"的宣传。戴尔电脑凭借着接单定制的制度让企业得以在维持低成本和用户高互动的同时，还能够提供最先进的技术，因此长达 10 年都雄踞电脑直销领域。这种制度也强化了顾客直接从戴尔购买电脑的意愿。联邦快递打造了以运营方式驱动的创新，可以追踪包裹，这个优势非常新颖、吸引力十足，联邦快递由此定义了新的子品类。

成为移动的标靶

如果一个品牌有重大创新，带来极具市场影响力的优势，那么竞争对手往往会跟风模仿或者推出另一项创新来与之抗衡。但如果新品及其代表的新的品类或子品类是动态的，那么该品牌就成了移动而非静止的标靶。吉列开创了许多新的子品类，并对它们不断加以改进或更新换代，堪称一台创新机器。吉列从1971年的第一个双刀片剃须刀Trac Ⅱ到后来的可旋转Altra刀片、感应（Sensor）、锋速3（Mach 3）、维纳斯（Venus）和锋隐（Fusion），外加许多通过创新打造的子品牌，如Trac Ⅱ升级版、超级感应、升级锋速3、维纳斯丝舞[⊖]，以及锋隐致顺（Fusion ProGlide）——这种剃须刀利用一个"雪犁卫士"有效防止打滑并提供新的抓力。吉列是移动的标靶的典范。

持续创新对那些想要赢得相关性的品牌构成了挑战。iPod有六七种创新，从nano到shuffle再到touch，使得竞争对手很难从应用或市场细分角度找到其弱点。普锐斯每一年的新款都会包含重大改进，这也让追赶它的竞争对手在未来的三年或更长的时间里仍旧面临很大的挑战。宝洁将汰渍洗涤剂和女性护理产品也打造成了移动的标靶，持续对这些产品进行创新，竭力满足消费者对于舒适、护理和温柔的需求。

找到品牌化差异点

找到品牌化差异点的挑战在于需要拥有自身优势，并且不能让这个优势很快淹没在周围的品类或子品类的喧嚣声中。方法之一是打造品牌——开发

[⊖] 一种适合女性敏感肌肤使用的刮毛刀。——译者注

品牌化差异点，因为企业可以拥有品牌。其他的商家也许能模仿百思买，甚至提供比它更优质的服务，但这些商家没有奇客小分队、没有相应的品牌个性及相关属性，它们没有"百思买"这个品牌。

如图 9-3 所示，品牌化差异点可以是一种特色、一种原料或一项技术、服务或活动，它为品牌商品或服务打造了有意义的差异点，在相当长的时间内这种差异点可以归属于这个品牌并得到积极管理。

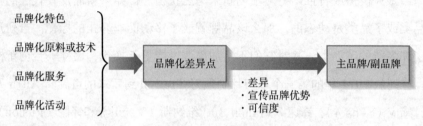

图 9-3　品牌化差异点

品牌化差异点，无论它是特色、原料，还是一项技术、服务或活动，通常都能够以直观的形式展现自身优越的性能。通用汽车的安吉星（OnStar）就是为其特色命名的品牌，这个特色包含许多服务，例如向道路救援机构自动提供气囊打开的警报、提供被盗汽车的位置信息、提供紧急服务、遥控车门解锁、远程车辆诊断以及车辆管家服务。莎莉（Sara Lee）的 EarthGrains 为一种原料打造了品牌 Ego-Grain，这种原料是一种新型小麦，有助于可持续性的农业开垦行为。[5] 夏普将 Aquos 电视运用的技术品牌化为四原色技术。企业号租车公司将其系统品牌化为 ARMS，这个系统为保险公司提供服务，让它们可以管理租用车辆，并将其传递给用户。

品牌化差异点需要有意义，也就是说这个差异点对于顾客来说要真的很重要，代表了显著的不同。例如，威斯汀酒店于 1999 年推出的天梦之床，这是一种专门为顾客打造的床垫套装（由席梦思公司开发），这款床垫有 900 个小弹簧，配上根据气候定制的舒适的小羽绒被、大羽绒被、高品质床单、5 个鹅绒枕头。天梦之床在品种繁多、难以打造差异性的品类中脱颖而出，成为品牌化差异点的典型。天梦之床的意义在于它的确是一种更优质的床，也着重对应了酒店的核心承诺——为顾客提供舒适的睡眠。它有很大的影响力：配备了天梦之床的威斯汀酒店不仅在顾客满意度方面增长了5%，还获得了关于酒店清洁度、房间装饰和保洁维护的正面印象，另外还有更高的入住率。

　　一个品牌化差异点也需要得到长期的、积极的管理，并成为各种品牌打造活动的理由。它需要成为一个移动的标靶。天梦之床在得到顾客认可后用更多积极的品牌打造活动来跟进。这些举措反响非常热烈，以至于威斯汀开始出售这样的床。2004年一年，它卖出了3 500张这样的床，最后这款床还入驻了诺德斯特龙商场。想象一下吧，商场卖一款酒店里的床。想想这带来的轰动效应。之后概念还被延伸到了天梦浴缸，一款带有双淋浴头并且配有香皂和毛巾的浴缸，甚至还有专门为狗狗打造的天梦床品。天梦系列所有产品都可以在Westin At Home Store网站上买到。

　　有价值的特色、原料、技术、服务或活动——无论是否有品牌，都可以为产品赋予差异性。那么，为什么还要将它们品牌化呢？答案是，差异点品牌化除了能够明确这一优点的所有权，还能够为其宣传增添可信度和合法性。拥有了品牌也就明确表明这种优点值得拥有自己的品牌，而且是有意义的。对于有品牌的属性的重要研究发现，品牌能够增强产品的可信度。卡朋特、格莱泽和中本三位知名的研究者发现有品牌的属性（如"阿尔卑斯级别"羽绒外套、"地道米兰人"意大利面、"工作室设计"CD播放器）会大大影响顾客对于溢价品牌的偏好度。被调查者认为，有了这些品牌，产品卖高价就更为合理，尽管他们也不知道这些属性究竟为什么更优越。[6]

　　一个有品牌的差异点同样可以使沟通更加便利。品牌化的特色，例如欧乐B的Action Cup，中间有一个独特的圆形刷头可以清洁到每一颗牙齿，品牌为这种产品特性的细节提供了很清晰的展示，使得这一特征易于理解和记忆。百思买的奇客小分队品牌不仅传递出他们的使命，还展现了他们的活力与个性，这正是他们的特色所在。总的说来，有品牌的服务可以集中体现一种创意的本质与维度,否则这个创意对于受众来说可能太过复杂,以至于他们不愿意费力去理解。

亚马逊打造了一个很强大的特色:它根据顾客的购买历史以及那些有相同购买历史的人来判断顾客的兴趣,然后再基于这个兴趣为顾客推荐书和DVD产品。但它从未给这个特色赋予品牌。结果有多悲剧?后果就是,这一特征几乎成了许多电子商务网站的基本特征,成了一种普通的商品。如果亚马逊当时能够给这个特征赋予品牌并对其进行积极管理,随着时间的推移不断改进,那么这就会成为一个持久的差异点。它错过了一个黄金机会。幸好,在"一键下单"(One-click)上它没有重蹈覆辙,这个功能使顾客点击"一键下单"按钮来下单。这一品牌化的服务使亚马逊在这个混乱的市场中成了关键性的角色。亚马逊在Whispernet服务方面同样没有大意,这个品牌代表Kindle用户可享受的快速、便捷的电子书下载服务,亚马逊推出此服务来支持其Kindle书供应系统。

顾客关系

竞争对手可以模仿或者削弱某个功能优势,但很难复制品牌的其他方面,即那些创造了超越功能的顾客关系,这也是定义新的品类或子品类的驱动因素。

丰富品牌的内涵

这里的关键之一就是让品牌以及品牌所定义的品类或子品类不只传递实用性功能。如果品牌能够成为典范,并且能够赋予自身或其品类或子品类以丰富的相关因素,那么这个品牌就会难以匹敌或超越。相关因素越多,竞争对手越难在这个新的品类或子品类领域赢得可信度，也越容易发现自身存在的不足，这也就意味着它们无法获得相关性。如果不足并非来自于产品的功能，而是来自于共同的兴趣、个性特征、对品类或子品类的激情、组织属性或企业社会活动等，那么竞争对手往往会望而却步。如果你仅仅是打造出了一个更优质或者价格更低的捕鼠器，是否消费者就一定会购买呢？未必。

如果品牌有能力成为品类的典范，那么竞争对手所要匹敌和超越的就不只是该品牌产品的功能，而是整个品牌。品牌复杂度能够增强其典范地位的优势。普锐斯、iPod、iPhone、Zara、无印良品、美捷步、赛百味、全食超市、Zipcar、健康之选、西南航空和 ESPN 都定义了新的品类或子品类，它们作为典范品牌都开发出了自己的一系列相关因素。品牌的丰富性和复杂性使其典范地位更加坚实。

我们在第 8 章描述了所有可以用于丰富品牌内涵及其品类或子品类，使其不再仅包含功能优势的方法，包括共同的兴趣、品牌个性、组织相关因素等。品牌如果与消费者有相同的兴趣，例如帮宝适在婴儿护理方面、霍巴特在厨房食品烹饪方面、凯撒在健康生活方面，凡此种种，都给竞争对手打造了壁垒。品牌及其品类或子品类可以有与生俱来的个性特征，例如朝日超爽、Zara、土星汽车、赛格威思维车，它们都能够代表社会和自我表达益处。此外，它们还可以有组织相关属性，例如全球化、有创新力、质量驱动、关注顾客、参与社会事务或有环保价值观等，这些都让竞争对手很难模仿。

顾客参与

如果品牌能够扩大产品范围，以产品功能或服务以外的方法吸引顾客参与进来，那么就能够打造出竞争壁垒。例如，贝蒂妙厨 Mixer 网站邀请会员与专家交谈，或者和其他会员交流；用户可以在哈雷戴维森的网站上展示自己最近的骑行之旅；宝马有供车主使用的竞赛车道。在每种情况下，品牌都打造并深化了与用户之间的关系，使得用户的忠诚度更高、竞争对手的相关性更弱。

正如前面讲到的，宝洁护肤品SK-Ⅱ最初的诞生是因为人们注意到日本清酒厂年长的女工双手的肌肤仍像年轻人那样光滑细嫩。这一发现催生出了一种特殊的产品成分，他们为此成分创立了专门的品牌Pitera。但是宝洁并未止步于产品，它继而开发出一整套顾客体验服务，包括提供皮肤护理方案、美容顾问以及非凡的到店体验。门店配有专业的高端SK-Ⅱ电脑美容成像系统来衡量和监测皮肤的状况，包括脸部线条、皱纹、肤质和斑点。美容专家针对顾客提供个性化的建议并与他们建立联系，甚至在特殊的日子会给客户送上鲜花。这一切的努力打造出了5亿美元的产业，许多女性在SK-Ⅱ产品上的花销甚至每年高达5 000美元。竞争对手也许能模仿产品，但想要复制同等的体验就很难了。

社交媒体的出现让客户参与上升到了新的层次。[7]如果品牌能够与某个团体建立联系，那么这种联系可以强化品牌的真实地道感。例如，体型小巧又有趣的Smart汽车车主创建了一个包含11 000人的社区，其中又包含约200个子团体，这些团体有的会在当地组织活动。这些团体对Smart非常忠诚，例如曾经有关于车子传动问题的传言，他们马上通过媒体积极辟谣，全力维护品牌。

如果品牌缺乏热情的追随者，那么它需要某种契合品牌的兴趣爱好、共同的活动或事业来构筑一个团体的基石。三福（Sharpie）是一家绘图用品生产商，它以创新为基础创建了一个设计师团体。他们的创意之一是在乡村音乐节上设立一整面的签名墙，然后在某个下午对公众开放。户外服装企业哥伦比亚（Columbia）利用Meetup在线社交平台让人们相识，并在线下举办地方性聚会，为户外和远足小组提供赞助。另外，共同的事业可以调动起整个团体的力量。多芬有一个社区重新定义了社会对女性美的概念。尼桑（Nissan）围绕零排放概念创立了团体来支持其推出的新款聆风。

关于社交媒体有一些清晰的指导原则正在显现。第一，品牌的功能应在于支持、培育、合作以及赋能。控制是不奏效的。第二，团体组织应该是吸引人并有意义的，是某种生活方式或兴趣的延伸，不能成为毫不掩饰的品牌打造行为。第三，团体应该是真诚的，聚焦于类似分享知识或兴趣这样的真实需求。

为品牌注入活力

企业要保持强大的竞争壁垒需要在活力和精力上领先于其他企业，确保看起来疲惫无力的总是竞争对手。保持活力形象的最佳方式是源源不断的创新，明显且鲜活。然而，有时这并不容易做到，而且即使可以做到，竞争对手可能也有相应的创新。在这种情况下，企业也许要花一些时间来找到可以为品牌注入活力的事物，并使之与品牌建立关联，由此打造并培养品牌的活力源。激发活力和打造知名度的具体方法会在第10章讨论，那时将主要介绍保持相关性的问题。

品牌与品类或子品类建立关联

品牌要想拥有持续的相关性，必须与新的品类或子品类建立关联。每当提到这一品类或子品类，人们就会想到这个品牌。如果没有这样的关联以及随之而来的相关性，品牌就无法影响或者管理新的品类或子品类的定义。强大的关联性能够让品牌在人们的考虑集中占据核心地位，从而给竞争对手带来难以跨越的壁垒。

最理想的状态是品牌成为典范，这样当人们想到品类或子品类时，最先想到的是这个品牌。竞争对手相关性的程度视它能够在多大程度上模仿典范品牌而定。面对典范品牌，竞争对手始终处于被动，因为它们一旦想寻求差异性，就面临着失去相关性的风险。

合理描述的品牌名称可以成为品类或子品类的标签，因此品牌也就成了真正的典范。那样的话，每当提到这个品类或子品类时，人们就无法不想起这种品牌相关性。例如，Lean Cuisine 和慧俪轻体就从两个方面与体重控制建立了关联性。如果是体重管理子品类，则慧俪轻体会被人们想起；如果是关于低脂饮食的子品类，那么 Lean Guisine 就会成为主导。西夫韦超市的 O 牌有机以及 Eating Right 品牌表明了与它们相关的品类。

当然，描述性品牌也会有局限性。纤维一号在与纤维无关的领域举步维艰。如果亚马逊当初命名为 Books.com，那么当它想进入更广阔的领域时就会面临相关性和可靠性问题。因此，究竟是在某一特定品类或子品类获得相关性优势，还是为未来灵活的策略留有余地，在这两方面我们总是有得有失。

当然，有时没有任何一个品牌可以升级成为典范。那样的话，品牌需要与新出现的品类或子品类建立关联性，并培育顾客对品牌的可靠性认知。一种建立关联的方法是用最原始、最直接的方式：用广告、包装或赞助方式来建立品牌与新的品类或子品类之间的联系。尽管如此，这些做法可能代价不菲但效果不佳，因为受众也许没有充分的理由来加工信息和了解这些关联性。

本章讨论并检视了四种打造竞争壁垒的方式。第 10 章将会仔细考察当新的品类或子品类出现时，一个既有品牌面临的相关性减弱的风险，以及如何在一个既有品类中获得相关性的问题。

要点总结

对于企业组织而言，开创品类或子品类成本高、风险大、压力大。成功的回报取决于企业可以打造的竞争壁垒有多强。壁垒越强，企业获得的直接利润就会越高，市场势头也会越强劲。这些壁垒如下。

- 打造投资壁垒,例如,专利技术或能力、更强的执行力、运营规模、品牌权益、品牌网络和品牌忠诚度等。
- 打造极具吸引力的优势,成为最地道品牌,培养明显的可信度,成为移动的标靶或者将创新品牌化。
- 建立超越功能优势的顾客关系,让客户参与到品牌打造活动中来,或者凭借共同的兴趣、创新、热情、组织属性和社会活动来丰富品牌的内涵。
- 建立品牌与新品类或子品类之间的纽带,尽可能将品牌打造成典范。

| 讨论题 |

1. 研究企业中几种基于实质性创新或变革性创新打造出的主要新品。它们拥有竞争真空或强大优势的时间能够持续多久?打造出了什么样的竞争壁垒?这些竞争壁垒有可能变得更强大吗?
2. 在你所处的行业内外各找出一个打造了强大的竞争壁垒的品牌。这些竞争壁垒是什么?它们是如何打造出来的?过程中利用了哪些企业资源或能力?
3. 你欣赏哪些企业的顾客关系?它们在发展品牌化差异点方面有什么独特之处?从中可以学到什么?
4. 识别一些品类或子品类中的品牌典范?它们是如何取得这种地位的?

BRAND RELEVANCE

第 10 章
在市场变化中获得并保持相关性

> 即使你走的路正确,如果静止不动,也会被碾压而亡。
>
> ——威尔·罗杰斯(Will Rodgers)
>
> 最令人兴奋的莫过于虽被瞄准却未被击中。
>
> ——温斯顿·丘吉尔(Winston Churchill)

在市场变化面前，企业有可能面临这样的风险：其所专注的品类或子品类逐渐衰退、被重新定义并由此导致品牌所针对的顾客群人数缩减。有很多力量会带来这样的风险，本章会一一详述。例如，顾客越来越不愿意购买某企业的产品，因为他们无法接受这家企业的价值观或者营销方式。无论从内部还是外部，企业都很难改变这样的形象。但是沃尔玛做到了，它的故事是10年来最令人印象深刻的品牌故事之一。沃尔玛的案例很好地诠释了为什么可以以及如何做到这一点。

一家试图通过改变顾客不愿购买产品的现状来获得相关性的企业，与一家已获得相关性，但相关性可能会被减弱的企业，它们所面临的挑战是一样的。现代汽车是一个很好的例子，要获得市场的强势地位，它面临着四大相关性挑战——品质、样式、进口产品以及自身的品质。它的故事很有启发性，将在本章最后一部分讲述。

沃 尔 玛

2005年的沃尔玛像是坐上了过山车。[1] 一方面，它的销售额达到了近3亿美元——10年内增长了几乎3倍。门店数量从10年前的3 000家增长到了5 000多家，而且店铺的平均面积也比之前更大。然而另一方面，它被负面事务缠身，许多甚至上升到法庭诉讼或抵制的程度，这类新闻几乎不间断地出现在媒体上。

其中有四个问题最明显。第一，在工会的大力宣传下，沃尔玛获得了很多不好的名声：对员工不公平，没有足够的健康保险，工资过低（有人认为简直无法生活），歧视女性员工，它的一系列政策甚至鼓励（或迫使）竞争对手效仿。第二，它从其他国家采购货物，此举被认为破坏了美国的收支平衡，使工作机会外流，加深了工人被剥削的程度，一般认为这背后的原因是沃尔玛过分关注（在某些人看来甚至是"执迷于"）低成本。第三，在地方政治家和选民看来，沃尔玛进驻某些领域导致了小企业破产，并导致了许多糟糕的交通状况以及杂乱无章的状态。第四，有很多传闻说沃尔玛对供应商提出了各种定价以及品牌需求，这些供应商因为依靠沃尔玛生存所以只得屈服，在产品和品牌方面只得让步，被迫从国外采购，有的甚至破产。

这些负面事务不仅有可能让人们不再关注沃尔玛自己传递的信息，而且很有可能对其商业战略带来实质性影响。许多社区开始拒绝沃尔玛进驻，影响了沃尔玛的发展战略和选址决策。也许更重要的是，沃尔玛的负面形象逐渐扩散开来，而相关人群都是关心社会事务的人，由此导致沃尔玛赢得顾客及顾客忠诚度的能力大打折扣，特别是面对好市多和塔吉特这样的竞争对手时。一项调查显示，约8%的美国人因为这些负面报道不再光顾沃尔玛。[2] 这可以说是相关性问题带来的最严重的影响了。沃尔玛尝试做出反驳来影响人们对沃尔玛的定位，但情况变得更糟，因为沃尔玛在应对这些由来已久的批评方面缺乏可信度。

当时沃尔玛的董事会主席罗布·沃尔顿（Rob Walton）是一位狂热的户外运动爱好者，在一次户外探险旅程中，有人提出他应该将企业打造成应对环境问题的先锋力量，当时他自己对部分环境问题也的确深有感受。[3] 一盏明灯就此点燃。这不仅对于户外运动爱好者来说非常有意义，而且非常有助于改变人们谈论沃尔玛的话题内容，或者至少提供了能够中和负面媒体报道的回应信息和正面情感。

2004年6月，沃尔顿召集CEO 李·斯科特（Lee Scott）和提议人一起来商讨下一步的策略，最终他们推出了一年期的沃尔玛环保得分卡。很明显，沃尔玛之前对环境问题敏感度不高，令人惊讶的是，在这方面做出改进不仅有助于改善环境，还帮助沃尔玛节约了大量资金。仅减少过度包装就帮助它节约了240万美元的运费。沃尔玛车队有7 000多辆卡车，在这些车上安装自助电源，帮助汽车在使用间隙自动调温，每年为沃尔玛节约大约2 600万美元。这样的举措一个接一个，是很明显的多赢局面。

2005年8月，斯科特在公司内部宣布意欲将沃尔玛打造为环保项目领域的领军者。他们具体的目标就是在可持续发展领域成为先锋。公司为其车队、商场和产品都制定了明确的节能目标。有机食品连同用有机棉花制造的衣物成了沃尔玛超市的特色商品。沃尔玛开始挑选并支持那些对环境问题做出回应的供应商——从阿拉斯加的三文鱼渔民到联合利华（它生产的浓缩型清洁剂比同类清洁产品更节约空间和包装材料）。沃尔玛激励它在全球的6万家供应商都向更环保的方向努力。沃尔玛打造了14个关注一系列可持续发展问题的网络，这些问题覆盖物流、包装、产品预测等方面。网络体系的人员包括沃尔玛的管理者、供应商、环保团体、环保规划者，他们在这些网络中分享信息和想法。凭借沃尔玛在世界上的影响力以及门店分布，这些活动带来了真正的改变。

2009年，这一举措的价值得到了证明，活动规模也进一步扩大。[4]这项名为"可持续发展360"的战略所涵盖的人员不仅包括员工，还有供应商、社区居民和顾客。每个网络的活动目标不尽相同，有的关注运营中的可再生能源，有的关注有利于环保的产品，这些目标也确保了更大的成功。为了激发供应商的积极性，2009年秋沃尔玛在北京召开了"可持续发展高峰论坛"。谁能想到沃尔玛会有这等力度的举措？这些活动带来的回报也让人意想不到：节约的成本比预期还高，消费者对有机棉纤维的反响也比预期热烈。通过图10-1我们可以感受到这些活动涵盖的范围。

这些活动的确影响了人们谈论的内容。在2008年扬罗必凯品牌资产评估数据库跟踪的3 000多个美国品牌中，沃尔玛在社会责任感一项排名第

12位,真是了不起的成就。[5] 2010年开始出现《环保项目使沃尔玛不再可恨》《沃尔玛环保举措改变格局》之类的文章。[6] 强烈反对沃尔玛的人仍旧存在,但明显他们反对的声音从强度和广度上都减弱了很多。沃尔玛面临的相关性考验并未结束,但其严峻程度的确大大减轻了,而且发展趋势也是正面的,考虑到它几年前的处境,这无疑是个非凡的改变。

图10-1 沃尔玛的可持续发展信息

避免失去相关性

培养并管理人们对于新品类或子品类的认知,从而让竞争对手失去相关性,这是一种求胜的方式。但是品牌的另一个目标是避免失败。一个品牌如果无法保持相关性,成了过时的品牌,那么它就失败了。保持相关性不仅可以避免失败,而且可以为未来的举措与成功保留平台。

什么情形会导致失去相关性?一般有两种。

第一种是品类或子品类失去相关性。消费者就是不想再购买企业的产品,虽然产品依然质量优良,企业依然为消费者所喜爱。如果品牌所在的品类或子品类已经走向衰落,而新兴的品类或子品类正在涌现,那么品牌相关性及产品销量都会下降。

第二种是失去活力相关性,品牌失去了活力,其可见度也就随之消失。

如果新的充满活力的品牌崭露头角，消费者为什么还要去考虑那些已经过时、没有什么新的或有趣的商品的品牌呢？失去活力的品牌只能止步于过去，或者仅适合老一辈人。又或者这种品牌缺乏可见度，人们根本想不起来，品牌逐渐沦为了市场喧嚣中的陪衬。

本章将描述相关性的这两个维度，并探讨有哪些积极的方式可以避免这两种情形的发生，以此来避免品牌相关性减弱。每个企业在考虑品牌策略时都应该考虑到这两个维度。另外，理解如何避免失去相关性有助于我们更深入地理解相关性的概念，也能为所有参与相关性竞争的企业提供帮助。

产品品类或子品类的相关性

如果品牌所在的品类或子品类正在衰退，或者变得不再有相关性，则这个品牌也会随之失去相关性。人们的购买内容改变了。这种失去相关性的方式是隐性的，因为改变是一步步发生的。另外，即使品牌仍旧强大，消费者依然忠诚，产品有不断的渐进式创新，而且维持着最高水准，这种情况仍有可能发生。根据扬罗必凯品牌资产评估数据库，相关性是品牌成功的必需因素，没有相关性的差异性无甚价值可言。失去相关性会让品牌元气大伤，甚至是致命的。

常见的问题是这样的。一个品牌看似很强大——所有追踪研究都显示它拥有很高的信任度、很好的名声、优良的品质甚至是明显的创新，顾客仍然对它很满意且重视，然而品牌的市场份额却在下降，甚至是大幅度下降，考虑购买该品牌的顾客尤其是新顾客越来越少。为什么？很多时候品牌所面临的问题都是由于其所在的品类或子品类正在改变或衰退，也许被重新定义了，也许完全被新的品类或子品类取代了。这样该品牌与那些重要的市场群体就不再相关了。

如果一群消费者想要购买混合动力汽车而非SUV,那么这就意味着人们再认可你的SUV也没有用。人们也许还是很欣赏你们生产的SUV,认为它是市场同类产品中的最佳。他们热爱它,甚至向身边对SUV感兴趣的亲友推荐它。然而,如果他们由于变化的需要而有意购买混合动力汽车,而你们的汽车品牌与SUV联系过于密切,那么这个品牌对这些人而言就已经失去了相关性。即使你的品牌也生产混合动力汽车(也许是在某个子品牌下),它还是会在混合动力汽车领域缺乏可信度。

对品牌而言最大的悲剧莫过于在打造差异性方面取得了巨大成功,赢得了品牌偏好度之争,投入了大量宝贵的资源,最后所有的努力却因为相关性出了问题而付之东流。试想一家付费电话公司取得了最佳地理位置却被手机夺去市场,一家报社花大价钱请了最好的编辑团队却被网络媒体夺了风头,或者一个瞄准服装市场的知名品牌却发现潮流已悄然改变。

当市场发生变化时,曾经让品牌强大的因素反而可能成为累赘。正如我们在前面讲到的,当人们从淡啤酒转向干啤时,麒麟拉格啤酒就不再是一个可信任的选择。麒麟被排除在消费者的考虑集之外。它的强项在于生产最好的拉格啤酒:历史悠久、顾客群忠诚且资深,但这一切在它想要转向新市场时成了障碍。

由于壁垒提升,品牌甚至会进入不可接受的领域。也许竞争对手打造的新品主打某种新的特色或新的性能标准,于是消费者的购买意愿就转变了。或者健康饮食消费趋势中的某个维度(如脂肪含量)变得更受关注、更重要。

品牌如果在质量或可靠性的某个关键元素上出问题,同样会失去相关性。《60分钟》栏目⊖曾提到某款奥迪汽车存在突然自动加速的危险,虽然这一论述未必真实,却对奥迪汽车产生了数十年的负面影响。奥迪甚至在设计方面做出了改变,让这种可能性完全降为零,但之前的宣称还是让那些不

⊖ 《60分钟》是美国哥伦比亚广播公司(CBS)主打的一档电视新闻杂志栏目,在美国收视率很高。——译者注

愿费心了解事实的消费者认为奥迪汽车失去了相关性。几十年后，丰田汽车遇到了类似的问题，需要费很大的力气来重新赢得公众的信任。类似地，巴黎水（Perrier）曾经存在的水污染问题对其品牌价值直接产生了重创，并影响了销售和形象。

一个看似很不起眼的特点在某些人考虑品牌时也许会成为一个关键要素。有些顾客之所以很多年来都不买德国车就是因为它们缺少杯托，而德国汽车工程师认为真正热爱汽车的人不会在乎这一点。一个细微的属性影响了人们在定义整个品类或子品类时的思考决定。这里关键的问题是，"品牌被排除考虑范围的原因是什么"。这个问题的答案能够决定影响相关性的市场动态。

品类或子品类相关性策略

对于一个正在或即将失去相关性的品牌而言，有四种回应策略，如图 10-2 所示。我们之后会一一讨论，并研究缩减投资和继续生存的不同选择。

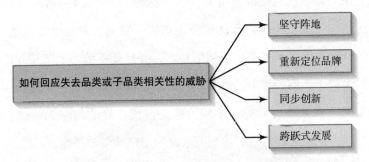

图 10-2　回应品类或子品类相关性风险的四大策略

坚守阵地

最常见的策略就是"坚守阵地"。品牌通过做出渐进性改善、投资以改善品牌质量并实现承诺来阻止甚至逆转销量下跌的趋势。麒麟啤酒当初可以向消费者宣传其产品仍然具有相关性，比如找到重新讲述品质故事的方式。这样它也许能够放缓（哪怕不能逆转）消费者转向干啤的趋势。

想想手动安全剃须刀吧。20世纪30年代当电动剃须刀问世时，安全剃须刀似乎已经走到了末路。电动剃须刀的优势明显——干净、省时、安全，这些优点也都很有吸引力。然而，事实恰恰相反。安全剃须刀打赢了争夺战并获得健康成长。部分原因就是吉列从70年代一直持续至今的创新：从Trac II到锋隐动力，创新的脚步从未停止。这些进步所代表的活力与性能使电动剃须刀带来的威胁黯然失色。

帕特里克·巴韦斯（Patrick Barwise）和肖恩·米汉（Sean Meehan）合著的《只需更好》（*Simply Better*）一书中提及了"坚守阵地"策略的合理性及具体实施。他们提出，顾客，尤其是服务类企业的顾客，想要购买最佳选择，也就是比其他选择再好一点的选择。[7] 巴韦斯和米汉认为，人们对于差异化和独特性的需求被过度放大了。相反，他们认为品牌最佳策略是全力实现商家的核心承诺，而非试图开创或加入新的子品类。

几家快餐连锁店无疑都使用了"坚守阵地"这一策略。例如In-N-Out汉堡，这是一家位于美国西部的汉堡连锁店，它凭借着自己的汉堡、薯条、奶昔和饮料培育出了众多非常忠诚的粉丝，并且毫不费力地调整并适应了健康饮食的趋势。他们的菜单始终如一，一直以来就是不打折扣地提供不变的品质和服务。该策略背后的一个假设就是健康饮食的趋势无法夺去所有阵地，总有广大且稳定的消费群体更感兴趣的是口味与熟悉度。

"坚守阵地"策略需要足够的投入来保持并改善现有的产品，以此来争取成功。这种策略并非意味着无视市场变化，相反，企业需要及时发现新出现的品类与子品类并与它们展开角逐。尽管如此，这种努力也许是无效的，而且人们也怀疑用旧事物去挑战新事物是否是最佳投资方式。

重新定位品牌

另外一种方法是对产品进行改进、重新定位或重新打造品牌，以便其价值主张在变化的市场中增强相关性。过去这些年来麦当娜进行过若干次大的转型，一直保持着自己的相关性。芭比娃娃也一直与时俱进：1965 年的宇航员、1973 年的外科医生、1992 年的总统候选人，以及 2007 年芭比网站 Barbiegirls.com 的管理者，在这个网站上女孩们可以通过 VIP 选项来打扮芭比娃娃、装饰房间、采购物品，并且与网络上的其他成员互动。

基于缅因州户外运动的地道感打造出的品牌 L.L.Bean 面对市场变化做出了很多改变。它现在主打的是远足、山地汽车、越野滑雪以及水上运动，而之前品牌主打的是打猎、垂钓和野营，两者并不相符。它面临的挑战是如何在不丢弃传统的前提下与新一代的户外运动建立关联。他们的做法是让传统自然延续，对待户外运动依然充满敬畏、尊重以及冒险情怀，只是品牌视角改变了。

同步创新

还有一种选择是争取与打破市场格局的竞争对手保持同步创新。做出足够的改变，这样顾客就没有理由认为品牌不具有相关性。以快餐行业为例，健康子品类的发展显而易见，这种趋势给传统品牌，如麦当劳、温蒂汉堡、汉堡王、必胜客和肯德基带来了威胁。

快餐品牌的回应之一就是改变菜单，让寻求健康快餐的人更能接受其食物。这样一来，如果有三四个人一起选择快餐店，该品牌就不会被直接否决。例如，麦当劳使其招牌薯条大幅度降低"有害"脂肪的含量，还提供烤鸡三明治、各种沙拉、水果奶昔，在儿童欢乐套餐中增加了薯条和苹果的选择。汉堡王"田园美味沙拉"及汉堡都使用马泽蒂沙拉酱——一种全天然的沙拉酱。这些举措当然仍旧无法帮助它们成为健康饮食爱好者的首选，但至少可以降低被否定的概率。

麦当劳还存在另外一个相关性问题。星巴克的成功对其早餐以及其他非正餐时间的生意都构成了严重的威胁。但这也是个机会。2007年，麦当劳推出了麦咖啡，这条包含卡布奇诺和拿铁的产品线改变了竞争格局。对许多人来说，麦当劳提供了品质可以与星巴克相媲美的咖啡。结果是星巴克顾客群中的很多人开始把麦当劳纳入他们的考虑集。麦当劳获得了相关性，这真是个了不起的成就，曾经这些举措还一度受人耻笑。

这种策略有三大难点。其一，想要做出同步创新的品牌本身缺乏可信度，像麦当劳在追求健康饮食时所遭遇的一样。麦当劳的看家产品——巨无霸汉堡、麦满分以及欢乐套餐——都更注重口感愉悦而非饮食健康。其二，打造完全自制的新品并非易事，但没有这样的新品又无法获得同等的地位。事实上，麦当劳的许多新品，例如麦比萨、豪华瘦身汉堡以及麦乐沙拉（这款产品容器过于密闭，以至于很难把沙拉配料摇出来）都没有被市场所接受。[8] 在1983年引入麦乐鸡之后，麦当劳推出的成功新品并不多。[9] 其三，兑现同样的承诺绝非易事。能够引入新的品类或子品类的竞争对手才是这种承诺的真正信仰者，而往往正是有了这种信念感才能真正实现成果。

跨越式发展

还有一种可能的策略是投资打造更好的产品，由此来超越开创和拥有新的子品类的品牌。企业不再被迫与竞争对手在同一水平上追求平等，而是夺取该子品类阵地，至少凭借实质性或变革性创新成为重要的参与者。跨越式发展带来的回报可能巨大，采取这一方式往往是因为品牌意识到同步创新很难取胜。新的品类或子品类的早期市场引领者已经在真实感方面有了优势，作为后来者，即使可以推出与之匹敌的新品，也许仍然很难获得相关性，因为市场能见度和接受度都很难追赶。

跨越式发展策略包括在普通特征的基础上提高性能、增加新特色、减少或消除主要缺陷。例如 2007 年 11 月问世的亚马逊重磅产品 Kindle，它在随后的这些年里一直通过重要改进来不断优化。

索尼和苹果都试图后来者居上，赶超 Kindle。索尼的电子阅读器 Reader 试图超越 Kindle，它配有翻页触屏控制功能、直接在页面空白处书写功能，有更高的对比度，能链接到谷歌（免费提供电子书）、许多图书馆以及几千家书店所拥有的数百万本图书资源。与之不同，苹果打造了 iPad，读书只是它众多功能中的一种，但它的目的之一也是让用户在 iPad 上阅读电子书，将 Kindle 逐出战局。Kindle 回击的方式是不断优化功能并推出新款，并且积极扩大亚马逊网络图书馆的资源。

思科一次又一次把追求同步创新转化为了跨越式发展。它密切关注市场，寻找市场变化中的空白区域，然后针对这些空白迅速展开并购行为。并购中可能包含同等产品，但是一旦与思科原有的产品结合在一起，从更广的市场角度来考量，这一举措就成了跨越式发展。最典型的案例是，1993 年，当时思科是第一家生产多重协议可用路由器的公司，它进行了第一次兼并。因为当时有迹象表明，其他企业生产的交换机是顾客网络系统中不可缺少的部件，于是思科兼并了当时交换机生产商的领先者科锐先达（Crescendo）。思科为此次收购投掷巨资，但最终证明这一切都是值得的。一旦进入思科的产品线，交换机业务便迅速发展，最终成为今天思科主打业务的坚实基础。思科的商业策略就是在消费者驱动的市场变化之前辨别出趋势，并利用机会，找到方法在新兴竞争领域成为领先者。

减少投资或退出

如果企业回应对手的各种选择都缺乏吸引力或可行性，那么剩下的唯一选择就是减少投资，为企业保留资源，或退出角逐。这种策略的主要做法是将投资从正在衰退的产品市场撤出，转而投向更有前途的领域。例如，宝洁就从大部分食品品牌撤资，转而投向洗护用品和护肤品领域，因为后者的盈利空间和增长更好。通用电气（第 11 章我们会详细讲述）把资金从那些更成熟的行业中撤出，投向可再生能源板块。

减少对某一业务投资的过程痛苦而无趣，但对于企业应对市场变化来说是至关重要的。商业成功的关键之一就是明确你不应再做什么，然后坚守自己的判断，这样才能缩减或彻底终止对不重要业务的投资。

如果牵涉到传统业务，那么企业做出减少投资或退出的抉择难度会更大。客观和严谨是必需的。安迪·葛洛夫（Andy Grove）曾说过一段话，他说他和英特尔高层戈登·摩尔（Gordon Moore）一起设想了面对亚洲公司的强力夹击，英特尔管理层的继任者会怎么处置内存业务，从这个视角出发，放弃英特尔这块传统业务就没那么难了。

选择正确的回应

究竟采用哪种回应方法？答案肯定是视具体情形而定，但是有两个最重要的问题需要考虑。

首先，你能做什么？根据企业的强项、弱项以及企业的策略，上述四种非撤资应对方法各自的可行性如何？它们在多大程度上能够取得长期的成功？从风险和回报的角度考虑，哪一种方法更有优势？在新机会面前，能够得到企业多大程度的支持来进行创新并增强能力？对这些问题必须有很现实的认知。为了做而做没有意义，有成功的前景才值得冒险和投入。

其次，你想要或需要做什么？你想要获得投资来保持在新的品类或子品类中的相关性吗？关键步骤是评估新的品类或子品类所带来的风险、机遇与趋势。什么是真实的？许多趋势都是复杂且相互交织的。例如，在健康快餐的背景下，有提供蔬菜汉堡和烘焙薯条的连锁店，有像赛百味一样的三明治品牌，有像帕纳拉面包（Panera Bread）一样的休闲快餐三明治店，有提供日式或泰式风味饮食的店等。在这种复杂的背景下到底出现了什么？随之而来的风险或机遇的冲击力、紧迫性或有效性究竟如何？

活力相关性

对于既有品牌而言，失去活力相关性也是一大威胁，即使该品牌早已占据市场领先地位，完全不缺少顾客的信任、对品质的认可及忠诚。品牌也许会失去活力，变得倦怠、过时或平淡无奇，但它依旧是好产品，也许对于父辈或祖辈来说仍不失为一个绝佳选择，但是对你而言已经不够现代化。它不再符合当前的情形。另外，活力衰退带来了知名度的下降。当顾客购买产品时，这个品牌不再进入顾客的考虑集。品牌淹没在嘈杂的背景中，不再具有相关性。

如前所述，扬罗必凯品牌资产评估数据库显示，根据经验，相关性和差异性是品牌成功的基石。但最近对于数据库的研究发现，另外一个元素也是必不可少的，那就是活力。[10] 对于整个数据库的一项分析——囊括了1993～2007年来自40多个国家的4万家公司——显示，根据信任度、尊重感、质量认知以及知名度等评估的品牌价值都大幅度下跌了。例如，在过去的12年间，在可信任度方面品牌价值下降了约50%，尊重下降了12%，质量认知下降了24%，更引人注目的是，甚至连品牌意识都下降了24%。但明显的例外就是那些有活力的品牌，它们保持健康发展并保有驱动经济回报的能力。

如果竞争对手引入了新品种或新应用，或成功地利用大量的广告和显著的市场地位遏制了企业在市场中的知名度，那么活力相关性挑战可能会更有难度。无论何种情形，一个品牌如果缺少活力，即使依然为顾客所信任和熟悉，也不会再被他们想起。

如果品牌缺乏活力和可见度，它就有可能进入"墓地"——我们在第2章介绍过这个概念。墓地品牌就是顾客听说过甚至很熟悉，但是购买时却不在其考虑集中的品牌。成为墓地品牌会为品牌带来最大的伤害，因为顾客都觉得对这个品牌足够熟悉，已经很难引发新的兴趣。他们为什么要关注那些自己已经知道而且也没多少兴趣的信息呢？

对于大多数品牌而言，获取活力都是最重要的任务，对于那些在活力相关性方面有潜在问题的品牌，激发活力更是当务之急。

我们可以采用两种方式来给品牌注入活力——给企业注入活力或者创造品牌化的活力因子。

给企业注入活力

给企业注入活力的最佳方式就是通过创新来改善产品。苹果、任天堂、雅马哈、丰田、维珍、孟菲斯红鸟棒球队以及其他许多品牌都是通过不断创新来激发消费者的兴趣，打造品牌知名度。

然而，这条路不一定总行得通。在许多情况下，即使做出了积极的努力、有能干的人才、有创新流程以及合理的预算，成功的创新也不是唾手可得的。任何能带来影响的创新，以及能维持现有市场地位的创新，从来都是很稀有的。另外，一些企业所在的产品品类要么太过成熟，要么太过无趣，有的甚至兼而有之。无论你是卖热狗还是卖保险，都很难设想出能够给市场注入活力的新品。在这种情况下，企业不能只把目光停留在产品上，还要想到其他方法让品牌更有趣、更易于参与、更有活力、更热情，甚至成为人们议论的话题。我们来看一些具体建议。

让客户参与。有客户参与的宣传活动可以提升企业和品牌的活力水准。

例如，零度可乐（Coke Zero）邀请篮球迷上传他们支持球队时最疯狂的视频和照片，胜出者将会出现在冠军联赛之前播放的特别节目中。

品牌与社交网络建立关联也是增强客户参与的方式。如前面提到的，贝蒂妙厨 Mixer 网站邀请会员与专家交谈、与其他会员互动，哈雷戴维森网站让摩托车车主上传他们最新旅程的照片。

转向零售。如果可以控制好整个情境，那么品牌就可以讲出最好的故事。苹果商店是苹果品牌成功的主要组成部分，因为品牌产品可以在完全由自己打造的环境中展示。苹果商店不仅打造了全新的顾客体验，更是发布了塑造自身形象的宣言。不一定要靠连锁店来取得高销售量。耐克和索尼都用特色鲜明的店铺展示和呈现品牌，并用引人入胜和一体化的方式来讲述自己的故事。

品牌还可以将零售体验带给顾客。泰勒梅（TaylorMade）高尔夫设备的销售人员专门去高尔夫球场展示和销售产品，给顾客带去比在门店更生动的品牌体验。塔吉特在芝加哥设计了为期 30 天的慈善义卖活动来宣传翠西·费斯（Tracy Feith）时装品牌、自有品牌阿彻农场（Archer Farms）食品以及塔吉特家具。

举办宣传活动。举办宣传活动可以增加品牌知名度，甚至引发公众的讨论。例如维珍航空公司理查德·布兰森（Richard Branson）的气球冒险之旅、宝马赞助知名导演打造的电影短片、媒体名人所穿的懒人创意毯（Snuggie Blanket，可以穿在身上的毯子）等。在上述各种情形中，品牌都一下子获得了数百万的曝光量，大大强化了其与顾客的关联性及本身的活力。

用促销活动来吸引新顾客。已有的顾客对品牌司空见惯，但新顾客不仅能带来销量增长，还能带来新的视角。当然，吸引新顾客并非易事，尤其是在品牌已经很知名的情况下。丹尼斯餐厅采取的方法是借助"超级碗"商业广告和网络宣传在一天内发放了 200 万份"大满贯早餐"（Grand Slam Breakfasts）。免费早餐突破了既有的藩篱。

创造品牌化的活力因子

另外一种方法，完全不同于上述提到的让企业或品牌更有趣或更有参与度。这种方法就是找到品牌化的活力因子——一种品牌化的产品、促销活动、赞助关系、标志、活动或其他能够通过关联大幅度提升目标品牌活力的事物。目标是找到有活力的事物，将品牌与之捆绑，然后在很长的时间内积极管理品牌活力因子及其与目标品牌之间的关系。

品牌化的活力因子，如图10-3所示，可以来自于各种各样的品牌化事物，有些事物也许可以来自公司外部，但必须具有活力。品牌化的活力因子必须有趣、年轻、动态、现代、积极坚定且易于参与。

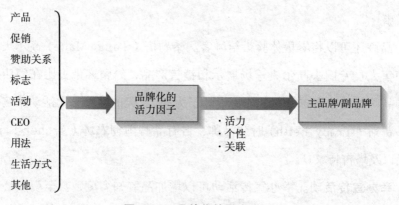

图 10-3 品牌化的活力因子

品牌化的活力因子需要与目标品牌建立关联，这一过程也许有很大的难度且代价不菲。即使是美国最著名的品牌标志劲量兔（Energizer Bunny），在宣传了很久之后，也还是有人分不清，不知道这个品牌化的兔子代表的是永备（Eveready）品牌，甚至以为它代表的是竞争对手金霸王（Duracell）品牌。

建立连接的方式之一是目标品牌作为主品牌，然后推出一个副品牌。例如麦当劳叔叔之家、雅芳乳腺癌防治项目或阿迪达斯街头篮球挑战赛。每一个活力因子的品牌名称里都含有目标品牌。第二种方式是选择一个非常有品牌特色的活动或项目，以使连接更容易建立。例如，一个婴儿主题的活动就很容易与嘉宝品牌产生关联性。惠而浦（Whirlpool）和家得宝都与仁人家园（Habitat for Humanity）——一个为穷人建造房屋的项目——建立了关联。第三种方法是慢慢形成这种连接，在一段时间内坚持不懈地打造它，例如美国大都会保险（MetLife）对《花生漫画》人物的处理。

品牌化的活力因子应该能够给目标品牌以活力、提升品牌形象。也就是说，活力因子不应该有损害品牌、与品牌脱节，或者让消费者感到不舒服的内容。那些从一开始就让人难以预料且喜欢独辟蹊径的"黑马品牌"，例如维珍、苹果、耐克、激浪等还是有发挥的余地的。而那些"资深"品牌，虽然可以打造一些比母品牌更前卫的品牌化活力因子，但是也有很多道路是不能选的，因为这些活力因子如果太前卫了就会有冒犯忠实客户的风险。

找到并管理内部品牌化活力因子的过程存在诸多困难，因此，很多企业将目光转向企业以外的途径。这样做的挑战在于要找到与顾客的生活方式有关联的活力因子，并且它需要具备提升与活化品牌所需要的关联属性，这个活力因子不能与竞争对手有关联，而应该与目标品牌建立联系，代表了一种可管理的联盟关系。这个任务需要严谨性也需要创造性。

品牌化的活力因子代表了一种长期的承诺，相关品牌应该有长久的发展预期，因此值得投资并加以打造。如果活力因子是在企业内部发展起来的，那么品牌打造资金应该被分摊到相当长的一段时期，这样才能获取回报。如果是从外部获得的活力因子，那么将该因子与母品牌建立关联也需要时间和资源。无论哪种情形，企业都需要积极管理活力因子，使之能够持续为企业发展助力。

这一概念的力量可以用两个有效的品牌化活力因子——赞助关系和活动来加以诠释。

品牌化的赞助关系。赞助关系可以成为很有效的活力因子。胜牌（Valvoline）汽车机油是非常实用的产品，但当它通过赞助关系成为美国纳斯卡车赛（NASCAR）的一部分时，情形就改变了。胜牌与赛车迷们必去的网站建立了关联，在那个网站上访问者可以获得赛程安排、赛事结果信息，看到比赛的照片和采访。"车库门背后"板块可以提供许多专业的信息与分析。网站上有胜牌明信片，有一系列赛车设备可以订购，还有每周的新闻"赛道谈"为会员提供最新的赛道信息。胜牌由此成了与赛车体验密切相关的品牌，而不仅仅是汽车上的一个标志。这样的连接非常值得。一项调查发现，60%的纳思卡车赛的粉丝都说他们相信赞助商的产品（橄榄球联赛的粉丝只有30%的人相信赞助商的产品），超过40%的粉丝会在赞助商发生变化时跟着改变目标品牌。[11]

赞助关系可以带来最强大的相关性影响力，这种势头推动着品牌前进，使其成为顾客可接受的品牌，甚至是领先品牌。一家软件企业试图提高其在欧洲市场的业绩，但无功而返。但几个月后，它就一跃成为颇受欧洲市场认可的领先企业，原因就是它赞助了欧洲三大顶级自行车赛车队其中之一。三星之所以取得突破，在美国人心目中从一个普通的韩国品牌发展到市场上的主要竞争者，原因就是它不断赞助奥运会。三星的赞助从1998年长野冬季运动会就开始了。奥运会赞助关系可以为品牌宣传起到非常大的作用，尤其是那些想要获取领先地位的品牌，赞助关系远比一般的产品广告更有影响力。

数据跟踪表明，构思精妙和管理良好的赞助关系很有效果。Visa在信用卡品牌中的领先度（相信Visa是信用卡首选的人数的百分比，减去相信紧随其后的信用卡品牌是首选的人数的百分比）从奥运会前的15%增长到奥运会期间的30%，奥运会后一个月又下降到20%。对于相对很稳定的消费者态度指数来说，这是非常大的数据变化。[12]

赞助关系面临的关键问题——事实上任何外部品牌化活力因子都是如此——就是建立品牌连接。恒美广告（DDB Needham）的《赞助观察》(*Sposor-Watch*)测量了这样的连接关系，结果显示受众混淆赞助关系的现象很常见。[13] 自 1984 年以来有 102 个奥运会官方赞助商，其中只有一半建立起 15% 的连接度（连接度是指知晓该品牌是奥运会赞助商的人数百分比），并同时做到比非奥运会赞助商竞争对手高出至少 10% 的知晓度。像 Visa 和三星一样成功建立连接的品牌，都是围绕其赞助关系打造了一系列品牌驱动的活动和特色，包括长时间的促销活动、公关活动、相关网站内容、新闻等。

尽管大部分赞助关系都来自于公司外部，有时也有内部控制的赞助关系。阿迪达斯街头篮球挑战赛是一个品牌化的周末活动，该活动始于20世纪 90 年代中期的德国，内容是当地三人篮球联赛，特色是罚球比赛、街舞、涂鸦和极限运动展示，所有这些活动都配有嘻哈和饶舌风格的乐队音乐。这个挑战赛非常受目标顾客的欢迎，对他们而言，这就是一场周末聚会。这个活动在名称和标志上都与阿迪达斯品牌直接关联，而且阿迪达斯还为其提供帽子和夹克。这一活动在关键性时刻为阿迪达斯品牌重新注入了活力。拥有赞助关系意味着未来的成本可预测也可控制，并且随着时间的推移，可以根据得到的活动反馈、根据品牌产品和信息的改变来改变活动特色。

品牌化的社会活动。品牌化的社会活动可以通过打造基于信任和尊重的顾客关系来获取回报。这些活动也可以催生出顾客的兴趣甚至热爱，可以带来实质性的结果，带来客户参与机会，由此为品牌注入活力。例如，雅芳乳腺癌防治项目的标志性活动"爱的行走——雅芳乳腺癌防治"筹集到了 6.5 亿美元，这个活动不仅关系到参与者，还影响了这些参与者的家人和赞助者。仅靠雅芳产品本身——无论这些产品看起来多么新颖或与众不同，是不可能带来如此大的利益与活力的。另外，行走活动的品牌名称包含雅芳，品牌标识也来自于雅芳。

打造品牌化的社会活动实际上是可以分文不花的，因为企业可将原本没有重点和影响的慈善捐款转移到品牌化的社会活动中。然而，发起这样的活动是很有难度的：有许多企业都希望能够打造出类似于雅芳"为爱行走"的活动，但都无功而返。加利福尼亚州大学伯克利分校哈斯商学院的企业社会责任中心主任凯丽·麦克尔哈尼（Kellie McElhaney）提出了打造成功的活动所需的几条指导原则。[14]

充分利用企业组织的资产和价值。企业不仅应该投入资金，还应该努力为活动赋予价值观。这个活动应充分利用企业的价值观、资产和能力。为此企业应该着力应对几个最基本的问题：这些价值观、资产和能力是什么，它们有什么强项和弱项，它们代表着什么。

要真实。活动应有逻辑性。雅芳的活动正好契和其目标市场人群最关心的问题之一，反映出它与顾客之间的关系是超越产品本身的。佳洁士的健康笑容活动（为贫穷的儿童提供低价牙医服务）、家得宝的仁人家园、多芬的"真正的女性"活动都是如此。

建立情感连接。与顾客和潜在的顾客建立情感连接总的说来可以传递很多除了事实和理性之外的品牌信息，并且提升顾客关系。情感信息更加简单直接。因此，宝路的收养活动用可爱的狗狗照片引发了人们的情感反应，让宝路在人们的心目中不再仅仅是一家生产宠物食品的企业。类似地，麦当劳叔叔之家活动致力于帮助重病儿童以及他们的家庭，这样的活动展现了这些孩子的情感世界，也传递了麦当劳对于家庭的关注。

让顾客参与进来。顾客参与可以让品牌化的活力因子更加强大。参与是赢得支持者及倡导者最重要的方式。环保清洁用品生产商美 Method 有一个品牌大使活动，报名的顾客都可以得到产品和 T 恤，还有为什么他们身边的朋友也应该使用该产品的宣传信息。雅芳的"为爱行走"活动也许是最成功的顾客参与性品牌化活力因子，每年都有数十万人参与其中。

对活动进行宣传。有许多企业投入大笔资金去做一些活动，但是它们的顾客和潜在的顾客，甚至员工都对此一无所知。为了真正推进某项社会事业、激励员工、提升企业品牌的名望，企业需要宣传自己参与的活动。宣传过程也包括评估合适的宣传工具，这些工具可以是网站、社交技术、公关、积极的员工等。注意，宣传时不要把活动描述得太过复杂、细致或者烦琐。简单明了的信息，再辅以故事或比喻是最佳选择。品牌策略研究者发现，讲故事可以很有效果，且易于从各种信息中脱颖而出，给大家带来有趣和难忘的信息。

赢得相关性：现代汽车的案例

我们一直在讨论企业在既有品类或子品类竞争中失去相关性的风险。在另一种情形下，相关性也是主要的驱动因素，那就是当一个品牌想要进入已有的某一品类或子品类并获得相关性时。事实证明，相关性的两个维度在此也都适用：企业需要同时建立品类或子品类相关性以及活力相关性。现代汽车的例子很好地诠释了这一点。

现代汽车面临的挑战

现代汽车凭借超小型汽车 Excel 在 1986 年打入美国汽车市场，这款车使用了外来技术，例如三菱的动力系统。由于价格非常亲民、具有吸引力，因此汽车的销售量超过了 10 万辆。两年后一直到后来进入 20 世纪 90 年代后，现代没再把质量作为重心，而是全力降低成本，以此来维持自身的价格优势。结果是悲剧性的。不断涌现的质量问题给现代汽车的品牌形象和名声都带来了巨大的且持续数年的负面影响，从而引发了相关性问题。人们不再把现代汽车视为有竞争力的品牌。

非常了不起的是，现代汽车后来成功消除了这一恶名，销量从 1998 年的 10 万辆一路攀升到 2007 年的 46.7 万辆，在 2009 年汽车行业危机中销售量也得以持平。它是如何取得这一战绩的呢？第一个挑战是打造出能够达到质量标准的汽车与生产流程。1999年，现代汽车董事长郑梦九（Mong-Koo Chung）接管公司，将发展重心从销量转向高质量。他宣布将亲自负责"质量管理"项目。全力以赴提升质量，这一努力见效神速。2001年，现代汽车在 J. D. Power 机构进行的美国市场中汽车生产商新车质量调查（IQS）排名中还是垫底的位置，而2004年，现代在同一调查中一跃进入前三名，甚至超越了质量大师丰田。现代终于打造出了高质量的汽车。

然而，仅仅打造高质量汽车是不够的，现代还有必要让充满怀疑或者冷漠的公众真正信服。J. D. Power 的质量排名很有帮助，而"现代优势"积极质量担保项目同样有效，这一项目为现代汽车提供长达10年以及10万英里的动力系统保证。宣传时该项目被冠以"美国最佳质保"之名，这一服务非常明确地体现出现代愿意投入大笔资金来证明其对于自己生产的汽车质量水准的信心。这样的担保打消了消费者购买现代汽车的顾虑。消费者逐渐改变了他们对现代汽车质量的态度，因此，现代汽车在意欲购买经济型汽车的消费者那里又获得了相关性。

第二大挑战来自于人们普遍认为现代汽车的外形设计为了适应低成本而缺乏亮点。为了应对外形设计问题，2003年，现代汽车建立了北美研发和设计中心。现代的中型汽车索纳塔以及小型SUV途胜都反映出现代汽车的设计新方向——"流动的雕塑"。这些在美国设计和开发的车型吸引了许多之前从未关注过现代的新消费者。

第三大挑战是如何克服人们对于非美国品牌的抵制。为了让现代"美国化"，它在亚拉巴马州投资11亿美元建造了汽车工厂，每年可生产30万辆汽车。

第四大相关性挑战出现在2008年，当时现代推出了捷恩斯（Genesis），想要与雷克萨斯、宝马、凯迪拉克在高端汽车市场展开角逐。购买高端汽车的人不考虑在价格或汽车操控性上省钱，而是想拥有一些自我表达优势，一种驾驶最优车辆的感觉。在"超级碗"或者世界杯等知名赛事上播放现代汽车的广告、讲述品牌故事很奏效,但是更大的突破来自于在2009年底特律车展上由50位独立汽车记者组成的评委团将现代捷恩斯评为"北美年度汽车"(见图10-4)。这一活动帮助现代在目标市场中建立了受尊重的优质汽车的地位。

图10-4　2009之"年度汽车"

克服这四大挑战靠的是现代极具创意和有效性的营销与顾客活动,因此,2009年《广告时代》将其评选为"年度营销商"。最成功也最有效的就是它在2009年年初推出的"现代汽车失业回购保障计划",当时美国和世界经济都很不景气,现代通过此活动宣布,任何人,如果购买现代汽车后遭遇失业,现代都愿意出钱回购汽车。对于那些因为工作机会不稳定而犹豫不决的消费者而言,这无疑是一剂定心丸。而对于很多其他人,这也意味着现代汽车真的"了解时情",它理解时代,对顾客有同理心,愿意分担人们所面对的经济风险。

2009年,现代汽车取得了长足进步,愿意考虑它的消费者比例上升到30%,是5年前的3倍。尽管取得了这样的进步,现代汽车在相关性方面仍存在很多劣势。还是有很多人不相信现代汽车在质量方面已经真正达到高标准了。另外也有一些人对现代汽车挤入高端市场表示怀疑,还有很多人对现代品牌仍旧没什么关注。因此,现代在2010年推出了"不删帖"活动

（uncensored campaign），邀请 125 个新顾客来驾驶现代汽车，他们可以将自己的驾驶体验发表在现代汽车的 Facebook 主页上，公司不会对这些评论做出任何删减，公司广告也会用到这些评论。这一举措的目的就在于增加顾客购买现代汽车的考虑度。

现代汽车在美国的市场份额从 1998 年的几乎为零增加到 2010 年的 4.7%，靠的就是合理且实施良好的市场策略，以及在克服四大相关性挑战方面取得的成功。

获得相关性需要应对的挑战

对于一家想进入既有的品类或子品类并获得相关性的企业而言，它需要应对两大相关性挑战：品类或子品类相关性以及活力相关性。

现代汽车实际上应对了品类或子品类四大相关性挑战。首先，它通过改进质量并提供让人放心的质保服务来获得汽车品类的可信度。其次，现代通过在美国本土建造工厂、打造品牌化的设计项目、让汽车与更大的群体产生关联来消除或减轻人们不愿意购买的两大障碍。最后，在高端汽车市场获得可信度是另一大挑战。现代成功克服这一挑战的关键在于它赢得了"年度汽车"的称号，并充分利用这一奖项来宣传这种认知，消除潜在顾客的顾虑，让他们为购买捷恩斯而自豪。

现代很好地为品牌带来了活力相关性，这也是其成功必不可少的一部分。活力来自于知名的赞助活动、品牌化的担保及其愿意回购失业车主汽车的高调宣言。在每种情形下，活力都不仅来自于某个单一举措，还来自于现代充分利用其营销和宣传的能力。

获得相关性的成功总是相对的。现代选择继续顺势而为，进一步扩大相关顾客的数量。途径就是"不删帖"活动。

现代的品牌策略非常成功，帮助企业攀登了一座又一座高峰。"美国最佳质保""流动的雕塑""现代汽车失业回购保障计划"以及"不删帖"活动都使其宣传可信度和赢得知名度的努力更为成功。这些还有助于信息更长久地保留下来,并且进一步增加了品牌的价值。

为了能及时回应相关性威胁和挑战,以及激发新的竞争领域并使之更具活力,背后需要有合适的组织,这一点并不容易,需要具备三种组织特征,而这三组特征的内容是互相矛盾的。第11章将对此进行详述。

要点总结

即使产品表现良好、顾客依旧忠诚,品牌也有可能失去相关性。

针对这种现象,第一个原因是企业生产的产品不再是顾客的购买目标(例如,当顾客想要混合动力汽车时,企业在生产SUV)。为应对此情形,企业可以选择坚守阵地、重新定位品牌、同步创新或跨越式发展赶超对手。如果上述方法都不奏效,那么也许最好的选择是减少投资或退出。

第二个原因是失去了活力和可见度。要避免此类问题,可以给企业注入活力或者创造品牌化的活力因子。给企业注入活力可以靠新产品、让客户参与、转向零售、举办宣传活动或促销活动。创造品牌化的活力因子包括品牌化的赞助关系、社会活动、促销活动或产品,并让这种活力因子与目标品牌建立关联。

想要进入既有的品类或子品类并获得相关性的品牌同样需要应对这两大相关性挑战。

| 讨论题 |

1. 找出一些失去相关性的品牌,分析背后的原因。

2. 有哪些品牌曾经失去后来又重新获得了相关性。它们是怎么做到的?

3. 找出一些有效的品牌化的活力因子。

BRAND RELEVANCE

第 11 章
创新型组织

在许多公司中,"正确"被看得过于重要,以至于猜测和想象失去了空间。

——加里·哈默尔(Gary Hamel),战略专家

我们遇到了对手,对手就是我们自己。

——波戈(Pogo)

无论在何种情形下，要进行实质性或变革性创新都绝非易事，如果没有企业组织的支持，困难更是巨大无比。合适的企业组织不是天生就有的，它需要有主动做出改变的能力、有一系列密切相关的活动和项目、有具体的目标和激励措施，以及有合适的人员。能够获得成功的企业并不多。这也正是为什么通用电气的故事如此有启发性和激励性。通用电气的创新传统可追溯到爱迪生发明电灯泡的时代，后来通用又赋予这种创新传统以新的方向和新的能量。

通用电气的故事

2001年9月10日，就在"9·11"事件的前一天，杰夫·伊梅尔特（Jeff Immelt）从传奇人物杰克·韦尔奇手中接过帅印，成为通用新任总裁，杰克·韦尔奇执掌通用电气长达20年。[1]韦尔奇实施的策略包括积极降低成本、改善制度以培养优秀的经理人、对管理层业绩的强力考核，以及通过并购或消灭市场中的领头羊来发展其产品多样化组合。在韦尔奇的带领下，通用电气的业务规模从250亿美元增长到1 000亿美元，他成了那个时代最受尊重的CEO。

基于通用电气做出的改变以及市场变化，伊梅尔特认定改变策略是必要的。通用电气的核心业务单元规模都很大也很成熟，韦尔奇的认购策略和成本压制策略无法再为后续的发展提供合理的基础。伊梅尔特认为通用电气的重心应该转向创新驱动的自然增长。为了支持这一策略，整个企业组织需要做出改变，非常根本的改变。

标志性活动就是通用电气2003年下半年发起的企业内部品牌化活动"想象力突破"（imagination breakthrough，IB）。这个项目要求每个业务部门每年提出3个突破性提议，这些提议必须有望在未来3～5年的时间内创造1亿美元的价值。伊梅尔特亲自领衔负责IB项目筛选的商务理事会，如果想被理事会选中，提议不仅要呈现市场预期和经济可行性，还必须要证明自己有改变市场的潜力。如果有需要，企业内部的"风险投资"可以提供资金支持。引领IB流程的核心营销团队提供规划框架，该框架涉及各种维度，例如修正创意、在市场中探索该创意、依据创意打造新品、规划新品如何兑现承诺、将新品投入市场等。IB项目实施4年后，平均每年为公司贡献20亿～30亿美元的销售额增长，并包含45个正在进行的项目。[2] 其中一个项目是通用电气铁路发展机车，这是一种可以满足2005年美国环境保护局出台的严格的排放标准的节能柴油机车。

为了强调并更新其创新文化，伊梅尔特提升了通用电气培训活动的革新力度，培训的核心部门是位于纽约克罗顿维尔的约翰·韦尔奇领导力中心，每年约有6 000名员工在此接受培训。该中心被要求增加以创新为导向的内容，以及以打造增长为导向的活动和目标。例如，该中心推出了为期两天的"行业2015"系列活动，包括"医疗保健2015""能源2015"等，目的在于针对特定主题拓宽管理人员的思路。

另外一项改变与人员评估有关，通用电气拥有令人羡慕的管理层团队，而这项改变也是继续打造该团队的重要环节之一。通用电气在原有的业绩维度上又增加了创新型措施和增长型措施，以此来激励管理层大胆创新。

通用电气还从制度方面努力将创造力纳入规划流程。这一努力部分是为了让有创新议程的管理人员走出自己的舒适区。[3] 通用电气的财务经理人环游旧金山，集中观察人们如何使用钱、携带钱。通用电气保健业务团队想要调研新生儿设备，他们不仅去跟医生交谈，还去询问专业机构的其他人员，包括护士、前台接待，甚至还有看门人。通用电气喷气式引擎业务部门的高层管理者们与飞行员和机械师交谈，随后又去参观高端杂货店和玩具商店。这样做是为了给特定行业及该行业未被满足的需求提供全新的视角。例如，一个星球大战玩具也许能为设计喷气式引擎带来新的想法。

伊梅尔特认为，还需要有额外的资产和能力来支撑企业的革新策略与文化。他接下来对位于纽约和世界各地的通用电气研究中心进行投资，以此来驱动专业领域的革新。例如，企业生物技术部门得到了增强。这些研究中心的活动部分由业务部门来管控并提供资金，还有近30%的资金由伊梅尔特拨发，并且这些中心被允许超越现有的业务单元来进行开创。[4]

创新动力的重点是跨业务部门的滋养。企业的所有人汇聚在克罗顿维尔管理培训中心，这一举措长久以来促进了跨业务部门的沟通与合作。全球研发中心的功能之一就是通过将技术运用到不同的业务部门来充分发挥技术的影响力。为了进一步推动这种合作，伊梅尔特鼓励全公司的各个团队参与到围绕产品和机遇的创新中。基于此目标，伊梅尔特发起了名为 Session T（T 代表 technology，技术）的活动，让来自完全不同领域的业务和技术团队会面，与公司的科学家一起谈论某种市场需求。也就是说，在这样的会议中，能源团队可以了解飞机引擎业务部门所研制的轻型材料，并考虑将这种材料用于风能产业的可能性。而风能产业团队又可以与铁路部门的专家合作来改善风能产品的齿轮系统。这些改善措施连同其他一些举措成效显著，仅仅用了6年的时间，通用电气2002年从安然公司收购的风能业务板块的销售额就从3.5亿美元增长到了60亿美元。

通用电气全新的创新文化也影响到品牌在市场上的呈现方式。公司先前庄严的广告语"我们带来美好生活"（We bring good things to life）也被替换为"梦想启动未来"（Imagination at work），这与员工和顾客的理念相呼应，并强化了公司"通过创新实现增长"的推力。

通用电气新的增长策略中也包括要成为生态和能源领域的创新领导者，

伊梅尔特 2005 年发起了"绿色创想"活动，为通用电气旗下的所有环保创意提供了一个涵盖性品牌，如图 11-1 所示。通过将创新的风能、太阳能和其他环保产业单元品牌化，通用电气将商业策略中很重要的这部分凝聚在一起，并且为此提供了获取市场信誉的途径。由此产生的企业形象不仅提升了公众对企业创新性的认知，而且为企业与环保产业目标人群建立关系提供了基础。

节约能源，降低排放，能源再生
"绿色创想"增强了美国的能源独立性

行动就在此刻

           ecomagination

图 11-1　通用电气的绿色创想

在"绿色创想"计划之后，通用电气又在 2009 年推出了"健康创想"计划，定位是将健康传递给市场。[5] 主题是将技术融入健康产业之中，使健康的产品和服务更低价、更易得，从而造福于全世界的人。与"绿色创想"计划一样，"健康创想"也包含一系列计划，并且为许多健康业务板块提供了统一的策略主题。该计划的倡议之一就是帮助所有美国人建立电子医疗档案，这个项目有望每年节约数百亿美元。

这个故事中最了不起的地方在于通用电气凭借自己深厚的创新传统，在新战略方向的指引下，通过改善企业文化、推出一系列活动以及在全企业范围内分配资源的方式为其创新能力和新的企业发展重心注入活力。通用电气无疑将创新推到了新高度。在寻找增长领域方面通用电气不放弃任何机会，在寻找可以通过创新来提升价值的新增长领域方面，它是个十足的机会主义者。同时，通用电气非常专注于其选定的增长领域，并努力实现增长目标。这些增长部分源于它围绕能源和健康产业制定出的综合策略。

创新型组织

要成为一家有能力进行实质性或变革性创新以打造新的品类或子品类的创新型企业，背后需要一个有能力的组织。听上去一切都很简单、直接，按照本书提供的线性过程：先孕育出一个能开创新的品类或子品类的产品创意，评估并专注于这个创意，然后再定义并管理新的品类或子品类，构筑壁垒，最后有效实施创意。但在现实中，一切并非如此简单。

残酷的现实是很多组织不允许产生新想法、培育新想法并在市场中加以实施。能够做到提供必要支持的是特定类型的组织。大多数组织缺乏生成创意、投资创意并管理实施创意使之走向成功所需的文化、制度、结构和人员。有时是组织根本没有自己的创意，有时是当机会降临时组织没有做好准备，尤其是当组织缺乏实现创意所需的资产和能力，或新的想法要与组织现有的业务板块竞争资源时。

打造创新型组织的难点在于它需要同时具备三个互相矛盾的特征。这种组织需要同时做到选择性机会主义、在不固执的前提下承诺项目，以及在全组织范围内的资源配置。图 11-2 对此进行了总结。这几个元素中任何一个有缺陷都会阻碍成功，并且最终会导致企业不仅失去机会，还会失去相关性。

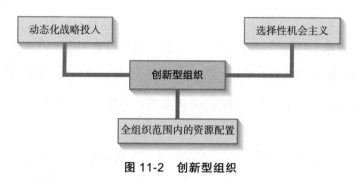

图 11-2　创新型组织

两位著名的组织研究学者塔奇曼（Tuchman）和奥莱利（O'Reilly）提出，组织需要具有双重特征：既能够专注于项目，又能够保持灵活性、进取心、首创性、创新性以及机会主义特征。[6] 他们认为面对不断变化的市场，组织要同时做到这两点，这看起来很有难度，但是有很多企业正在成功地实践这种理论。组织应该是"多元性"的，除了上述两点之外，它还应该在整个组织范围内进行资源配置，这同样是一个宏大但并非不切实际的目标。很多企业都找到了方法来提供文化支撑、打造创新型结构、开发灵活的制度和流程、培育丰富的人力资源来实现这三方面。

接下来我们从文化、系统、人员、结构等角度来探讨什么样的组织可以拥有这三种组织特征。我们会看到组织面临的挑战是巨大的，但好的一面是对于竞争对手而言，情况也是如此。也就是说，一旦能够成为这样的组织，就可以获得显著且持久的优势。

选择性机会主义

选择性机会主义是指组织既积极又有选择性地寻找机会，并在寻找过程中运用自己的洞察力以及对技术发展动态的理解。当组织找到机会后，对机会进行充分挖掘。一种应用或者顾客未被满足的需求都是新产品的机遇。企业内外的技术发展也都是有潜力的概念。市场的某种趋势同样可以带来新的概念。

在充满动态和不确定性的环境中，最谨慎也最有利可图的方法就是当机会出现时能够发现并捕捉它们。"选择性"这个概念意味着对机会要有筛选，筛选依据是它们的潜能和策略相吻合的程度。寻找机会不能是漫无目的或毫无章法的。

选择性机会主义可以产生规模效应（由多种产品带来的协同效应），多条产品线可以支撑企业的资产和能力。例如，耐克将其在产品设计和顾客感知方面的优势及能力应用在广泛的产品市场中。耐克的市场策略的关键之一就是利用产品设计和品牌优势打造与目标消费群体坚实的情感纽带和关系。耐克的企业组织对于新兴市场人群非常敏感，能够及时发现改善产品与创新产品的需求。耐克对于多种体育运动产品的参与，使其保有很大的策略灵活性，这种品质也体现在许多成功的选择性机会主义企业中。

企业家文化

选择性机会主义的成功需要具备企业家文化，愿意对出现的机会做出迅速的回应。相关人员应该具有企业家精神，对新的机会和新的风险都很敏感并能迅速做出回应。组织应该是去中心化的，每个人都被赋予尝试和投资新机会的权利。组织文化应该支持被赋权的经理人、新的尝试以及改变。策略应该是动态的、打破常规的。不断开发或引入新产品，同时不断放弃和弱化一些产品。企业会进入新的市场，所以随时有可能需要对原有的部分产品减少投资。组织应该一直保持敏感度，能够充分利用自身的优势和能力，并培养新的协同效应。

洞察力和执行力都是必需的，也需要赋予组织和组织中的人实施的权利。必须尽早了解市场，不要等到各种活动纷至沓来或者机会已经溜走才做出回应。执行力也是重要的一部分。帕罗奥多研究中心（Palo Alto Research Center，PARC）创立于1970年，在这里施乐曾经研制出了第一台个人电脑、图形界面、鼠标、平板显示器、局域网的以太网标准以及最早的激光打印机。但他们没能够将其中任何一个创新转化为市场产品，这是一个很惊人的例子，也很有启发性，生动地向人们诠释了缺乏执行力的后果。

施乐由于只关注自己成功的核心业务而被束缚住了手脚，而且帕罗奥多研究中心与位于美国东海岸的企业总部相隔甚远，所以只被视为一个智库，未能真正引起施乐高层的重视。这家企业缺少机会主义组织所需的大部分品质。

以外部为导向

选择性机会主义组织需要以外部为导向——关注市场和周围的环境，而非一直把目光聚焦于组织内部。组织的文化、人员和制度都需要被激励去探索最新的相关市场信息，并为接下来的实施提供便利。市场策略的制定需要由市场驱动而非仅依靠组织已有的优势、能力和策略。

有了外部导向型的文化做支撑，管理团队应该对外部市场情况保有好奇心，不仅要了解顾客的情况，也要了解竞争对手和产品分销渠道的情形。哪些是有效的？有哪些问题？团队需要与顾客和其他人讨论如何改变顾客的品位、态度和需求问题。这些都需要有意而为之，否则管理者往往会将主要精力，有时甚至是全部精力都放在应对日常危机上。

机会主义组织要想紧跟潮流、发现推动组织进步的机会，应该具备有效且覆盖全部业务单元的信息系统。这个系统不仅可以存储和组织信息，还能为及时将信息转化为策略性洞察力提供助力。这一系统往往基于组织内部网络，能够分享顾客的想法、趋势、竞争对手的行动、技术进步和最佳举措等相关信息。开发出既无信息漏洞又无信息过载的系统并不容易，这需要信息提供者和信息使用者双方的合作与支持，而这一点也不容易。

打破筒仓陷阱

机会主义企业需要打破筒仓陷阱。筒仓业务部门的管理者往往会倾向于渐进性创新来改善他们的新品。能够改变格局的突破性新品最有可能在获得其他两种创新源时出现。

第一种创新源是跨筒仓创新，是指将一种业务的优势或资产与另一种业务相结合。这样带来的新品不仅能够代表重大的进步，而且也是企业独一无二的资产。通用电气就破解了跨筒仓创新的密码，它所取得的许多突破都来自于其跨筒仓的能力。雅马哈自动演奏钢琴能够持续获得成功，也是由于雅马哈让自己的电子团队与雅马哈音乐团队密切合作，很明显这种能力是其他很多日本企业不具有的。

第二种创新源是筒仓间创新。很可能会出现创新性产品虽然无法吻合现有的筒仓，却能够利用企业组织的资源和能力。为了获取筒仓内的空间，一个类似于通用电气全球研究中心这样的核心团队可以发挥关键作用。

为了打破筒仓壁垒，组织需要有重视业务交流与合作的文化，而非自然状态下的疏离和竞争关系。任何能够推进这个目标的事物都可以起作用。例如，像克罗顿维尔会议那样把人聚集在一起；人员在各筒仓之间轮岗；核心营销团队促进合作、提供服务，从而成为沟通联结点；使用跨筒仓团队；像赞助奥运会这样的公共活动也有助于改变筒仓的现状。《跨越筒仓》（*Spanning Silos*）一书中包含对40多位CEO的研究，对此有专门的论述。[7]

对企业进行重组，从由产品定义的组织转变为关注应用和顾客群体的组织，这有助于减少甚至消除妨碍创新的筒仓壁垒。惠普在21世纪初意识到自己失去了创新文化。它推出了一个名为"在十字路口创新"的活动来复兴自己的创新文化。2001年，惠普推出了许多独立产品，进行了许多项创新，这些创新小到价值20美元的打印墨盒，大到300万美元的服务器。为了打破筒仓壁垒，获取对市场的深入了解、赢得创新力、提升对顾客的服务质量，惠普打造了三个"跨公司计划"——无线服务、数字成像和商务印刷。由此，企业开始重新关注顾客的购买内容，也越来越善于探查顾客未被满足的需求。这是一个很好的概念，但实施起来难度不小，因为每个业务部门在自己所属的领地会有更高的舒适度，而改变常常意味着某种威胁。

战略漂移

其中一个很大的风险在于选择性机会主义模式也会带来策略的变化。投资决策是根据机会而非远期规划做出的。这样一来，企业也许有一天会突然发现自己有许多业务，却缺乏所需的资产和能力，能够提供的协同效应也微乎其微。相关的问题是对于非常善于寻找和捕捉机会的组织而言，它生成了太多项目，企业资金无法跟上，致使所有项目都资金不足，在极端情况下这种资源的缺乏会让所有项目都走向失败。

至少有三种现象会把机会主义变为战略漂移。首先，短暂的、过渡性的力量也许会被错认为具有持久性，企业因此做出了相应的策略转变。其次，能够带来即时利润的机会（也许是来自于专业化的顾客应用）被错认为可以合理化为长期策略。例如，一家生产类似于示波器这种仪器的公司，一段时间里可能接到很多顾客要求特殊用途仪器的订单，于是公司就以为这些特殊仪器也可以用于其他顾客群，但事实上这些产品对于公司并没有什么战略价值。最后，预期中来自于旧业务和新业务的协同效应由于实施不利而没能实现，问题也许在于文化冲突，又或者因为协同效应从开始就只是企业的幻觉。

选择性机会中的"选择性"有助于降低战略漂移的风险,也能避免产生数量过多的项目。机会主义企业需要采用两种方式来筛选机会。第一种筛选方法是剔除那些无法开创新品类或子品类并以此使企业可以主导和发挥影响力的机会。企业有能力筛选平庸和无用的机会有助于降低破坏性战略漂移的风险。需要进行持续评估。有些项目虽然已经没有了成功的可能性,但还在苟延残喘,这使得资源紧张更加严重了。

第二种筛选方法是战略性的。企业应该有一个总体策略,像通用电气那样,这样就可以评估这个机会是否符合企业的优势和能力组合。战略不是一成不变的,可以随着时间的推移有新的增长平台。但是新的平台应该具有获得资源的强大的潜力以及可被接受的风险程度。

动态化战略投入

有时某个新概念及其相关的新品类或子品类有足够的希望获得战略性投入,这时组织也要有意愿做出这样的投入。几乎所有成功改变市场的新品牌都在发展、竞争和市场不确定阶段就获得了组织的投入。无疑,谷歌、沃尔玛的环保举措取得成功的背后都是由界定清晰的商业策略所带来的投入,其他公司也是如此。朝日超爽、克莱斯勒小型商旅车、星巴克的成功关键都在于放手一搏,加大生产投入。还有许多企业失去了一代人的机会,就是因为它们只敢轻微尝试,却不能勇敢地纵身跃下。

战略投入需要是动态的,也就是说它不应是一成不变的。项目组合应该始终经受得住变化,因为有的项目可能会衰退,有些新出现的项目可能会有很好的前景。所以投入也有两面性。需要真正的投入,但并非是永远无条件地坚守。

战略投入是一种充满激情和严谨的忠诚，其对象应该是界定清楚且资源充分的商业策略以及新的品类或子品类，需要有长远的眼光。在投资决策和战略制定过程中，企业的关注点应该是未来。这里有关于成功的允诺，也有提供所需资源的意愿，以及打造优势和能力并且实施策略的组织。根据企业的类型不同，应该规划企业未来 2 年、5 年甚至十几年的前景。

　　当微软和雅虎这样的竞争对手都在忙于扩大流量，并利用顾客访问量谋利时，谷歌却将自己定位为"致力于创建和打造最优秀的搜索引擎"。谷歌一心一意做搜索引擎，其指导理念是 10 条"黄金法则"，其中包含很多它的核心价值观。[8]

　　"能把一件事真正做到非常非常好就是最棒的。我们要做的这件事就是搜索。"

　　"全心关注用户（和用户体验），其他自然会尾随而至。"

　　"快比慢好。"

　　"伟大很不错，这是一个起点。"

　　最终的结果就是，谷歌在搜索引擎领域稳稳占据领先地位，它的搜索界面清晰简洁、加载迅速、搜索结果的排序完全按照真实热度而非付费多少，弹出的广告也都与用户的搜索直接相关。

领导力

　　要想成功地实施投入战略，需要企业组织不同层级的领导力。企业内部需要有对产品的热情支持、有清晰的战略眼光、有将对战略的理解和热情传递给自己的团队的能力，使团队成员理解为什么这个战略是有说服力的、可实现的和值得的。尤其是团队应该理解并相信战略的内容、价值定位、目标市场、功能性战略以及资产和能力的作用。开展业务不应只为了盈利，还应该有目标，这个目标应该很有价值也很有激励性。

另外，CEO 的支持也很关键。我们可以观察到，往往当企业有非常具有战略眼光的 CEO 时，就会有对于战略的投入，企业也愿意对开发和生产新品给予资金支持，品牌化的产品有很大概率会非常成功，并能开创新的品类或子品类。这样的情形总是令人赞叹。在许多情况下，如苹果的许多产品、赛格威思维车、克莱斯勒小型商旅车、朝日超爽、无印良品、全食超市、普锐斯、土星汽车、企业号租车公司等，公司的 CEO 本人也都是产品的倡导者或者关系密切的合作伙伴。反过来说，有不计其数想要颠覆市场或改变现有格局的努力最终都失败了，同样也是因为没有得到 CEO 的支持。回想一下，福特想要打造小型商旅车的努力被否定了，因为他们的 CEO 根本不赞同这一提议。

专注于实施

大多数新品的失败往往是因为概念虽好，实施却不利。组织需要在许多方面追求卓越，包括有能力、有积极性的人员要就位，需要配置合适的资源，系统和文化也都要支持这种努力。具体说来，核心任务如下。

设计产品。产品起步于功能设计和审美设计。如果产品设计很糟糕，那么无论它多么无可挑剔多么强大都无济于事。克莱斯勒小型商旅车、丰田普锐斯、iPod 都有很成功的设计。如果出现了问题，只需对设计稍作改动就能加以解决。

将新品引入市场。将新品引入市场不仅仅意味着投入大笔资金就可以启动了。现在的媒体四分五裂、信息过载、环境嘈杂，外加社交技术的现实都意味着哪怕引入最厉害、最新颖的产品都未必能引人注意，这时需要有充满才华与创新力的专业人士，他们能够有不同寻常的创意并加以实施。

采用以顾客为导向的目标和标准来进行管理。组织的文化和系统需要投入资源来实现预期，如果可能的话，超越预期。因此，一个核心要素是确定需要哪些以顾客为导向的标准来反映新的品类或子品类，例如产品的可见度、顾客认知、顾客忠诚度等。

持续改进

除了实施之外，投入策略也需要有渐进性创新、产品的持续改进（而非改变）、降低成本、提高效率、提升价值主张、增加顾客满意度、继续强化新品背后的优势与能力等行为的支撑。新品及其对应的品类或子品类应该是移动的标靶，随着时间的推移不断改进。每一年产品和赢利都应有进步。诸如资生堂和佳能这样的日本企业将这种持续增长称为"改善"，围绕这一概念许多企业都做得很成功。

基于核心业务打造实质性创新和变革性创新

如果一家去中心化的企业的核心业务是积极开创新的子品类，那么战略投入和机会主义就可以携手并进。企业在已有的品类范围内寻求实质性和变革性创新，由此产生的新品就可以利用企业现有的资产，包括品牌资源、能力、市场认知等，这样与脱离核心业务进行创新相比，市场与组织风险降低了很多。如果新品的市场和技术都与核心业务紧密相关，那就意味着企业在识别和回应机会方面可以有很大的优势。

宝洁的汰渍是一个很典型的例子。连续60年来，它平均每年都有一项渐进性创新，但同时也有积极的实质性和变革性创新，以此来清晰地界定出子品类。因此汰渍在同类产品中一直享有价格优势、顾客忠诚度以及针对竞争对手的壁垒。例如，1984年的汰渍洗衣液、1989年的汰渍漂白液、1997年的汰渍高效洗衣粉、1998年的汰渍除味、2004年的汰渍柔软洗衣液和汰渍冷水洗衣液，连同许多其他产品都可以被归类为汰渍的变革性创新产品。

比如，汰渍冷水洗衣液在上市后的最初几年被美国 700 万个家庭用作节能型产品。[9] 凭借一系列新品及每一种新品开创的子品类，汰渍在洗涤剂市场的份额从 20 世纪 80 年代的 20% 增长到现在的 40% 多。

汰渍的努力在很大程度上要归功于公司内部组建的"创新领导力团队"，它不断为企业带来新的发展动力。[10] 该团队跨越公司各个部门，团队成员来自销售、品牌管理、运营、金融等各个部门。他们的任务就是每个季度找出 10 个左右的新创意，这些创意有潜力改变整个市场。

战略固执

有时企业面临的风险在于战略投入可能会变成战略固执，这样很多事会偏离正轨。投入背后的预期可能已经过时了或是错误的，因此继续投入只是浪费时间和资源。有时也许是在设计或执行上有实施障碍。有时也许是出现了类似于竞争对手推出创新这样的新情形，因此切断了新品的前途。如果高层继续推进战略投入，有可能会导致过度投资或过早入市，而这一切也许很难逆转。

我们之前提到的苹果公司推出的牛顿掌上电脑就是这样。这个带有手写识别功能的掌上电脑在 1993 年问世，它在当时过于超前了，于是遭遇了滑铁卢。这是电子消费品历史上最大的失败之一，它对于苹果公司的打击是巨大的，尤其是公司对此进行了相当大的投入，不仅是巨额投资，而且在其失败之后苹果公司还硬生生让它在市场上继续停留了 5 年，直到乔布斯上任并下令终止了它。

动态化战略投入这一名称就意味着投入不是恒定不变的。新品符合企业的既定目标吗？成熟的业务有没有经历什么市场变化，从而改变了投入背后的假设？如果是的话，那么投入策略也应该改变，不再大量动用资源，甚至直接退出。

动态化战略投入本身是自相矛盾的，因为真正的投入是不包含动态因素的。投入是可以更新的，这意味着投入不是坚定的，会带来许多逻辑和组织上的复杂性。应对方法部分来自于要有一个全组织范围内的资源配置体系，这也是我们接下来要讲的内容。

全组织范围内的资源配置

创新型组织除了具有选择性机会主义、动态化战略投入之外，还要具备第三种特征，那就是它必须能够通过严谨、客观、覆盖全组织范围的流程来配置资源，真正能让重大决策得以实施。对于有生存能力的创新型组织而言，资源配置是必不可少的，因为它确保最佳选择可以得到资金支持。每一个组织的资源都是有限的，如果把资金投向低产出的产品，无论是现有的还是提议中的，都会消耗原本投向可以造福组织未来的新品的资源。

然而，组织打造不带任何感情色彩的资源配置体系并不容易。管理者习惯于在有限的环境中评估提议，如果面临更广泛的竞争环境，自己业务单元的影响力微乎其微，那么就会有一种受到威胁的感觉。即使是最基本的要素，就像我们在第 7 章所讨论的共同标准和流程，都很难被接受。

有效的资源配置流程应该具备几个特征。首先，它应该很清晰，让管理者知道获取它的方式和途径。其次，实施团队应该有良好的信誉，这样做出的决定也会为人所尊重。再次，它应该是覆盖全组织范围的，一个新的提议应该在整个组织范围内与其他提议展开竞争。如果不从整体的角度考虑，那么势必会有一些较差的选择获得资金，一些较好的选择却因为没有好的环境和好的关系而被否决。最后，它还应该把已有的产品与新品进行比较，根据比较结果放慢或停止对那些已经出现疲态、发展迟缓的业务进行投资，或者减缓不可避免的衰退。

对新业务的偏见

偏向于为已有的业务提供资金一直以来都很常见。第 7 章从个人原因和专业原因两方面分析过为什么在很多情况下明明已经衰退、几乎没有机会复兴的业务还会被坚持。然而,即使是成功的核心业务,有时也会成为新品成长道路上的绊脚石。而新品一旦获得足够的资金完全有可能改变整个市场格局。除了经济原因外,还有人们对于冒险性新尝试的偏见。组织往往会排斥新提议,就像人体会排斥移植器官那样:它识别出这是外来的,并不属于这里。这种反应很常见,即使是当组织很明显需要发展新的增长平台来获取未来的生命线时也会出现。创新性新品的支持者需要能够识别出并以某种方式回应组织中的几种问题或"诅咒"。

第一种问题是"坚守阵地诅咒",或者说是对于核心业务的坚持投入。现有的成功让企业专注于自己的核心业务,积极投资打造渐进性创新、降低成本、改善新品并回报忠诚顾客。结果如下。

- 他们太过专注以至于连非常明显的机会都察觉不到。
- 如果新业务有可能蚕食核心业务,那么新业务自然而然会遭到强力抵制。为什么要对一个有可能杀死下蛋金鹅的产品投资呢?
- 核心业务能力可能会被滥用于所有新业务,哪怕根本就不匹配,无法获得成功。英特尔的克雷格·巴雷特(Craig Barrett)将其微处理器业务称为"石炭酸灌木"(creosote bush),这个名字源自一种沙漠植物,它会破坏周围的土地,让其他植物无法生长。英特尔在 20 世纪 90 年代启动了 14 个项目,但只有一个真正带来了回报,那就是英特尔投资(Intel Capital)。它涉及投资行为,但是没有运营责任,这意味着英特尔无法跳出自己的基本商业模式而发展。[11]

第二种问题是"来自成功的诅咒"。如果情形不错,业务进展良好,那么企业应该有资源可以用于尝试和开发新业务领域。然而,奇怪的是,这时候自满往往会占上风。如果现在的业务能够给企业带来增长和利润，为什么还要改变呢？为什么不继续往这个已有的领域投资来降低成本，甚至提高利润呢？危急时刻改变很容易，虽然那时候往往时间和资源都不充分。危机促使克莱斯勒小型商旅车得以生存，危机促使沃尔玛提出了环保倡议。在没有真正的危机时，有时需要人为制造危机来推动企业发展，就像丰田CEO下令两年内打造出普锐斯一样。

还有一种问题是"故事竞争诅咒"。几乎组织中的每一个管理者都可以给出一份自己认为值得投资的项目列表，这些项目对于他们自己的业务部门来说是必不可少的。一个新提议的产品，尤其是可能改变现有格局的新品，就有可能会与现有业务争夺资源。所以，此时会有许多力量排着队来表示反对，尤其是如果新品带来的是不同的文化、市场或运营方式。

如果有很大压力要在短期内实现增长和利润，有时是由于想要获得股市回报，有时是因为管理者的任期有限，那么刚才描述的这三种诅咒会更加明显。获得短期回报的最佳方式就是把研发部门的资金转投战略性增长，投入到核心业务方面，着力提升产品的吸引力和性能，提高效率和生产率。打造新业务平台既冒风险又成本高昂，因此在短期内会让企业在财务方面很痛苦。

风险投资

为了确保企业支持创新，需要跟踪资金的去向。在大多数情况下，企业现有的核心业务能力巨大，它们产生效益，因此也有足够的资金来支持自己的渐进性创新，然而与此同时，有潜力的业务却可能面临资金短缺。为了应对这种偏见，企业应创建内部风险投资基金。

带有筛选程序的风险投资基金不仅可以为企业提供保障资金，而且可以完善创新提议。创新计划的提出者可以在资深管理者的指导下以及筛选过程中获得力量，更好地完善自己的计划。另外，跨部门的筛选团队也可以在创新计划如何更好地与组织能力相结合方面提供建议。

宝洁有企业创新基金（corporate innovation fund，CIF），它有点类似于风险投资公司，专门投资高风险、高回报的项目。[12] 该基金由信息总监（CIO）和财务总监（CFO）来掌管，专门为那些有潜力带来颠覆性创新的项目提供种子资金。该基金独立于任何业务部门，它可以用于那些跨业务部门的创新，也可以用于找出业务部门之间的空白后做出的创新。例如，2001年佳洁士推出的炫白牙贴结合了企业研发部门的薄膜技术以及洗衣部门的漂白技术，为口腔保健团队打造出牙齿美白方案。这些团队如果只靠自己，谁都无法为这项创新提供足够的资源。

宝洁的另一个部门"未来工作室"（Future Works）由多领域团队组成，这些团队的任务不是对创新提议做出回应，而是不受已有品类的限制积极主动地在宝洁内外寻找各种创新机会。[13] 这个部门有权自由探索最极端的创意来打造新的品类或子品类。例如，在未来工作室的激励下，宝洁与瑞士精密诊断公司（Swiss Precision Diagnostics）合作，推出居家健康监控设备，这样的事业如果仅靠宝洁自己原有的部门是不可能展开的。每一个创新举措都有宝洁方的负责人，确保项目不会太过越界，至少与宝洁现有的某个业务部门相关。

惠普内部一个主要的业务团队建立了"创新项目办公室"（Innovation Program Office，IPO），旨在支持明显背离传统的创新性新产品。[14] 产物之一就是为高端游戏打造的黑鸟电脑。用来筛选提议的一个关键问题就是这个产品是否有潜力根本性地改变竞争格局或创造新的顾客需求。该项目的目标是每年推出2种新品。要实现这一目标意味着很多的项目要参与备选。IPO的评估成员会给入选的20个产品分别投资1万美元，将其推行到获取顾客反馈的阶段，然后从胜出的8个项目中再挑选出7个进入到产品原型阶段，接下来其中4个项目可以从原型阶段到限量生产阶段，最终有2个产品可以走向商业化。

臭鼬工厂

还有一种策略就是开创一个完全独立的组织并允许它开发创意。之所以被称为"臭鼬工厂"（Skunk Works），是因为这项发展计划完全独立于企业运行，也许在完全不同的地方，以此来保证这个项目可以不受任何文化或流程的阻碍，自由发展。臭鼬工厂适合在某些人看来有潜力但是无法得到正式认可和资金的项目，也许是因为它不符合企业策略，也许是因为它被认为存在技术缺陷，还有可能是因为市场不成熟。企业可以给臭鼬工厂少量投资或者不投资。

汰渍在成功之前也是在臭鼬工厂研制了多年。20世纪80年代，英特尔也是在臭鼬工厂中打造出了闪存。英特尔当时主要专注于投资开发一种当时已有的内存产品以及微处理器，他们认为闪存没什么前景，后来这个想法被证明是错误的。

臭鼬工厂可以起到一定的作用，但是应该适度，而且前提是其他选择都被排除了。臭鼬工厂往往很难获取遍布整个组织的知识、能力和资产，并且，臭鼬工厂也只有较少的预算，结果可能就是其发展速度会比那些资源丰富的项目慢。太多的臭鼬工厂会弱化整个组织已具有的强项。

集中化的资源配置

由于涉及范围较广，有效的资源配置过程需要高度集中的预算控制。这样的控制会给组织带来压力。如果企业各业务部门已经习惯了拥有是否投资项目的自主权，那么再将控制权集中起来会遭到抵制，无论这样的改变有多么合理。这些管理者的职业与自己的业务部门息息相关。他们会认为企业之前取得的成功就在于他们可以独立掌控自己的部门，决定盈利收入的去向。他们还评论说，去中心化、给予各部门更多的自主权可以让企业有更高的可信度、与产品和顾客的关系更密切，也有能力管理更大、更多元化的组织。所以，这才是组织应有的形式。

如果要企业投资和支持一个目前看起来太有野心，或者不在现有业务范围内的项目，那么集中化的资金管理和配置是必不可少的。这个配置需要有一个客观的流程，由可行的、有权威、有智慧的管理层来做出那些有难度的决策，包括决定放弃某项投资或者放弃某个尝试的艰难抉择。企业应该提供一个场所让提议者为自己的商业提议辩护，但是当最终结果尘埃落定后也需要所有人员能够齐心协力致力于被选定的提议。[15]

战略性扼杀创意

资源配置的集中化从理论上来说是非常合理的，因为这可以带来最优的资源配置，而在那些自主权分散的企业中，是无法实现这样良好的资源配置的。用于评估提议的标准由企业的总策略做引导，有一个明确的策略方向，正如通用电气那样。集中化的流程也会有界定清晰的财务门槛，这一门槛对所有的提议一视同仁。

然而，集中化资源配置也存在风险。有些提议也许由于不符合企业的总体策略，或只是因为它们听起来比较陌生（实际上销售和利润并不像想象的那么悲观），所以就被认为不现实。集中决策团队也许对这个领域不熟悉，所以很难识别出其潜在的成功前景。

本书开篇提出，品牌相关性能够驱动和解释市场动态、品类或子品类的出现与衰退，以及与这些品类或子品类相关联的品牌资产。接着，本书又指出能够开创新的品类或子品类并让竞争对手失去相关性的品牌可以获得成功，而其他品牌则会陷入耗神费力的市场争斗中或者干脆失去相关性和市场地位。

这些评论现在看来应该更有深意，因为在本书中，我们可以看到市场变化与品牌相关性之间的关联有时甚至是非常戏剧性的。数十个案例研究为我们诠释了新的品类或子品类是如何形成的，之后品牌如何走向成功，或者怎样没能实现潜能而失败。开创新的品类或子品类有一个系统的方法，包括寻找创意、评估创意、定义和管理品类或子品类、打造竞争壁垒。这些也都在书中进行了论述。随后本书又讨论了如何通过给品牌注入活力、通过与新出现的品类或子品类建立关联而避免失去相关性。

获得品牌相关性的最大挑战在于真正去做、去创新，去开创并连接新的品类或子品类，并从减少的竞争中获益。

当然，这个过程是艰难的。后记部分从机遇与挑战的角度揭示了难度所在。

要点总结

创新背后需要有组织的支持，组织需要有如下所示三种互相矛盾的特征。

- 选择性机会主义：良好的、持续的对外在情况的掌握，发现和理解趋势的能力，企业进行实质性和变革性创新的意愿，机会出现时快速捕捉机会的能力，选择的能力。评估流程和战略引导可以避免战略漂移。
- 动态化战略投入：关注、投资、实现机会的意愿和进行渐进性投资的意愿。投入需要是动态的，以便可以随时退出令人失望的投资而非固执向前。
- 全组织范围内的资源配置：这样那些来自实力不强的业务部门的提议也有机会获得资源。这需要有一个适用于组织所有业务部门的评估工具，包括那些已经获得投资的业务。

| 讨论题 |

1. 思考一下通用电气的创新活动，它有哪些缺点？

2. 找出具有明显的机会主义的组织。找出非常专注的组织。

3. 机会主义和专注之间的区别是什么？两者如何同时存在于同一个组织中？

4. 全组织范围内的资源配置需要功能集中化。机会主义和专注是否都更适合在去中心化的组织中发挥作用？如果是这样的话，在全组织范围内实施资源配置会有哪些问题？

BRAND RELEVANCE

后 记
品牌相关性战役的两面性

> 直到结束,才算结束。
>
> ——约吉·贝拉(Yogi Berra)

本书讨论的市场动态和战略选择需要放在一定的背景之下来看。要开创和维持品牌相关性并让竞争对手出局，这场战役有它的两面性。相关性驱动战略的优点和缺点我们都应该知晓。

打造新的品类或子品类往往可以给企业带来巨大的回报。没有了竞争对手或者竞争激烈程度大大减弱，这对企业而言比打品牌偏好战更加有利可图，并且也更令人愉悦。即使享受良性竞争环境的时间有限，企业还是有可能获得利润、市场影响力和顾客群，这些因素在竞争对手出现后也都可以带来正面的回报。

几乎没有遭遇竞争或者干脆没有竞争就成功开辟市场空间的企业也有很多。本书研究了几十个这样的案例，但这只是现实世界中无数案例的一小部分。类似于克莱斯勒小型商旅车、企业号租车公司、优诺的 Go-Gurt 酸奶、SoBe 饮料、无印良品、Zara、iPod、朝日超爽这样的案例在大部分行业都可以找到。另外，新品类或子品类的出现也在增加，因为现在的市场越来越具有动态性。

错过或者错失一次颠覆性创新的机会对企业而言不仅意味着丧失利润和市场地位，还有可能意味着竞争对手会抓住这次机会。结果，对于现有市场的颠覆仍会发生，也就是说企业必须投入大量资金来追赶或者拒绝甚至消除某项业务。很有可能由于这些方面的失败，企业会在某天惊觉自己已经失去了相关性，顾客已经不再购买它的产品。做一个趋势驱动者远好于做趋势回应者或者趋势麻木者。

打造支持创新以及愿意对有风险和不确定性的创意进行投资的组织是非常值得的。

然而，有些认识也是必需的。

开创新品类或子品类绝非易事。对任何企业而言，机会都不是定期产生的。

找到能开创新的品类或子品类的创意也绝非易事。对于一般的企业而言，它们更关注如何通过改进价值主张和降低成本来改善目前的战略，所以不太可能在自然状态下产生这样的创意。

评估也很有难度。创意会随着时间不断完善，但往往在突破点没出现之前它就被终止了。顾客的需求和偏好、技术进步或者竞争对手的行为等方面的改变都是难以预料的，这些改变都会影响创意的基础假设。

即使有了能取胜的创意，面对那么多的不确定性和其他投资机会，该创意也很难获得组织的投入。培育针对现有业务领域的渐进性创新会更加有吸引力，也代表着更稳定的回报。另外，在评估过程中企业也许会受制于关系障碍而无法做出客观的分析，因为现有的业务部门往往会抵制将要与其争抢资源的新创意。时机可能不对。有时企业可能提出了一个尚不成熟、市场也没有做好准备的提议，又或许企业反应太滞后。如果本书要总结出唯一一条真理的话，那就是时机很关键，或早或晚都有可能是致命的。时机在合适的时间和合适的地点出现很难。

实施阶段也有难度，尤其是当实施过程涉及企业不熟悉的活动或能力时，企业还要先学习或获取这种能力。

市场接受度是个未知数。即使是最好的创意，有潜在的需求也有合理的逻辑，仍有可能令人失望。市场反应可能不及预期，或者虽然市场反响很好，但受众不多。

即使产品成功了，企业也有可能无法打造出竞争壁垒，从而导致成功昙花一现，因为开创新品类或子品类带来的优势很有限甚至太小，不足以带来更多的投资。

总之，推出有可能开创新的品类或子品类的新品的过程充满了不确定性和风险。一旦失败，那就意味着原本可以用于其他领域的资源和时间都浪费了。更糟的是，这个提议可能已经扭曲了企业的战略方向。

虽然创新是不确定的、有风险的以及需要高昂成本的，但这并不意味着企业就不应该积极创新，不应该对组织投资以鼓励创新。事实上，一味地做趋势回应者风险更大，而做趋势麻木者（目光狭隘或者故意不关注趋势的企业）就更糟糕了。

因此，重要的是，企业一方面要积极创新，另一方面也要时刻关注各个项目和组织变化所需要面对的挑战和所需要获得的投资。成功的组织会积极应对创新中的困难与不确定性，抓住机会来减少竞争对手的相关性或将竞争对手驱逐出局，同时避免自己健康发展的业务失去相关性。

注　释

第 1 章

1. From a talk given by Ken Olsen at the 1977 World Future Organization in Boston. He actually was referring to the computerization of a home, which only recently is becoming possible, but it has been widely interpreted to mean the PC.
2. Steve Jobs in a talk introducing the Macintosh in January of 1984.
3. David Halthaus, "P&G Chief: Have a Purpose in Life." November 18, 2009, http://news.cincinnati.com.
4. Sun Tzu, *The Art of War* (Simon & Brown, 2010), Chapter Six, point 30.
5. Peter N. Golder and Gerard J. Tellis, "Pioneer Advantage: Marketing Logic or Marketing Legend?" *Journal of Marketing Research*, 1993, 30(2), 158–170.
6. Dan P. Lovallo and Lenny T. Mendonca, "Strategy's Strategist: An Interview with Richard Rumelt," *McKinsey Quarterly*, 2007, 4, 58.
7. Richard Foster and Sarah Kaplan, *Creative Destruction* (New York: Doubleday, 2001), 158–170.
8. Chris Zook with James Allen, *Profit from the Core: Growth Strategy in an Era of Turbulence* (Boston: Harvard Business School Press, 2001), 11.
9. Ibid, 8.
10. W. Chan Kim and Renee Mauborgne, *Blue Ocean Strategy* (Boston: Harvard Business School Press, 2005).
11. Ashish Sood and Gerard J. Tellis, "Do Innovations Really Pay off? Total Stock Market Returns to Innovation" *Marketing Science*, 2009, 28(3), 442–458.
12. Carl Schramm, Robert Litan, and Dane Strangler, "New Business, Not Small Business, Is What Creates Jobs," *Wall Street Journal*, November 6, 2009.
13. Susan Nelson, "Who's Really Innovative," *Marketing Daily*, September 2, 2008, www.mediapost.com/publications.
14. W. Chan Kim and Renee Mauborgne, *Blue Ocean Strategy* (Boston: Harvard Business School Press, 2005); Andrew

Campbell and Robert Park, *The Growth Gamble* (London: Nicholas Brealey, 2005); Gary Hamel, *Leading the Revolution* (Boston: Harvard Business School Press, 2002); Chris Zook, *Beyond the Core* (Boston: Harvard Business School Press, 2004); Michael L. Tushman and Charles A. O'Reilly III, *Winning Through Innovation* (Boston: Harvard Business School Press, 2002).

第 2 章

1. Joel B. Cohen and Kunal Basu, "Alternative Models of Categorization: Toward a Contingent Processing Framework," *Journal of Consumer Research*, March 1987, *14*, 455–472.
2. Mita Sujan, "Consumer Knowledge: Effects on Evaluation Strategies Mediating Consumer Judgments." *Journal of Consumer Research*, June 1985, *12*, 31–46.
3. Eleanor Rosch, "Principles of Categorization." In Eleanor Rosch and Barbara B. Lloyd (eds.), *Cognition and Categorization* (Hillsdale, NJ: Lawrence Erlbaum, 1978), 27–48.
4. C. Page Moreau, Arthur B. Markman, and Donald R. Lehmann, "'What Is It?' Categorization Flexibility and Consumers' Response to Really New Products," *Journal of Consumer Research*, March 2000, *26*, 489–498.
5. S. Ratneshwar, Cornelia Pechmann, and Allan D. Shocker, "Goal-Derived Categories and the Antecedents of Across-Category Consideration," *Journal of Consumer Research*, December 1996, *23*, 240–250.
6. George Lakoff, *Don't Think of An Elephant!* (White River Junction, VT: Chelsea Green, 2004).
7. Lakoff, *Don't Think of An Elephant!* xvii.
8. I. P. Levin and G. J. Gaeth, "Framing of Attribute Information Before and After Consuming the Product," *Journal of Consumer Research*, March 1988, *15*, 374–378.
9. Jennifer Aaker, Kathleen Vohs, and Cassie Mogilner, "Non-Profits Are Seen as Warm and For-Profits as Competent: Firm Stereotypes Matter," *Journal of Consumer Research*, 2010.
10. Dan Ariely, George Lowenstein, and Drazen Prelec, "Coherent Arbitrariness: Stable Demand Curves Without Stable Preferences," *Quarterly Journal of Economics*, 2003, *118*(1), 73–105.
11. Dan Ariely, *Predictably Irrational* (New York: Harper Books, 2008), 162–163.
12. Ibid.

13. David Aaker and Douglas Stayman, "A Micro Approach to Studying Feeling Responses to Advertising: The Case of Warmth." In Julie A. Edell and Tony M. Dubitsky (eds.), *Emotion in Advertising* (New York: Quorum Books, 1990), 54–68.
14. Brian Wansink, *Mindless Eating* (New York: Bantam Books, 2006), 19–23.
15. Itamar Simonson and Amos Tversky, "Choice in Context: Tradeoff Contrast and Extremeness Aversion," *Journal of Marketing Research*, August 1992, 29, 281–295.
16. Susan M Steiner and Rayna Bailey, "Its Not Delivery, It's DiGiorno," *Kraft Foods, Inc.* Retrieved May 9, 2010, from www.jiffynotes.com.
17. Amos Tversky, "Utility Theory and Additive Analysis of Risky Choices," *Journal of Experimental Psychology*, 1967, 75(1), 27–36.
18. James R. Bettman, Mary Frances Luce, & John W. Payne, "Constructive Consumer Choice Processes," *Journal of Consumer Research*, December 1998, 187–217.
19. Herbert Simon, "A Behavioral Model of Rational Choice," *Quarterly Journal of Economics*, 1995, 6, 99–118.
20. Joel Huber and Norren M. Klein, "Adapting Cut-offs to the Choice Environment: The Effects of Attribute Correlation and Reliability," *Journal of Consumer Research*, December 1991, 346–357.

第 3 章

1. Caroline Roux, "The Reign of Spain," *Guardian*, October 28, 2003.
2. Jackie Crosby, "Entrepreneur Turned Geek Squad into a Geek Army," *Los Angeles Times*, April 1, 2010, www.Latimes.com.
3. Jackie Crosby, "Geek Squad a Killer App for Best Buy," *The Seattle Times*, April 5, 2010, www.seattletimes.nwsource.com.
4. Matthew Boyle, "Best Buy's Giant Gamble," *Fortune*, April 3, 2006, 69–75.
5. Marc Gunther, "Best Buy Wants Your Junk," *Fortune*, December 7, 2009, 96–100.
6. Subway Web site, July 2010, www.subway.com, retrieved July 2010.
7. Duane Swierczynski, "Stupid Diets . . . That Work!" *Men's Health*, November 1999, 14(9), 94–98.
8. Subway Web site, November 2009, www.subway.com, retrieved July 2010.

第 4 章

1. "GM, Toyota Bet Hybrid Green," *Wall Street Journal*, December 12, 2006.
2. Chris Isidore, "GM: Hybrid Cars Make No Sense," *CNN Money*, January 5, 2004. See www.money.cnn.com/2004.
3. "Lexus 400," Toyota50th.com/history.htm, 2009, 1.
4. "2010 Toyota Prius Hybrid Car," www.SoulTek.com, August 30, 2009.
5. Micheline Maynard, "Say 'Hybrid' and Many People Will Hear 'Prius,'" *New York Times*, July 4, 2007.
6. David Welch, "Honda's Prius-Fighter Is Stuck in First," *BusinessWeek*, December 28, 2009, 94.
7. Roger B. Smith, statement at Saturn news conference, January 8, 1985.
8. Chrysler Minivan Sales Slump Forces Job Cuts," March 5, 2009, www.asiaone.com/motoring/news.
9. J. D. Power and Associates, *Sales Report*, August 2009.
10. Paul Ingrassia and Joseph B. White, *Comeback: The Fall and Rise of the American Automobile Industry* (New York: Simon & Schuster, 1995).
11. Paul G. McLaughlin, *Ford Station Wagons* (Hudson, Wisc.: Iconografix, 2003).
12. Jason Vuic, *The Yugo: The Rise and Fall of the Worst Car in History* (New York: Hill and Wang, 2010).
13. Carol J. Loomis, "The Big Surprise Is Enterprise," *Fortune*, July 24, 2006, 142. See http://ow.ly/2mLJ8.
14. Ibid.
15. "Green Benefits, Zipcan.com," April 24, 2010. www.zipcar.com/is-it/greenbenefits.
16. Scott Griffith, "Zipcar," *Advertising Age*, November 16, 2009, 16.
17. Brendan Conway, "Car Sharing Attracts Large Rental Agencies," *Wall Street Journal*, March 24, 2010.

第 5 章

1. Nathan Pritikin and Patrick M. McGrady, *The Pritikin Program of Diet and Exercise* (New York: Bantam Books, 1979).
2. *Dr. Dean Ornish's Program for Reversing Heart Disease* (New York: Ballantine Books, 1990).
3. Ancel Keys, "Coronary Heart Disease in Seven Countries," *Circulation*, April 1970, 4, 381–395.
4. U.S. Senate Select Committee on Nutrition and Human Needs, *Dietary Goals for the United States* (2nd ed.) (Washington

D.C.: U. S. Government Printing Office, 1977).
5. Gary Taubes, "The Soft Science of Dietary Fat," *Science*, March 2001, *291*, 2536–2545.
6. Nabisco has been a part of Kraft since 2002.
7. "Dreyer's Develops Revolutionary 'Slow Churned' Technology That Makes Light Ice Cream Taste as Good as the Full-Fat Variety," *Business Wire*, January 22, 2004.
8. See, for example, Paris Reidhead, "How About Some Genetically Engineered Fish Proteins in Your Breyer's Ice Cream?" *Milkweed* (Wisconsin Dairy Farmer Magazine), December 2006, www.organicsconsumers.org.
9. Eric C. Westman, Stephen D. Phinney, and Jeff S. Volek, *A New Atkins, A New You* (New York: Touchstone/Fireside, 2010).
10. Arthur Agatston and Marie Almon, *The South Beach Diet* (New York: St. Martin's Press, 2003).
11. General Mills, *Annual Report*, 2005.
12. Karlene Lukovitz, "IRI Ranks '09 Top Product Launches," *Marketing Daily*, March 23, 2010, www.mediapost.com/publications.

第 6 章

1. An excellent reference for the iPod story is Steven Levy, *The Perfect Thing* (New York: Simon & Schuster, 2007).
2. Erik Sherman, "Inside the Apple iPod Design Triumph" (cover story), *DesignChain*, Summer, 2002, www.designchain.com/coverstory.asp?issue=summer02.
3. Sea-Jin Chang, *Sony vs. Samsung* (Singapore: Wiley, 2008).
4. Daniel Lyons, "Think Really Different," *Newsweek*, March 26, 2010, www.newsweek.com/2010/03/25.
5. Tom Kelly, *The Art of Innovation* (New York: Doubleday, 2001), 55–62.
6. Eric von Hippel, "Lead Users: A Source of Novel Product Concepts," *Management Science*, July 1986, *32*(7), 791–805.
7. Richard J. Harrington and Anthony K. Tjan, "Transforming Strategy One Customer at a Time," *Harvard Business Review*, March 2008, 86, 62–72.
8. Spencer E. Ante, "The Science of Desire," *BusinessWeek*, June 5, 2006, 99–106.
9. G. Lafley and Ram Charan, *The Game Changer* (New York: Crown Business, 2008), 47–49.
10. Grant McCracken, *Chief Culture Officer* (New York: Basic Books, 2006), 120–131.

11. Kelly, *The Art of Innovation*, 30.
12. Catherine Clarke Fox, "Drinking Water: Bottled or from the Tap?" February 14, 2008, http://kids.nationalgeographic.com/kids/stories/spacescience/water-bottle-pollution/.
13. Lafley and Charan, *The Game Changer*, 43–44.
14. Ram Charan, "Sharpening Your Business Acumen," *Strategy & Business*, Spring 2006, 44, 49–57.
15. "First Break All the Rules," *Economist*, April 17, 2010, 7.
16. "The Power to Disrupt," *Economist*, April 17, 2010, 17.
17. Jeffrey R. Immelt, Vijay Govendarajan, and Chris Trimble, "How GE Is Disrupting Itself," *Harvard Business Review*, October 2009, 63.
18. Lafley and Charan, *The Game Changer*, 131–137.
19. Lafley and Charan, *The Game Changer*, 134.
20. Andrew Razeghi, *The Riddle* (San Francisco: Jossey-Bass, 2008), 21.
21. Robert I. Sutton, *Weird Ideas That Work* (New York: Free Press, 2002), 26.
22. Ibid, 28.
23. Jeroen Molenaar, "Unilever R&D Chief Seeks a Swiffer Repeat of Polman," Bloomberg.com, November 16, 2009, http://ow.ly/2mV5O.

第7章

1. John Heilemann, "Reinventing the Wheel," *Time*, December 2, 2001, 85–86.
2. Heilemann, "Reinventing the Wheel," 86.
3. Gary Rivlin, "Segway's Breakdown," *Wired*, March 2003, http://ow.ly/2mWwR.
4. Wil Schroter "When to Dump That Great Idea," *Forbes*, July 6, 2007, http://ow.ly/2mWGa.
5. Nicole Perlroth, "Who Knew?" *Forbes*, August 24, 2009, 34, http://ow.ly/2mX8D.
6. Andrew Campbell and Robert Park, *The Growth Gamble* (London: Nicholas Brealey, 2005), 43.
7. A. G. Lafley and Ram Charan, *The Game Changer* (New York: Crown Business, 2008), 67.
8. Peter S. Cohan, *You Can't Order Change* (New York: Portfolio, 2008), 83–88.
9. Irma Zandl, "How to Separate Trends from Fads," *Brandweek*, October 23, 2000, 30–35.
10. Faith Popcorn and Lys Marigold, *Clicking* (New York: HarperCollins, 1997), 11–12.
11. Ben Casselman, "Trends Don't Favor Crocs," *Wall Street*

Journal, March 19, 2009.

12. James Daly, "Sage Advice—Interview with Peter Drucker," *Business 2.0*, August 22, 2000, 134–143.
13. Steven P. Schnaars and Conrad Berenson, "Growth Market Forecasting Revisited: A Look Back at a Look Forward," *California Management Review*, Summer 1986, 28(4), 71–88.
14. Robert A. Burgelman, *Strategy Is Destiny* (New York: Free Press, 2002), 64.
15. Clark G. Gilbert and Matthew J. Eyring, "Beating the Odds When You Launch a New Venture, *Harvard Business Review*, May 2010, 87, 93–98.
16. Jacob Goldenberg and others, "Innovation: The Case of the Fosbury Flop," *MSI Working Paper Series*, no. 04–001 (2004).
17. "Our Company," www.mint.com/company/.
18. Andrew S. Grove, Keynote speech to the Academy of Management, San Diego, August 1998. http://ow.ly/2mYdj. The concept of the inflection point is also discussed in Andrew S. Grove, *Only the Paranoid Survive* (New York: Crown Business, 1996).
19. Andrew S. Grove, *Only the Paranoid Survive*, 32.

第8章

1. The material for the salesforce.com story is taken largely from the book by the founder, Marc Benioff, *Behind the Cloud* (San Francisco: Jossey-Bass, 2009).
2. Steve Hamm, "An eBay for Business Software," *Business Week*, September 19, 2005, http://ow.ly/2hell.
3. Steve Jobs, "Apple's One-Dollar-a-Year Man," *Fortune*, January 24, 2000, http://ow.ly/2hn7U.
4. James C. Anderson and James A. Narus, "Selectively Pursuing More of Your Customer's Business," *MIT Sloan Management Review*, Spring 2003, 43–49.
5. Rita Gunther McGrath and Ian C. MacMillan, "Market Busting," *Harvard Business Review*, March 2005, 83, 81–89.
6. Clayton M. Christensen, *The Innovator's Dilemma* (Boston: Harvard Business School Press, 1997); Clayton M. Christensen and Michael E. Raynor, *The Innovator's Solution* (Boston: Harvard Business School Press, 2003); Clayton M. Christensen, Scott D. Anthony, and Erik A. Roth, *Seeing What's Next* (Boston: Harvard Business School Press, 2004).
7. Aaron Baar, "Attraction to 'Do Good' Brands Is Escalating," *Marketing Daily*, October 21, 2009, www.mediapost.com/publications.

第 9 章

1. Much of the Yamaha story comes from a personal interview with Terry Lewis in May 2010.
2. Mark Walsh, "Study: Amazon Most Trusted Brand in U.S.," *Marketing Daily*, February 23, 2010, www.mediapost.com/publications.
3. Christopher Rosica, *The Authentic Brand* (South Paramus, NJ: Noble Press, 2007).
4. "Drivers of Authenticity," Authenticbrandindex.com, December 3, 2009, http://authenticbrandindex.com/what2.htm.
5. Kariene Lukovitz, "EarthGrains Plots to Save the Earth," *Marketing Daily*, February 5, 2010, www.mediapost.com/publications.
6. Gregory S. Carpenter, Rashi Glazer, and Kent Nakamoto, "Meaningful Brands from Meaningless Differentiation: The Dependence on Irrelevant Attributes," *Journal of Marketing Research*, August 1994, 31, 339–350.
7. See Douglas Atken, "In Building Communities, Marketers Can Learn from Cults," Forbes.com, February 21, 2001, http://ow.ly/2mZyn.

第 10 章

1. Wal-Mart, *Annual Report*, 2005.
2. Marc Gunther, "The Green Machine," *Fortune*, August 7, 2006, 46.
3. Ibid. This article contains the 2005 part of the how sustainability came to Walmart, 44–48.
4. Walmart, *Annual Report*, 2009.
5. Susan Nelson, "Beyond Green," *Marketing Daily*, August 31, 2009, www.mediapost.com/publications.
6. Andrew S. Ross, "Green Project Making It Harder to Hate Walmart," SFGate.com, February 28, 2010, http://ow.ly/2n0LX; Rosabeth Moss Kanter, "Walmart's Environmental Game-Changer," March 22, 2010, http://ow.ly/2n0Cm.
7. Patrick Barwise and Sean Meehan, *Simply Better* (Boston: Harvard Business School Press, 2004).
8. Pallavi Gogoi and Michael Arndt, "Hamburger Hell," *BusinessWeek*, March 3, 2003, 104–108.
9. Grainger David, "Can McDonald's Cook Again?" *Fortune*, April 14, 2003, 120–129.
10. John Gerzema and Ed Lebar, *The Brand Bubble* (San Francisco, Jossey-Bass, 2008), 16.

11. Kevin Lane Keller, *Strategic Brand Management* (3rd ed.) (Saddle River, NJ: Prentice-Hall, 2004), 317.
12. James Crimmins and Martin Horn, "Sponsorship: From Management Ego Trip to Marketing Success," *Journal of Advertising Research*, July–August 1996, 36, 11–21.
13. Ibid.
14. Kellie A. McElhaney, *Just Good Business* (San Francisco, Berrett-Koehler, 2008), Part II.

第 11 章

1. An excellent picture of Jeff Immelt's early years at GE can be found in David Magee, *Jeff Immelt and the New GE Way* (New York: McGraw-Hill, 2009).
2. Shahira Raineri, "GE Imagination Breakthroughs," innovate1st-str.com, November 2007, http://ow.ly/2n18b.
3. Jonah Bloom, "GE: The Marketing Giant Lights Up with Imagination," *Creativity*, October 2005, 63.
4. Magee, *Jeff Immelt and the New GE Way*, 103.
5. Aaron Baar, "GE Launches 'healthymagination' Program," *Marketing Daily*, May 7, 2009, www.mediapost.com/publications.
6. Michael L. Tushman and Charles A. O'Reilly III, *Winning Through Innovation* (Boston: Harvard Business School Press, 2002).
7. David Aaker, *Spanning Silos* (Boston: Harvard Business School Press, 2009).
8. "Our Philosophy," Google.com, June 2010, www.google.com/corporate/tenthings.html.
9. A. G. Lafley and Ram Charan, *The Game Changer* (New York: Crown Business, 2008), 82–83.
10. Ibid, 82–83.
11. Andrew Campbell and Robert Park, *The Growth Gamble* (London: Nicholas Brealey, 2005), 44.
12. Lafley and Charan, *The Game Changer*, 122–123.
13. Ibid, 124–127.
14. Ibid, 123–124.
15. Robert A. Burgelman, *Strategy Is Destiny* (New York: Free Press, 2002), 103.

营销指南

ISBN	书名	定价	作者
978-7-111-57797-3	定位：争夺用户心智的战争（经典重译版）	59.00	（美）艾·里斯 杰克·特劳特
978-7-111-56673-1	感官营销：引爆品牌无限增长的8个关键点	50.00	（美）迈克尔 J. 西尔弗斯坦
978-7-111-55901-0	深度营销：解决方案式销售行动指南	49.00	王鉴
978-7-111-59455-0	营销天才	59.00	（英）彼得·菲斯克
978-7-111-27178-9	细节营销	36.00	（荷兰）柏唯良